LIBRAIRIE

de

BOSSANGE FRÈRES,

Paris, Rue de Seine, N. 12;
Leipzig, Reichs-Strasse;
Mont-Réal (Bas Canada).

Catalogue Général.

De l'Imprimerie de Firmin Didot, Imprimeur du Roi,
Rue Jacob, N° 24.

1824.

TABLE.

Catalogue Général

DE LA LIBRAIRIE

DE BOSSANGE FRÈRES.

PARIS, RUE DE SEINE, N° 12.

LEIPZIG, REICHS-STRASSE.

MONT-RÉAL, BAS CANADA.

OUVRAGES PUBLIÉS PAR SOUSCRIPTION.

* Mémoires des Contemporains pour servir à l'Histoire de France, et principalement à celle de la république et de l'empire, in-8°, à 7 fr. le volume.

1re *livraison.* * Mémoires du général comte Rapp, 1 vol., port.

2e *livraison.* * Manuscrit de 1814. Rédigé à cette époque, par ordre de Napoléon, par le baron Fain, premier secrétaire de son cabinet, 1 vol., carte et *fac simile*.

3e *livraison.* * Mémoires de L. J. Gohier, président du directoire au 18 brumaire, sur les événements qui ont amené et suivi cette journée, 2 vol., portrait et *fac simile*.

4e *livraison.* * Mémoires extrait des de M. le duc de Choiseul, pair de France. *Histoire des Vantages de Calais*, 1 vol.

5e *livraison.* * Mémoires sur Mirabeau et son époque, sa vie littéraire et privée, sa conduite politique à l'assemblée nationale, et ses relations avec les principaux personnages de son temps, 3 vol.

Les quatre premières livraisons sont en vente; lors de la publication de la cinquième livraison [illegible] les Mémoires qui formeront les sixième et septième livraisons.
Chaque livraison est composée d'un ouvrage complet et se vend séparément.

* Mémoires des Contemporains, histoire étrangère. Mémoires du colonel Voutier sur la guerre actuelle des Grecs, 1 vol. in-8°, fig., 7 fr.

* Mémoires pour servir à l'Histoire de France sous Napoléon, écrits à Sainte-Hélène sous sa dictée, et publiés par le comte de Montholon et le général Gourgaud, sur les manuscrits autographes corrigés de la main de Napoléon.

Les trois premières livraisons formant 6 volumes in-8°, ornés de *fac simile*, cartes et plans, sont en vente.
Prix des six volumes : papier fin [illegible] fr.
— Papier vélin [illegible]
La quatrième livraison contenant le second volume des campagnes d'Italie et l'année 1798, paraîtra fin juin.
La cinquième et dernière livraison, contenant les années 1799, 1800 et 1801, paraîtra dans le courant d'octobre.

1

** Napoléon et ses contemporains, ou Collection de gravures représentant des traits d'héroïsme, de clémence, de popularité, etc., publiée par les soins de A. Chambure.

Cet ouvrage paraît par livraisons de quatre planches in-4°. Il a été tiré 15 épreuves des eaux fortes, et cent épreuves avant la lettre.

Tout le tirage se fait sur très-beau papier de Chine, avec un tel soin qu'il est difficile de distinguer les premières épreuves des dernières; néanmoins elles sont distribuées par ordre d'inscription de manière à ce que les souscripteurs qui se font inscrire les premiers reçoivent les épreuves de choix.

Rien n'a été épargné pour que le luxe typographique du texte, tiré sur grand-papier vélin in-4°, réponde à la beauté des planches.

MM. Horace Vernet, Delorme, Charlet, Mauzaisse, Lancrenon, Devéria, etc., ont bien voulu s'associer à notre entreprise.

La gravure a été confiée à MM. Bichonnier, Laugier, Forster, Lignon, Dupont, Lefèvre aîné, Bardet, Vallot, Frilley, Prévost, Six Deniers, Adolphe Caron, Konig, Delestre, Bein, etc.

PRIX DE CHAQUE LIVRAISON.

Épreuves avec la lettre, sur papier de Chine	16 fr.
Épreuves avant la lettre sur papier de Chine	32
Eaux fortes et figures avant la lettre sur papier de Chine	64

* ŒUVRES COMPLÈTES DE PLATON, traduites du grec en français, accompagnées de notes et précédées d'une introduction sur la philosophie de Platon, l'ordre et l'authenticité de ses dialogues, le caractère et l'histoire de sa philosophie, etc., etc., par Victor Cousin, ex-maître des conférences à l'école normale, professeur suppléant de l'histoire de la philosophie à la faculté des lettres de l'Académie de Paris; 9 vol. in-8°, ornés d'un beau portrait de Platon, d'une carte de l'Attique et d'un plan d'Athènes. Prix de souscription, chaque volume, papier fin d'Annonay, satiné, 9 fr.

Grand papier vélin, dont on n'a tiré que 25 exemplaires, 25 fr.

Les deux premiers volumes sont en vente.
Le troisième paraîtra dans le courant de juin.

* Œuvres philosophiques de Locke, nouvelle édition, publiée par M. Thurot.

Cette nouvelle édition sera composée des ouvrages suivants :

Essai sur l'Entendement humain	5 vol.
Traité de l'Éducation des enfants	1 vol.
Traité du gouvernement civil	1 vol.
Œuvres diverses	1 vol.

Ces huit volumes paraissent successivement; les six premiers sont en vente.

Le prix de chaque volume sur papier fin satiné est de	6 fr.
Sur papier vélin	12

** De la Religion considérée dans sa source, ses formes et ses développements, par M. Benjamin Constant, 3 vol. in-8° (*pour les souscripteurs*), 21 fr.

Le premier volume est en vente.

Cet ouvrage est le fruit de plus de trente années de recherches; quelques fragments en ont été lus à l'Athénée royal de Paris en 1817; ils ont excité le plus vif intérêt; l'auteur n'a rien négligé pour donner à ce travail de toute sa vie le plus haut degré de perfection auquel il fût capable de le porter.

* Œuvres de Cabanis, membre du sénat et de l'Institut, etc., accompagnées d'une notice sur sa vie et ses ouvrages, par M. Thurot, professeur de philosophie au collége royal de France, 5 vol. in-8°, imprimés par Firmin Didot, ornés d'un portrait. Prix de chaque volume, 7 fr.

Papier vélin, 14 fr.

Les deux premiers volumes sont en vente.
Cette édition contiendra des ouvrages inédits.

** Œuvres de Dieudonné Thiébault, de l'Académie de Berlin et autres sociétés savantes, 10 vol. in-8°, ornés du portrait de Frédéric-le-Grand et de celui de l'auteur.

Les dix volumes paraîtront par livraisons de deux volumes; ces livraisons paraîtront les 1er septembre, novembre, janvier, mars, et mai prochain. Les volumes seront l'un dans l'autre de 500 pages au moins.

Prix de chaque volume, pour les souscripteurs .... 7 »

** Œuvres de A. V. Arnault, de l'ancien Institut de France, etc. etc. Nouvelle édition, 8 volumes in-8°

A commencer du 15 juin prochain il paraîtra un volume par mois.

Le prix de chaque volume est fixé à 7 francs (pour les souscripteurs); lors de la publication de la dernière livraison, le prix sera de 8 fr.

" Supplément au Bulletin des Lois, contenant les lois, les traités et conventions diplomatiques; les règlements et résolutions des deux chambres; les arrêts de la Cour des pairs et décisions judiciaires de la chambre des députés; les conciles, synodes, et autres actes relatifs à la discipline des cultes autorisés, les ordonnances et réglements d'Administration publique; les lettres et décisions royales; la législation coloniale; les avis et arrêts du conseil d'État et de la Cour de cassation, relatifs au droit public; les principales instructions ministérielles; les discours de la Couronne, et autres actes d'intérêt général, *omis au Bulletin des Lois*; avec dissertation et table chronologique et alphabétique des matières; par M. Isambert, avocat au conseil d'état et à la Cour de cassation.

Il est reconnu depuis longues années que le Bulletin des Lois ne remplit plus le but de son institution. Des lois y sont omises. La plupart des traités n'y sont pas insérés.

M. Isambert a recherché avec un grand zèle tous les actes, soit de l'ancien, soit du nouveau gouvernement, qui n'ont pas paru dans la collection officielle, et il est parvenu à rassembler d'immenses matériaux. Il a déjà publié dans les appendices de sa collection le texte de plus de 800 de ces actes; mais il en reste plus de 2000 à mettre au jour.

L'espace lui ayant manqué pour mettre ces pièces à la disposition du public, il a bien voulu nous ouvrir son portefeuille, et consentir à la publication séparée de celles de ces pièces qui sont encore inédites; peut-être un jour réimprimera-t-on les autres.

Le prix de la souscription est de 10 fr. pour 10 livraisons de 3 feuilles d'impression.

Il ne paraît pas plus de 10 livraisons par année. (Table chronologique des matières et dissertations comprises.)

" Recueil complet des lois et ordonnances du royaume, depuis la restauration (1er avril 1814), 9 vol. grand in-8°, de 700 pages, avec notes historiques et législatives, et dissertations à chaque volume, 81 fr.

Chaque volume (excepté celui de 1814) se vend séparément 10 fr.

Ce recueil paraît, depuis l'année 1823 inclusivement, en deux volumes.

Le premier comprend tous les actes insérés au Bulletin des Lois;

Le second n'est autre chose que le supplément que nous venons d'annoncer.

Le prix de la souscription aux deux volumes est de .... 15 fr.

Le second volume se vend séparément 10

MM. les anciens abonnés au recueil, qui ne veulent pas souscrire au second volume, ne reçoivent que le premier au prix de 7 fr. 50 c.

Un mois après la distribution du dernier cahier, ce volume est porté à 9 fr., prix des autres volumes de la collection.

Le mérite de cette collection critique et savante est apprécié des jurisconsultes et des publicistes. M. Dupin a dit de ce recueil, dans lequel l'auteur a traité les matières les plus importantes, qu'il remplace le Bulletin des Lois, lorsque le Bulletin des Lois ne le remplace pas.

" Annales politiques et diplomatiques, ou Manuel du publiciste et de l'homme d'état, contenant les chartes et lois fondamentales, traités et conventions diplomatiques, proclamations et autres actes publics relatifs à la constitution politique et aux intérêts généraux des états de l'ancien et du nouveau Monde; par Isambert, avocat au conseil d'état et à la Cour de cassation.

La souscription est ouverte pour quatre volumes.

Les deux premiers ont paru.

Prix des quatre volumes, 30 fr.

" Recueil complet des décrets et arrêtés des assemblées nationales et des actes du gouvernement, depuis la convocation des états-généraux jusqu'à l'établissement du consulat; avec dissertations, notes de concordance et tables chronologiques et alphabétiques des matières, faisant suite au recueil des anciennes lois françaises; par M. Isambert, avocat au conseil du roi et à la Cour de cassation.

Chaque volume de 500 pages, sera du prix de 6 fr. pour les souscripteurs, et de 7 fr. 50 c. après la publication.

Le premier volume paraîtra le 1er juillet, le deuxième, le 1er septembre, et ainsi de suite de deux mois en deux mois.

La première série, comprenant l'Assemblée constituante, formera environ 8 volumes que l'on pourra relier en 4. Un Prospectus particulier annoncera l'époque de la publication de la deuxième série comprenant l'Assemblée législative, et des séries subséquentes.

Quand la collection sera entièrement terminée par la publication des lois du Consulat et de l'Empire, on publiera une table générale analytique des matières qui comprendra même les actes publiés depuis la restauration.

LIVRES DE FONDS ET EN NOMBRE.

Abrégé de la Grammaire française de Wailly, in-12, 1 fr.
Abrégé de l'Histoire générale des Voyages, par Laharpe, 2 vol. in-12, 6 fr.
Abrégé de l'Origine de tous les Cultes, par Dupuis. Paris, 1 gros vol. in-8°, 6 fr.
Abus dans les Cérémonies et dans les Mœurs, 1 vol. in-8°, p. p. 2 fr. 50 c.
* Amours du chevalier de Faublas, par Louvet de Couvray, nouv. édit., précédée de considérations sur la vie et les ouvrages de J.-B. Louvet, ornée de huit gravures, 4 vol. in-32 de 400 pages chaque, très-bien imprimés sur grand-raisin. Paris 1822, 10 fr.
** Analyse historique de l'établissement du crédit public en France, par Vital Roux. Paris 1824, 1 volume in-8°, 4 fr.
** Annuaire diplomatique pour 1824, in-18, 4 fr. 50 c.
** Atlas communal de la France, par divisions militaires, in-folio, 120 fr.
Aventures de Télémaque, 1 vol. in-12, 3 fr.
Les mêmes. Italien-français, 2 vol. in-12, 6 fr.
Les mêmes. Espagnol-français, 2 vol. in-12, 6 fr.
* Bélisaire, par Marmontel, de l'Académie française, 1 vol. in-32, figures, très-jolie édit., 2 fr.
* Beautés de l'Histoire du Mexique, 1 vol. in-18, fig., 2 fr. 50 c.
Biographie étrangère, 2 vol. in-8°, 12 fr.
* Cambiste (le) universel, ou Traité complet des changes, banques, monnaies, poids, mesures et réglements du commerce de toutes les nations.

Cet ouvrage, un des plus utiles qui aient jamais été publiés, et dont le titre indique suffisamment le but, ne manquait au commerce que parce qu'il fallait faire des frais immenses pour obtenir les documens nécessaires. Le gouvernement anglais a dépensé, depuis quelques années, des sommes considérables pour faire venir tous les poids, mesures et monnaies en usage dans toutes les parties du globe. M. Kelly a été chargé d'en former un traité complet à l'usage du commerce. Nous l'avions fait traduire, en ayant soin de tout faire calculer aux unités françaises, c'est-à-dire, au franc, au litre, au mètre, etc., etc. Nous avons cru devoir compléter cet ouvrage, indispensable au commerce, en y joignant les détails sur les places de France, et principalement sur les banques et les opérations de la bourse de Paris.
Deux volumes in-4°, sur papier superfin collé, 45 fr.
Les exemplaires sont cartonnés à l'anglaise, avec assez de solidité et d'élégance pour éviter les frais de reliure.

Catéchisme de Bossuet. Versailles 1815, 1 vol. in-8°, 5 fr.
** Catéchisme d'économie politique, deuxième édit. par J.-B. Say. Paris 1821, 1 vol. in-12, 2 fr.

* Collection des prosateurs français. — *Chaque ouvrage se vend séparément.*

* Œuvres complètes de Marmontel, 7 vol. in-8° de 7 à 800 pages, papier superfin, 56 fr.
* Œuvres complètes de Diderot, 7 vol. in-8°, dont 1 vol. d'œuvres inédites, pap. super. 54 f.
* Œuvres philosophiques, historiques et littéraires de d'Alembert. Paris 1821, 5 vol. in-8° de 6 à 700 pages, papier superfin, 30 fr.
* Œuvres complètes de Barthélemy, 4 vol. in-8° de 700 pag., pap. superfin, 32 fr.
* Œuvres complètes de Thomas, 2 vol. in-8° de 700 pages, papier superfin, 16 fr.
** Œuvres (Atlas pour les) de Barthélemy, in-8° ou in-4°, 20 fr.
** Œuvres complètes de Duclos, 3 vol. in-8° de 700 pages, papier superfin, 24 fr.
** Œuvres complètes de Montesquieu, 2 vol. in-8°, pap. superfin, 15 fr.
** Œuvres de Labruyère, Larochefoucault et Vauvenargues, 1 vol. in-8° de 800 pages, et supplément, 12 fr.

Il ne reste, en papier vélin, que quelques exemplaires de tous ces ouvrages; le prix en est double.

* Commentaires sur les lois anglaises, par W. Blackstone, avec des notes de M. Ed. Christian, traduits de l'anglais sur la quinzième édition, par N. M. Chompré; 1823, 6 vol. in-8°, 48 fr.

Comte de Valmont, 6 vol. in-12, fig. 21 fr.

** Concordat entre les diverses opinions politiques, par Baleste, in-8°, 6 fr.

Conjuration contre Attila, dans l'ambassade des Romains, en 449, par Antoine Métral. Paris 1821, 1 v. in-18, 2 fr. 50 c.

Contes moraux de Mad. Leprince de Beaumont. Lyon 1774, 2 vol. in-12, 3 fr. 50 c.

Contrat Social, par J.-J. Rousseau, 1 vol. in-12, 2 fr. 50.

Cours de belles-lettres, par Dubois Fontanelle. Paris 1813, 4 vol. in-8°, 20 fr.

* Cours d'économie politique, ou Exposition des principes qui déterminent la prospérité des nations, ouvrage qui a servi à l'instruction de leurs altesses impériales les grands-ducs Nicolas et Michel, par Henri Storch, conseiller d'état et chevalier de l'ordre de Sainte-Anne, instituteur de leurs altesses impériales; nouvelle édition, augmentée de notes explicatives ou critiques, par J.-B. Say, 4 gros vol. in-8°, 30 fr.

Cours de Littérature ancienne et moderne, par J.-F. La Harpe. Paris 1820, 16 vol. in-18, 40 fr.

Dictionnaire de l'Académie Française, revu, corrigé et augmenté par l'Académie elle-même, cinquième édit., 2 vol. in-4°, 36 fr.

Dictionnaire des Cultes religieux, 4 vol. in-8°, fig. 24 fr.

Dictionnaire italien-français de Cormon, 2 vol. in-8°, 21 fr.

Economie (de l') politique et morale de l'espèce humaine, par Herbeschwan, 2 vol. in-8, 10 fr.

La même, 1 vol. in-8°, 5 fr.

* Élémens d'économie politique, par James Mill, auteur de l'histoire de l'Inde, traduits par J. T. Parisot. Paris 1823, 1 vol. in-8°, 5 fr. 50 c.

Cet ouvrage peut être considéré comme un traité complet d'économie politique; la science y est présentée avec beaucoup de clarté et de méthode: il serait difficile de dire plus de choses en si peu de pages.

* Éloquence judiciaire et philosophie législative, par Lacretelle aîné, de l'Académie Française, 3 vol. in-8°, 21 fr.

** Empire (de l') du Brésil, considéré dans ses rapports politiques et commerciaux, par M. Anglivïel Beaumelle, 1 vol. in-8°, 4 fr. 50 c.

Entretiens sur la pluralité des mondes; augmentés des Dialogues des morts, par de Fontenelle. Paris 1821, nouvelle édition, 1 vol. in-18, carte, 2 fr. 50 c.

* Essai historique et philosophique sur les noms d'hommes, de peuples et de lieux considérés principalement dans leur rapport avec la civilisation, par E. Salverte, 2 vol. in-8°, 14 fr.

* Essai sur l'histoire de la Peinture en Italie, depuis les temps les plus anciens jusqu'à nos jours, par M. le comte Grégoire Orloff, 1823, 2 vol. in-8°, 10 fr.

** Essai sur la nomenclature et la classification des principales branches d'art et science; ouvrage extrait du Chrestomathia de Jérémie Bentham, par Georges Bentham. Paris 1823, 1 vol. in-8°, 5 fr.

* Études convenables aux demoiselles, à l'usage des écoles et des pensions; nouvelle édition, revue, corrigée et augmentée d'une grammaire, d'une nouvelle division de la France, et d'une suite à l'histoire de France, depuis la mort de Louis XVI jusqu'à l'avénement de Louis XVIII, par madame la comtesse d'Hautpoul. Paris 1822, 2 vol. in-12, 7 fr. 50 c.

* Examen philosophique des Considérations sur le sentiment du Sublime et du Beau, d'Emmanuel Kant, par M. Kératry, député du Finistère, pour faire suite à l'ouvrage : *Du Beau dans les arts d'imitation*, de ce dernier auteur. Paris 1823, 1 vol. in-8°, 7 fr.

Fables de La Fontaine. Paris, Crapelet, 6 vol. in-16, fig. 100 fr.

Les mêmes. 1 vol. in-18, 140 fig. 2 fr.

** Fils (le) naturel, roman théâtral, par Lacretelle aîné, de l'Académie Française, 1 vol. in-8°, 7 fr.

** Fugitifs (les) de Parga, poëme de J. Berchet, avec le texte italien en regard. 1823, 1 vol. in-18, de l'imprimerie de Firmin Didot, 2 fr.

** Grammaire allemande à l'usage des commençants, suivie de thèmes allemands et français et de modèles d'écriture, par C. T. Büffler. 1823, 1 vol. in-8°, 4 fr. 50 c.

Histoire des campagnes d'Allemagne, d'Italie, de Suisse, etc., pendant les années 1796, 1797, 1798 et

1799, traduite de l'anglais, par M***, édition accompagnée de notes et de deux grandes cartes du théâtre de la guerre, 4 vol. in-8°, 20 fr.

* Histoire de Russie, par Karamsin, traduite par MM. de Saint-Thomas et Jauffret. Paris 1820, 9 vol. in-8°, 58 fr.

Le tome 9 se vend séparément 6 fr.

Histoire des variations des églises protestantes, par Bossuet, 4 vol. in-8°, 24 fr.

** Impôts (des) et des charges des peuples en France, par L. de Boislandry, in-8°, 6 fr.

* Jérusalem délivrée. Paris 1823, 2 vol. in-8°, fig., 25 fr.

* La même, grand pap. vél., fig. avant la lettre, 50 fr.

* La même. Paris 1818, 2 vol. in-12, 6 fr.

* Journal des mines, années 1811, 1812, 1813, 1814 et 1815, 5 vol. in-8°, à 21 fr. le vol., 105 fr.

Les volumes se vendent séparément.

* Leçons de droit de la nature et des gens, par Félice. Lyon, 4 vol. in-12, 10 fr.

* Lettres à M. Malthus, sur différents sujets d'économie politique, et notamment sur les causes de la stagnation du commerce, par J.-B. Say. Paris 1821, 1 vol. in-8°, 3 fr. 50 c.

* Lettres et Epîtres amoureuses d'Héloïse et d'Abailard. Paris 1822, 2 vol. in-32, fig., très-bien imprimés sur grand-raisin, 3 fr.

Lettres de madame de Sévigné, 12 vol. in-18, 27 fr. 50 c.

Lettres choisies de madame Sévigné, 3 vol. in-18, 5 fr.

Les mêmes. Paris 1818, 2 vol. in-12, 5 fr.

Lettres inédites de madame de Sévigné. 1818, 1 vol. in-12, 3 fr.

Lettres sur l'Italie, par Dupaty. Paris 1796, 2 vol. in-18, 2 fr. 50 c.

** Lettres sur les révolutions du globe, par Alex. B. 1824, 1 vol. in-18, 3 fr.

Littérature (de la) par madame de Staël. Paris 1818, 2 vol. in-8°, 10 fr.

Maître (le) Italien de Veneroni. Lyon 1823, in-8°, 6 fr.

** Manuel de la métallurgie du fer, de Karsten, traduit par M. Culmann. Metz 1824, 2 vol. in-8°, 14 fr.

** Mémoires Historiques et secrets de l'impératrice Joséphine-Marie Tascher de la Pagerie, première épouse de Napoléon Bonaparte, par mademoiselle Lenormant, 2 vol. in-8°, ornés de cinq gravures, portrait et *fac simile*, 15 fr.

Mémoires de Sully, 6 vol. in-8°, pap. fin satiné, portrait, 42 fr.

** Moïse, poëme de Lemercier. Paris 1823, 1 vol. in-8°, 4 fr.

* Œuvres de Jérémie Bentham, extraits de ses manuscrits, par Et. Dumont, membre du conseil représentatif et souverain de Genève.

1°. ** Traité de législation civile et pénale, deuxième édition corrigée et augmentée. Paris, 3 vol. in-8°, 18 fr.

Il ne reste qu'un petit nombre d'exemplaires de cet ouvrage.

2°. ** Théorie des peines et des récompenses, deuxième édition. Paris, 2 vol. in-8°, 12 fr.

Il ne reste qu'un petit nombre d'exemplaires de cet ouvrage.

3°. * Tactique des assemblées législatives, suivie d'un Traité des sophismes politiques, deuxième édition, revue et considérablement augmentée. Paris 1822, 2 vol. in-8°, 13 fr.

4°. * Traité des preuves judiciaires, 2 vol. in-8°, 14 fr.

* Le même. Papier vélin, 28 fr.

Œuvres d'Homère, traduites du grec, par le prince Lebrun. Paris 1822, 4 vol. in-12, portr., 12 fr.

On vend séparément :

Odyssée d'Homère. Paris 1822, 2 vol. in-12, 6 fr.

Illiade d'Homère. Paris 1822, 2 vol. in-12, 6 fr.

* Œuvres complètes d'Helvétius. Paris, 3 vol. in-8°, 18 fr.

* ŒUVRES DE LACÉPÈDE. (*Pour faire suite aux* ŒUVRES DE BUFFON.)

Buffon n'a pas assez vécu pour terminer le grand ouvrage qu'il avait entrepris. Son histoire naturelle était restée incomplète en ce qu'elle ne traitait ni des poissons, ni des cétacées, ni des ovipares ; l'histoire des quadrupèdes n'était pas achevée ; M. de Lacépède, son collaborateur, s'est chargé d'y suppléer, et il l'a fait avec un tel succès, qu'on est généralement d'accord à considérer ses ouvrages comme la suite indispensable de ceux de son prédécesseur.

Histoire naturelle des Poissons, 5 vol. in-4°, fig., 88 fr.

Histoire naturelle des Cétacées, 1 vol. in-4°, fig., 13 fr.
— des Ovipares et Serpens, 2 vol. in-4°, fig., 32 fr.
— des Quadrupèdes, tom. 7, in-4°, fig., 25 fr.
— *Idem*, tome 8, in-4°, fig., 25 fr.

Histoire naturelle des Poissons, 11 vol. in-12, fig., 27 fr. 50 c.
— des Cétacées, 2 vol. in-12, fig., 5 fr.
— des Ovipares et Serpens, 4 vol. in-12, fig., 10 fr.
— des Quadrupèdes, tomes 13 et 14, 2 vol. in-12, fig., 10 fr.

Ces éditions se joignent et servent à compléter les OEuvres de Buffon, in-4° et in-12, de l'imprimerie royale. Les volumes se vendent séparément, excepté le tome 2 in-4° des Poissons.

OEuvres complètes de Mably, 24 vol. in-18, 24 fr.

** OEuvres complètes de C.-F. Volney, comte et pair de France, membre de l'Institut, mises en ordre et précédées d'une Notice sur la vie et les ouvrages de l'auteur. Paris 1821, 8 vol. in-8°, papier superfin des Vosges, enrichis de vingt-quatre planches et d'un portrait de l'auteur, gravé avec le plus grand soin. 64 fr.

Il ne reste que fort peu d'exemplaires.

Les mêmes. Papier vélin satiné, dont il ne reste que fort peu d'exemplaires. 128 fr.

Les ouvrages suivans du même auteur se vendent séparément.

* Alphabet européen. Paris, in-8°, 3 fr.

* Chronologie d'Hérodote. Paris 1821, 1 vol. in-8°, 3 fr.

* Discours sur l'étude philosophique des langues, lu à l'Académie française, dans sa séance privée du premier mardi de décembre 1819, 4e édition. Paris 1821, 1 fr. 75.

* Histoire de Samuel, inventeur du sacre des rois, deuxième édition, augmentée de nouveaux éclaircissemens. Paris 1820, 1 vol. in-12, 2 fr. 50 c.

* La même, troisième édit. Paris 1822, 1 vol in-8°, 3 fr.

* Leçons d'histoire, prononcées à l'école normale en l'an 3 de la république française (1795), troisième édition. Paris 1822, 1 vol. in-8°, 3 fr.

* Recherches nouvelles sur l'histoire ancienne, nouvelle édit. ornée de 3 planches. Paris 1822, 2 vol. in-8°, 14 fr.

* Ruines (les), ou Méditation sur les révolutions des empires. On y a joint la Loi naturelle et une Notice sur la vie et les ouvrages de l'auteur. Paris 1822, dixième édition, 1 vol. in-8°, orné d'un portrait, d'une vignette et de deux planches, 7 fr.

* Les mêmes; précédées d'une Notice par M. le comte Daru, douzième édition, ornée d'un titre gravé, d'un portr., d'une vignette et de deux pl. Paris, 1 vol. in-18, papier fin, 3 fr. 50 c.

* Simplification des langues orientales. Paris 1795, 1 vol. in-8°, 3 fr.

* Tableau du sol et du climat des États-Unis d'Amérique, suivi d'éclaircissements sur la Floride, sur la colonie française à Scioto, sur quelques colonies canadiennes et sur les sauvages. Paris 1822, 1 vol. in-8°, orné de deux grandes cartes, 7 fr.

* Volney's ruins or meditation on the revolutions of empires, translated under the immediate inspection of the author from the sixth Paris edition, which is added the Law of nature, and a short biografical Notice by count Daru. Paris 1820, 1 vol. in-18, trois planches et portrait, 3 fr.

* Voyage en Égypte et en Syrie, suivi de considérations sur la guerre des Russes et des Turcs. Paris 1822, 2 vol. in-8°, fig., cartes, etc. cinquième édit., 15 fr.

* Le même. Paris 1823, 3 vol. in-18, ornés d'un portrait, de plusieurs cartes et d'une vue des pyramides de Djizé, *fac simile* d'une planche corrigée et couverte de notes manuscrites de Napoléon, 10 fr.

* Le même. Papier vélin, 20 fr.

** Poésies fugitives de Ch. de Longchamps, membre de la Légion d'honneur, 2 vol. in-12, avec musique gravée. Paris, 7 fr. 50 c.

** Portraits historiques anciens et modernes, par Lacretelle aîné, de l'Académie Française, 2 vol. in-8. 14 fr.

* Pouvoir (du) et de l'opposition dans la société civile, par M. Ganilh, in-8. 1824, 6 fr.

Principes de la Grammaire française, par Restaut. Paris 1801, 1 vol. in-12, 2 fr. 50 c.

Principes de la Grammaire française, par Sacy, 2 vol. in-12, 4 fr.

* Réduction (de la) de la rente, en 1824, par M. Ganilh ex-député du Cantal, in-8°. 1 fr. 50 c.

Saluste, traduit par Mollevaut, 1 vol. in-8°, 6 fr.

Satires de Juvénal, trad. par Méchin, 1 vol. in-8°. Paris 1823, 6 fr.

* Satires, suivies d'une Messénienne, par H. Bonnellier, 1824, in-8°. 1 fr. 50 c.

** Science de l'économie politique, par Agazzini, 2 vol. in-8°. 15 fr.

** Science du publiciste ou Traité des principes élémentaires du Droit, considéré dans ses principales divisions, par M. A. Fritot, 11 vol. in-8°. 77 fr.

Sermons panégiriques et oraisons funèbres de Bossuet. Versailles 1817, 7 vol. in-8°. 42 fr.

Tableau de la Grande-Bretagne, 4 vol. in-8°. fig. 24 fr.

* Théâtre Italien. Le comte de Carmagnola et Adelghis, tragédies d'Alexandre Manzoni, traduites de l'italien, par M. C. Fauriel, suivies d'un article de Goethe, et de divers morceaux sur la théorie de l'art dramatique. Paris 1823, 1 vol. in-8°, 7 fr.

Traité de la culture des arbres fruitiers. Paris 1805, 1 vol. in-8° fig. 7 fr. 50 c.

* Traité de l'Éducation des enfants, par J. Locke, traduit de l'anglais par Coste; nouvelle édition, à laquelle on a joint la méthode observée pour l'éducation des enfants de France, revue par M. Thurot, professeur de philosophie au collége royal de France. Paris 1821, 2 vol. in-12.

** Voyage dans diverses parties de la France, par M. le comte Orloff, 3 vol. in-8°. 1824, 21 fr.

Voyage de Gulliver. Paris 1822, 4 vol. in-18, 6 fr.

Amistades peligrosas, cartas recogidas en una sociedad y publicadas por la instruccion de algunas otras, por C*** de L***. Paris 1822, 3 vol. in-18. ornés de fig. 9 fr.

Compendio del origen de todos los cultos, por Dupuis, seguido de la descripcion del Zodiaco de Dendra, traducido por M***. Paris, 2 vol. in-18, 6 fr.

Filosofia de Voltaire, 1 vol. in-18, 3 fr.

Historia crítica de la inquisicion de España, por don Juan-Antonio Llorente. Paris 1822, 1 vol. in-18. 30 fr.

C. C. Salustii, 1 vol. in-12, 1 fr.

Costantini. Scelta di Poesie italiane. Parigi 1823, 2 vol. in-12, 6 fr.

Goldoni. Scelta di alcune commedie. Parigi 1823, 1 vol. in-12, 4 fr.

GRANDS ET BEAUX OUVRAGES.

Manuscrits latins.

CEREMONIALE romanum, 1 vol. in-fol., *richement relié par Hering, en maroq. cramoisi, dor. sur tr.*, 2400 fr.

Très-beau manuscrit, du XIVe siècle, sur vélin, de la plus belle exécution ; il a été composé aux frais de Calderini, évêque de Ceneta, dont les armes se trouvent sur plusieurs pages ; il est orné de deux grandes miniatures et de 38 moyennes ; un grand nombre de pages sont décorées d'animaux, de fruits, de figures burlesques, etc., peints avec le plus grand soin ; à la page 108 se trouve un encadrement d'une exécution admirable.

ORDO breviarii romani, 1 vol. in-fol., *rel. en maroq. vert*, 2400 fr.

Très-beau manuscrit du XIVe siècle, sur vélin, à doubles colonnes, orné de soixante-quatorze miniatures, et d'un grand nombre d'arabesques, de fruits et d'ornements de toute espèce, en couleur, rehaussés d'or.

Ce manuscrit, très-bien conservé, provient de la bibliothèque du Vatican.

Amours (les) pastorales de Daphnis et Chloé, traduit du grec de Longus, par Amyot. Paris, 1800, 1 vol. grand in-4°, *pap. vélin, fig. de Prud'hon, avant la lettre, rel. dos de maroq. non rogné*, 150 fr.

Annales du Musée, par Landon. Paris 1800—1820, 35 vol. in-8°, *belle reliure anglaise en maroq. cramoisi, fil., tr. dor., par Hering*, 1250 fr.

Les mêmes, *belle reliure anglaise en cuir de Russie, fil., tr. dor.*, 1015 fr.

Les mêmes, *pap. vélin, cart. à la Bradel*, 1000 fr.

Architecture Arabe, ou Monuments du Caire, par Coste, 1 vol. in-fol. de 74 planches. Publié en 10 livraisons.

Prix de chaque livraison, *pap. fin*, 8 fr.

Pap. de Hollande, 10 fr.

Architecture civile, maisons de ville et de campagne, de toutes formes et de tous genres, par L. A. Dubut. Paris 1803, 1 vol. in-fol., *gr. pap. de Hollande, lavé à l'encre de la Chine, rel., dos de maroq. rouge, dor. sur tr.*, 400 fr.

Bibliothèque choisie pour les dames, rédigée par madame Dufrenoy. Paris, 36 vol. in-18, *pap. vélin, belle reliure en maroq. violet, dent., dor. sur tr.*, 400 fr.

Bibliothèque historique de la France, avec des notes critiques et historiques, par J. Lelong ; nouvelle édition, revue par Fevret de Fontette. Paris 1768, 5 vol. in-fol. *rel.*, 100 fr.

Bibliothèque portative des écrivains français, ou choix des meilleurs morceaux extraits de leurs ouvrages en prose et en vers, par MM. Moysant et Levizac. Londres 1803, 3 vol. in-8°, *gr. pap. vélin, rel. en maroq. rouge, par Hering*, 100 fr.

Carême (petit) de Massillon, imprimé pour l'éducation du Dauphin. Paris, Didot, 1789, 1 vol. in-4° *pap. vélin, rel. en maroq. rouge, dor. sur tr.*, 60 fr.

Choix de costumes civils et militaires des peuples de l'antiquité, leurs instruments de musique, leurs meubles, et les décorations intérieures de leurs maisons, par Willemin. Paris 1798, 2 vol. in-fol. 570 fr.

Collection des animaux quadrupèdes de Buffon, formant 365 planches d'animaux, coloriées, servant à toutes les éditions de cet auteur. Paris, 1 vol. in-4°, *demi-reliure, dos de veau*, 200 fr.

Concours décennal, ou Collection gravée des ouvrages de peinture, sculpture, architecture et médailles, mentionnés dans le rapport de l'Institut. Paris 1812, 2 vol. in-4°, *rel. dos de maroq.*, 130 fr.

Description des nouveaux jardins de la France, et de ses anciens châteaux, mêlée d'observations sur la vie de la campagne, par Alex. de La Borde. Paris 1808, 16 livraisons in-fol., 240 fr.

Dictionnaires historiques, critiques et mémoires littéraires, par P. Bayle, Chaufepié et Marchand. Rotterdam 1720, et La Haye 1750 et 1758, 9 vol. in-fol., *rel. uniformément en veau, fil.*, 220 fr.

Dictionnaire universel des sciences, morale, économique, politique et diplomatique, ou Bibliothèque de l'homme d'État et du citoyen, par Robinet. Londres 1777, 30 vol. in-4°, *rel., en bas.*, 255 fr.

Encyclopédie, ou dictionnaire raisonné des sciences, des arts et métiers, par une société de gens de lettres, mis en ordre et publié par MM. Diderot et d'Alembert. Genève 1797, 39 vol. in-4° dont 3 de planches, *rel. en bas.*, 300 fr.

La *même*, mise en ordre par M. de Félice. Yverdun 1770—1776, 58 vol. in-4°, dont 10 de planches, *rel.*, 400 fr.

Encyclopédie méthodique ou par ordre de matières, par une société de savants. Paris 1782—1822, 91 livraisons, formant 145 volumes de texte et 48 parties de planches, in-4°, *demi-rel.*, 1500 fr.

Entomologie, ou Histoire naturelle des insectes, par Olivier; ouvrage renfermant plus de 7000 insectes, figurés et coloriés d'après nature. Paris 1789—1808, 8 vol. in-4°, *rel., dos de maroq.*, 750 fr.

Essai sur la physiognomonie, destiné à faire connaître l'homme, par Gaspard Lavater, traduit en français par madame de La Fite, MM. Caillard et Renfner. La Haye 1781—1803, 4 vol. in-4°, *fig., rel., dos de maroq. non rog.*, 170 fr.

Fables de La Fontaine, édition imprimée pour l'éducation du Dauphin. Paris 1788, 1 vol. in-4°, *rel. en maroq. rouge dor. sur tr.*, 50 fr.

Figures (les) complètes de la Bible, représentées en 600 estampes, d'après Raphaël, Rubens et autres, gravées au burin par Voysard, avec le texte en bas de chaque gravure, par l'abbé de Fontenai. Paris 1809, 8 vol. in-8°, brochés en quatre, 100 fr.

Figures de l'histoire de la république romaine, accompagnées d'un précis historique, d'après les dessins de Mirys. Paris 1800, in-4°, *pap. vélin, rel. en maroq. vert, dor. sur tr.*, 150 fr.

Flore médicale décrite par F.-P. Chaumeton, Chamberet et Poiret, peinte par madame E. Panckoucke, et par P.-J.-F. Turpin. Paris 1819, 107 livraisons in-4°, *pap. vélin, fig. color.*, 1984 fr.

Galerie de Florence et du palais Pitti, dessinée par Wicard, gravée, sous la direction de Masquelier, par les premiers artistes de France, avec des explications par Mongez. Paris 1789, 50 livraisons, grand in-fol., *rel. en 4 vol., dos de maroq. non rog.*, 1200 fr.

Galerie du Musée Napoléon, publiée par Filhol, et rédigée par J. Lavallée. Paris 1810, 10 vol. in-8°, *grand pap., rel., dos de maroq. non rog.*, 800 fr.

La même, 10 vol. in-4°, *rel. en maroq. rouge, non rog.*, 2400 fr.

Galerie du Palais-Royal, gravée d'après les tableaux des différentes écoles qui la composent, par J. Couché, avec un abrégé de la vie des peintres, et une description historique de chaque tableau, par de Fontenai. Paris 1786—1808, 59 livraisons in-fol., 765 fr.

Galerie (la grande) de Versailles et les deux salons qui l'accompagnent, peints par Ch. Lebrun, dessinés par J.-B. Massé. Paris 1752, in-fol., *gr. pap.*, 150 fr.

Herbier général de l'amateur, contenant la description, l'histoire, les propriétés et la culture des végétaux utiles et agréables, par Mordant de Launay, continué par Loiseleur des Longchamps.

Exemplaire unique *sur peau de vélin, avec les dessins originaux peints d'après nature par* P. Bessa, in-4°.

Il paraît de cette importante collection 72 livraisons qui sont renfermées dans douze boîtes. Le prix de chaque livraison est de 300 fr.

Herbier de la France ou Collection complète des plantes indigènes de ce royaume, par Bulliard, 5 vol. in-4°. — *Histoire des plantes vénéneuses et suspectes de la France*, par Bulliard, 1 vol. in-fol. — Histoire des champignons de la France, par Bulliard, 1 vol. in-fol. — Dictionnaire élémentaire de botanique, par Bulliard, 1 vol. in-fol. En tout 3 vol. in fol. et 6 vol. in-4°. Paris 1784—1797, *fig. color., rel., dos de maroq., non rog.*, 350 fr.

Histoire de l'Académie royale des inscriptions et Belles-Lettres, depuis son établissement, 1701—1793. Paris 1717—1809, 50 vol. in-4°, *fig., demi-rel., dos de maroq., non rog.*, 900 fr.

Histoire et mémoires de l'Académie des Sciences, depuis son établissement en 1666 jusqu'en 1790. Paris 1701—1793, 164 vol. in-4°, *fig., rel.*, 1400 fr.

Histoire de l'Académie des sciences et des Belles-lettres de Berlin, depuis son renouvellement en 1745, jusqu'en 1769. Berlin 1746—1769, 26 vol. in-4°, *fig.*, *rel. en vélin*, 200 fr.

Histoire de l'art par les monuments, depuis sa décadence, au IVe siècle, jusqu'à son renouvellement au XVIe, par Seroux d'Agincourt, Paris 1811—1820, 24 livraisons, gr. in-fol., 720 fr.

Histoire des Empereurs, par Crevier, faisant suite aux Œuvres de Rollin (édition Letronne), 8 vol. in-8°.

Histoire du Bas-Empire, par Lebeau; revue entièrement, corrigée et augmentée d'après les historiens orientaux, par M. de St.-Martin, membre de l'Institut; 20 vol. sous presse.

Histoire naturelle générale et particulière de Buffon, avec la description anatomique, par Daubenton, continuée par Lacépède. Paris 1749—1804, imprimerie royale, 35 vol. in-4°, *rel. en veau fauve, aux armes de France*, 1200 fr.

Bel exemplaire dont les figures sont des premières épreuves.

Histoire naturelle, générale et particulière, par Buffon, nouvelle édition, avec notes, rédigée par Sonnini, continuée par Daudin, Denis Montfort, Latreille, Sonnini, Brisseau Mirbel, et autres. Paris 1798—1807, 127 vol. in-8°, *avec les figures imprimées en couleur*, *rel. en veau*, 1200 fr.

Histoire naturelle et générale des colibris, oiseaux-mouches, jacamars et promérops, par Audebert et Vieillot. Paris 1802, 2 vol. in-4°, *gr. pap. vélin*, *fig. color.*, *cart.*, 500 fr.

Histoire naturelle des oiseaux de l'Amérique septentrionale, par L. P. Vieillot. Paris 1807, 2 vol. grand in-fol. *pap. vélin*, *avec 132 pl. imprimées en couleur*, 600 fr.

La même, *sur grand papier colombier-vélin, figures de choix, dont il n'a été tiré que quelques exemplaires*, 1200 fr.

Histoire naturelle des oiseaux dorés ou à reflets métalliques, ou Histoire naturelle et générale des colibris, oiseaux-mouches, jacamars, promérops, grimpereaux et des oiseaux de Paradis, par J.-B. Audebert et L.-P. Vieillot, 32 livraisons, format très-grand in-fol., *pap. jésus-vélin superfin*, formant 2 v., 900 fr.

La même, *avec tout le texte imprimé en or au lieu d'encre, tiré à dix exemplaires seulement*, 3000 fr.

Histoire naturelle des singes, des makis et des galéopithèques, par J.-B. Audebert. Paris 1800, 1 vol. in-fol., *sur jésus-vélin superfin satiné, figures imprimées en couleur*, *demi-rel.*, 300 fr.

La même, *rel. en maroq. rouge*, *dor. sur tr.*, 350 fr.

Histoire sacrée de l'ancien et du nouveau Testament, représentée en 600 estampes, avec le texte français de l'abbé Bassinet. Paris 1806, 8 gros v. gr. in-8°, *sur pap. fin d'Auvergne*, avec un atlas in-fol., 150 fr.

La même, *sur gr. pap. vélin superfin d'Auvergne, figures, premières épreuves*, 240 fr.

Histoire du vieux et du nouveau Testament, par D. Martin, enrichie de plus de 400 figures. Anvers, Mortier 1700, 2 vol. in-fol. *rel.*, *dos de maroq.*, 100 fr.

Hydrographie (l') française, ou Recueil des cartes dressées au dépôt des plans de la marine, par Bellin. Paris 1756, 1 vol. grand in-fol., *rel. en maroq.*, 200 fr.

Lettres d'Héloïse et d'Abailard, latin-français. Paris 1796, 3 vol. in-4°, *gr. pap. vélin*, *fig. de Moreau*, *avant la lettre*, 75 fr.

Liliacées (les), par P.-J. Redouté. Paris 1802, 8 vol. in-fol., *figures coloriées*, *rel.*, *dos de maroq. non rog.*, 3000 fr.

Magasin encyclopédique, ou Journal des sciences, des lettres et des arts, par A.-L. Millin, avec la table générale des matières, rédigée par Sajou. Paris 1795—1816, 126 vol. in-8°, *demi-rel.*, 1200 fr.

Mausolées (les) Français, ou recueil des monuments les plus remarquables élevés dans les Cimetières de Paris, 1 vol. grand in-4°, contenant un texte et 55 gravures, *papier fin*, 66 fr.

Papier vélin, 110 fr.

Maximes et réflexions du duc de La Rochefoucault, édition faisant suite aux ouvrages imprimés à l'usage du Dauphin. Paris 1796, in-4°, *pap. vélin*, *rel. en maroq. rouge*, *dor. sur tr.*, 60 fr.

Mémoires du comte de Grammont, par A. Hamilton, édition ornée de 74 portraits, gravés par E. Scriven. Londres 1811, 2 vol. in-8°, *pap. vélin*, *rel. en maroq. rouge*, *dor. sur tr.*, *doublé en moire*, *par Hering*, 160 fr.

Métamorphoses (les) d'Ovide en latin, traduites en français, avec des remarques et des explications historiques, par l'abbé Banier. Amsterdam 1732, 2 vol. in-fol., *avec les fig. de B. Picart*, *rel. en maroq.* 140 fr.

Monde (le) primitif, analysé et comparé avec le Monde moderne, par Court de Gébelin. Paris 1787, 9 vol. in-4°, *rel.*, 120 fr.

Monuments anciens et modernes de l'Indoustan, en cent *cinquante planches, d'après Daniell, Hodges*, Holmes, Saet, etc., précédés d'une notice géographique, d'une notice historique, et d'un discours sur la religion, la législation et les mœurs des Hindous, par Langlès. Paris 1813—1820, 26 livr. in-fol., 416 fr.

Monuments (les) antiques du Musée Napoléon, dessinés et gravés par Thomas Piroli, avec une explication par Schweighaenser, publiés par Piranesi frères. Paris 1804, 4 vol. in-4°, 130 fr.

Musée (le) français, recueil complet des tableaux, statues et bas-reliefs qui composent la collection nationale, avec l'explication des sujets, et des discours historiques sur la peinture, la sculpture et la gravure, par S.-C. Croze Magnan, publié par Robillard, Péronville et Laurent. Paris 1805, 4 vol. grand in-fol., *rel., dos de maroq., non rog.* (au lieu du prix de souscription de 3840 fr.), 2400 fr.

Œuvres de Boileau Despréaux, imprimées pour l'éducation du Dauphin. Paris 1789, 2 vol. in-4°, *pap. vélin, fig., rel. en maroq. rouge, dor. sur tr.*, 150 fr.
Bel exemplaire auquel on a ajouté les figures.

Œuvres complètes de Bossuet, précédées de la vie de Bossuet, par de Bausset. Paris 1815—1820, 47 vol. in-8°, *pap. vélin, rel. en veau gauffré, dor. sur tr. par Purgold*, 900 fr.

Œuvres complètes de P. et Th. Corneille, avec les commentaires par Voltaire. Paris 1817, 12 vol. in-8°, *gr. pap. fin, fig. de Moreau, rel., dos de maroq. rouge non rog.*, 237 fr.

Œuvres complètes de Florian. Paris 1820, 16 vol. in-12, *pap. vélin, fig. de Desenne, rel. en cuir de Russie, do. sur tr.*, 260 fr.

Œuvres complètes de La Fontaine, ornées de 120 gravures, d'après les dessins de Desenne, Chaudet, Huet, etc., avec l'histoire de la vie et des ouvrages de La Fontaine, par Walkenaer. Paris 1820, 18 vol. in-18, *gr. pap. vélin, fig. avant la lettre, rel., dos de maroq. non rog.*, 236 fr.

Œuvres de La Harpe. Paris 1821, 16 vol. in-8°, *pap. vélin satiné, fig., rel. par Thouvenin, dos de maroq. non rog.*, 288 fr.

Œuvres de Le Sage. Paris 1821, 12 vol. in-8°, *pap. vélin, fig., rel. en veau fauve, dor. sur tr. par Purgold*, 216 fr.

Œuvres complètes de Marmontel, nouvelle édition. Paris 1818, 18 vol. in-8°, *pap. vélin satiné, fig., rel. par Thouvenin, dos de maroq. non rog.*, 324 fr.

Œuvres de Millot, continuées par MM. Millon, Delisles de Sales, etc. Paris 1819, 18 vol. in-8°, *pap. vélin, dos de maroq. non rog., rel. par Thouvenin*, 216 fr.

Œuvres de Molière, avec des remarques par Bret. Paris 1804, 6 vol. in-8°, *fig., richement rel. en mar. dor. sur tr. par Hering*, 120 fr.

Œuvres complètes de Montesquieu. Paris 1796, 5 vol. in-4°, *pap. grand-raisin vélin, cartes et fig., rel., dos de maroq. non rog.*, 220 fr.

Œuvres de J. Racine, avec les commentaires par J.-L. Geoffroy. Paris 1808, 7 vol. in-8°, *pap. vélin, fig. avant la lettre, rel., dos de maroq. rouge non rog.*, 120 fr.

Œuvres complètes de J. Racine, avec les notes de tous les commentateurs, édition publiée par L.-Aimé Martin. Paris 1820, 6 vol. in-8°, *gr. pap., fig.; rel., dos de cuir de Russie, non rog.*, 200 fr.

Œuvres complètes de Rollin. Paris 1807, 60 vol. in-8°, et atlas in-4°, *pap. vélin, rel., dos de maroq. non rog.*, 500 fr.

Œuvres complètes (collection des) de J.-J. Rousseau, publiée par du Peyrou. Genève 1782—1790, 17 vol. in-4°, *fig. d'après Moreau, rel. en maroq. dor. sur tr.*, 250 fr.

Œuvres complètes de J.-J. Rousseau, nouvelle édition classée par ordre de matières, avec des notes par S. Mercier, et l'abbé Brizard. Paris 1788 — 1793, 39 vol. in-4°, *pap. vélin, fig., cartonné non rogn.*, 350 fr.

Œuvres complètes de Shakspeare, traduites de l'anglais par Letourneur, nouvelle édition, revue et corrigée par F. Guizot. Paris 1821, 13 vol. in-8°, *gr. pap. vélin, avec portr. sur pap. de Chine, rel. en veau fin dor. sur tr.*, 325 fr.

Œuvres complètes de Voltaire, édition de Beaumarchais. Kell, 70 vol. in-8°, *gr. pap. vélin, ornés de 160 figures de Moreau, richement reliés en maroq. rouge, dor. sur tr., par Purgold et Hering*, 2400 fr.

Œuvres complètes de Voltaire, nouv. édit. Paris 1818, 41 vol. in-8°, *pap. vél. rel. en veau, dor. sur tr.*, 720 fr.

Œuvres complètes de Voltaire, nouvelle édition. Paris 1819—1823, 66 vol. in-8°, *gr. pap. vélin fig. de Moreau, rel., dos de veau*, 1200 fr.

Papillons (les) d'Europe, peints d'après nature, par Ernst, et décrits par Engramelle, contenant 352 pl.

représentant les figures coloriées de 4000 papillons. Paris 1779, 6 vol. très-grand in-4°, *cartonné à la Bradel*, 600 fr.

Paris et ses monuments, ou collection des édifices publics et particuliers, les plus remarquables de cette capitale, par Baltard, avec des descriptions historiques par Amaury Duval. Paris 1803, 24 livraisons in-fol., 152 fr.

Peintures de vases antiques, vulgairement appelés *étrusques*, tirées de différentes collections, par Dubois de Maisonneuve, gravées par A. Clener, accompagnées d'explications par A.-L. Millin. Paris 1808, 2 vol. in-fol., avec 150 planches, 375 fr.

Peuples (les) de la Russie, ou description des mœurs, usages et costumes des diverses nations de l'empire de Russie, publiée par le comte Ch. de Rechberg. Paris 1813, 2 vol. in fol., *pap. vélin, fig. color., rel., dos de maroq., non rogné*, 1100 fr.

Physique du monde, par Marivetz et Goussier. Paris 1780, 8 vol. in-4°, *rel., dos de maroq. non rog.*, 60 fr.

Plans et dessins tirés de la belle architecture, ou représentation d'édifices exécutés ou projetés, en 115 planches, avec les explications nécessaires, par Stieglitz. Leipzig 1801, in fol., *pap. vélin*, 150 fr.

Poésies de Malherbe, faisant suite à la collection du Dauphin. Paris, Didot, 1791, in-4°, *pap. vélin, rel. en maroq. rouge, dor. sur tr.*, 60 fr.

Recueil de chevaux de tous genres, représentés, en soixante planches, par Carle et Horace Vernet, gravés par Levachez, in-fol., oblong, *pap. vélin*, 120 fr.

Recueil de gravures, d'après les vases antiques, la plupart d'un travail grec, trouvés dans les tombeaux du royaume des Deux-Siciles, principalement dans les environs de Naples, en 1789 et 1790; tirés du cabinet du chev. Hamilton, par H.-G. Tischbein. Paris 1803, 2 vol. grand in-fol., *carton.*, 120 fr.

Roses (les) par Redouté, avec le texte par C.-A. Thory. Paris 1824, 27 livraisons in-fol., 1080 fr.

Les mêmes, 27 livraisons in-4°, 540 fr.

Ruines (les) de Pompei, dessinées et mesurées par F. Mazois. Paris 1812—1822, 15 livraisons in-fol., 300 fr.

Cet ouvrage aura encore 15 livraisons qui paraîtront successivement.

Tableau général de l'empire othoman, par Mouradja d'Ohsson. Paris 1787—1821, 3 vol. in-fol., *cartonné*, 300 fr.

Traité d'anatomie et de physiologie, par M. Vicq d'Azyr. Paris 1786, 1 vol. in-fol., *pl. color., rel. en veau, dos de maroq.*, 120 fr.

Voyage du jeune Anacharsis en Grèce, par J.-J. Barthélemy. Paris 1799, 7 vol. in-4° et atlas grand in-fol., *pap. vélin, rel., dos de maroq. non rogné*, 400 fr.

Voyages autour du monde, par La Pérouse, Labillardière et d'Entrecasteaux. Paris 1797—1808, 8 vol. in-4° et 3 atlas grand in-fol., *demi-rel., dos de maroq. vert*, 300 fr.

Voyages (les trois) de Cook, traduits de l'anglais. Paris 1774—1785, 13 vol. in-4°, *cartes, rel.*, 200 fr.

Voyages de découvertes à l'Océan pacifique du nord, et autour du monde, faits de 1790 à 1795, par Vancouver, traduits de l'anglais, par Morellet. Paris 1800, 3 vol. in-4°, et atlas grand in-fol., *demi-rel., dos de maroq. vert*, 180 fr.

Voyage pittoresque de la Syrie, de la Phénicie, de la Palestine, de la basse Égypte, par Cassas. Paris 1799, trente livraisons in-fol., 900 fr.

Voyage pittoresque et historique de l'Espagne, par Al. de La Borde. Paris 1807, 48 livraisons in-fol., *gr. pap.*, 1008 fr.

Le même, *pap. vél., fig. avant la lettre*, 2880 fr.

Voyages de Pallas dans plusieurs provinces de l'empire de Russie, et dans l'Asie septentrionale, traduits de l'allemand par G. de La Peyronie, avec des notes par Lamark et Langlès. Paris 1794, 8 vol. in-8°, *pap. vélin, rel., dos de maroq.*, 165 fr.

Acta conciliorum et Epistolæ decretales ac constitutiones summorum pontificum, edidit J. Harduinus. Parisiis 1715, 11 vol. in-fol., *rel.*, 120 fr.

Cornelii Nepotis vitæ excellentium imperatorum. Parmæ, typ. Bodoni 1799, 1 vol. in-4°, *gr. pap.*, 100 fr.

Pallas. Flora rossica seu stirpium imperii Rossici indigenarum descriptiones et icones. Petropoli 1784, 2 vol. in-fol., 100 fr.

Ariosto. Orlando furioso. Parigi, 4 vol. in-4°, *gr. pap., fig., rel. dos de maroq.*, 100 fr.

Archievements (the martial), of Great Britain and her allies, from 1799 to 1815. London, in-4°, *gr. pap., avec fig. color., rel., dos de maroq. non rog.*, 200 fr.

Archievements (the naval) of Great Britain, from the year 1793 to 1817. London, in 4°, *gr. pap., avec fig. color., rel., dos de maroq. non rog.*, 200 fr.

Architectural ornaments or a collection of capital, friezes, roses, entablatures, mouldings, etc., drawn on stone from the antique. London 1821, 10 livraisons in-4°, 100 fr.

Batty's french scenery from drawings made, in 1819. (Voyage pittoresque en France, exécuté par les premiers artistes de l'Angleterre, accompagné d'un texte explicatif.) London 1822, 12 livraisons, très-grand in-8°, *pap. vélin*, 160 fr.

Batty's German scenery: views in Vienna, and on the Danube, with its principal tributary streams, etc.; from drawings made during a tour through that country in the year 1020. London 1822, très-gr. in-8°.
Cet ouvrage sera composé de 60 vues, qui seront publiées en douze livraisons, dont six paraissent.
Le prix de l'ouvrage complet est de 160 fr.

Batty's Italian scenery. (60 Vues d'Italie, gravées par les meilleurs artistes d'Angleterre, avec un texte explicatif.) London 1820, 12 livraisons, 1 vol. in-8°, *pap. vélin satiné*, 160 fr.

Byron (lord) works. Paris 1822, 11 vol. in-12, *pap. vélin, avec les figures de l'édition de Londres, rel. en maroq. rouge, dor. sur tr., doublé de moire par Purgold et Hering*, 350 fr.

Cokburn's Swiss scenery. (60 Vues de la Suisse, gravées par les meilleurs artistes d'Angleterre.) London 1820, 12 livraisons, en 1 vol. in-8°, *pap. satiné*, 160 fr.

Dewint's Sicily (Voyage pittoresque en Sicile, gravé par les premiers graveurs de Londres). London 1822.
L'ouvrage doit former douze livraisons dont neuf sont terminées.
Le prix de l'ouvrage complet est de 180 fr.
12 livraisons in-8°, *pap. vélin, gr. format impérial.*

Earlom's (R.) Liber veritatis, a collection of 300 prints, after the original designs of Claude Lorrain, in the collection of the Duke of Devonshire, Earl Spencer, etc., with a description of the drawings from the hand-writing of Claude on the back of each. London 1779, 3 vol. in-fol., *demi-rel.*, 510 fr.

Encyclopædia (the modern), or dictionary of Arts, Sciences and Litterature, with a biography of the most eminent persons of every nation, by A.-D. Burrowes. London 1822, 11 vol. in-4°, *cartonnés, dont 1 vol. de planches*, 325 fr.

Englefield's (H.) vas, drawn and engraved by H. Moses. London 1819, gr. in-8°, *rel. en maroq. bleu*, 92 fr.

Essayists (the british), with prefaces biographical, historical and critical, by the L.-T. Bergner. London 1823, 45 vol. in-12, 300 fr.

Forster's (E.) British gallery of Engravings, from pictures of the Italian, Flemish, Dutch and English Schools, now in the possession of the King of the England, and several Noblemen and Gentlemen of the United Kingdoms. London 1807, 1 vol. grand in-fol. *carton.*, 680 fr.
La gravure de cette galerie des tableaux du roi d'Angleterre, exécutée avec beaucoup de luxe, a été confiée aux premiers artistes de la Grande-Bretagne, tels que Heath, Fittler, etc. Le texte est en français et en anglais.

Fraser's (J.-B.) views in the himala mountains. London 1820, in-fol., form. gr. atl., *fig. color.*, 535 fr.

Poets (British). London 1822, 100 vol. in-12, *rel. en 50, pap. vélin, veau fin, tr. marbr.*, 875 fr.

La même, *avec une suite de gravures, publiées par Sharpe, rel. en veau*, 1150 *fr.*
Cette collection, imprimée avec beaucoup de goût, commence par Chaucer, Spencer, Cowley et Milton, et finit avec les derniers poëtes modernes, Burns, Mason et Cowper; elle embrasse aussi toutes les traductions des poëtes grecs et latins, par Dryden, Pope, Francis, etc. C'est la plus jolie et la plus complète de toutes les collections des poëtes publiées en Angleterre.
Les deux exemplaires sont supérieurement reliés par les premiers ouvriers de l'Angleterre.

Pompeiana: The Topography, Edifices and Ornaments of Pompei, by Sir. W. Gell and J.-P. Gandy. London 1821, 12 numéros grand in-8°, *pap. vélin, avec 77 gravures, par les premiers artistes anglais*, 160 fr.

Sauvan's (M.) Picturesque tour of the Seine from Paris, to the sea: with particulars historical and descriptive, illustrated with 24 finished and coloured engravings from drawings, by A. Pugin, and J. Gendall. London 1821, in 4°, *cart.*, 165 fr.

Shakspeare's dramatic works revised by G. Stevens. London 1804, 18 tomes en 9 vol. grand in-fol., avec 93 figures gravées par les premiers artistes anglais, et 1 vol. in-fol., *grand jésus-vélin, contenant une suite de 100 estampes. Les 10 vol. rel., dos de maroq. rouge, non rogn.*, 2400 fr.

Assortiment.

ABÉCÉDAIRES.

- Abécédaire des arts et métiers, in-12, fig.
- Abécédaire des commençants, in-12, fig.
  - Le même, fig. col.
- Abécédaire géographique, in-12, fig.
  - Le même, fig. col.
- Abécédaire historique, orné de 24 fig. d'enfans costumés en guerriers, par Fréville, in-18.
  - Le même, fig. col.
- Abécédaire moral et religieux, 1826, in-12, fig.
- Abécédaire (petit) parisien, in-18, fig.
  - Le même, fig. col.
- Abécédaire des bonnes et mauvaises qualités de l'enfance, in-12, fig.
  - Le même, fig. col.
- Alphabet des arts et métiers, in-12, fig.
  - Le même, fig. col.
- Alphabet (petit) des compagnes, in-18, fig.
  - Le même, fig. col.
- Alphabet moral des petites demoiselles, in-12, fig.
  - Le même, fig. col.
- Alphabet des petites écoles, in-18, fig.
  - Le même, fig. col.
- Alphabet encyclopédique, in-12.
  - Le même, fig. col.
- Alphabet des enfans obéissans, in-12, fig.
  - Le même, fig. col.
- Alphabet des enfans religieux, in-12, fig.
  - Le même, fig. col.
- Alphabet des enfans studieux, in-12, fig.
  - Le même, fig. col.
- Alphabet français, in-12, fig.
  - Le même, fig. col.
- Alphabet moral des petits garçons, in-12, fig.
  - Le même, fig. col.
- Alphabet de l'histoire ancienne, in-12, fig.
  - Le même, fig. col.
- Alphabet mythologique, in-12, fig.
  - Le même, fig. col.
- Alphabet du petit naturaliste, in-12, fig.
  - Le même, fig. col.
- Alphabet perpétuel, ou petit bijou instructif, in-12, fig. en action.
  - Le même, fig. collées sur cartes en une boîte.
  - Le même, fig. coloriées sur carton et une boîte.
- Bouquet (le) des enfans, alphabet instructif et amusant, in-12, fig.
  - Le même, fig. col.
- Civilité du premier âge, in-12, fig.
  - Le même, fig. col.
- Courrier (le) alphabétique, premier jeu élémentaire du jeune âge, par Fréville, in-12, et tableau sur carton.
  - Le même, fig. col.
- Courrier (le) grammairien, second jeu élémentaire par Fréville, in-12, et tableau sur carton.
  - Le même, fig. col.
- Courrier (le) encyclopédique, par Fréville, in-12, et tableau sur carton.
  - Le même, fig. col.
  - La boîte contenant le courrier, la pirouette, le dez et 25 jetons, servant pour les trois jeux.
- Croix (la) de Jésus, ou alphabet chrétien, in-12, fig.
  - Le même, fig. col.
- Élémens de lecture, par Bonneville, in-12, fig.
- Étude (l') et la récréation, in-12, fig.
  - Le même, fig. col.
- Lecture par images, par Fréville, in-12, avec 50 fig.
  - Le même, les fig. collées sur cartes, en une boîte.
  - Le même, les fig. colori., collées sur cartes, en une boîte.
- Ménagerie (la) savante, in-12, fig.
  - Le même, fig. col.
- Nid (le) d'oiseaux, ou alphabet amusant, in-18, fig.
  - Le même, fig. col.
- Syllabaire grammatical, par Fréville, in-12, fig.
- Syllabaire des jeux de l'enfance, par Fréville, in-18, fig.

Abrégé de l'ami des enfants, par Berquin. Paris 1818, 4 vol. in-18, fig.

Abrégé d'astronomie de Delalande. Paris 1795, in-8°.

Abrégé des aventures de Télémaque. Lille, in-18, fig.

Abrégé des causes célèbres et intéressantes, avec les jugemens qui les ont décidées, par Besdel. Paris 1786, 2 vol. in-12.

Abrégé du cours de littér. de Laharpe. Paris 1821, 2 vol. in-12.

Abrégé du dictionnaire universel, français-latin, de Trévoux, par Berthelin. Paris 1762, 3 vol. in-4°.

** Abrégé du cours de mathématiques, par Wolf, 3 vol. in-8, avec 84 pl. Jeunes.

Abrégé des élémens d'Arithmétique, d'Algèbre et de Géométrie, par Mazéas. Paris 1773, in-12, fig.

Abrégé de la Fable par Jauffret. Lyon, in-12.

Abrégé élémentaire de Géographie ancienne et moderne, suivi de la géographie physique, historique, statistique et topographique de la France. Paris 1824, 2 vol. in-8°, cartes.

Abrégé de la Géographie de Crozat, par demandes et par réponses. Paris 1823, in-12.

** Abrégé complet de géographie universelle, ancienne, moderne, physique et historique, précédé d'un vocabulaire de géographie, par J.-B.-L. Lallemand; sixième édition. Paris 1821, 2 vol. in-8°, dont un de 12 cartes.

* Le même, avec 15 cartes seulement, in-8°.

** Le même, le texte sans cartes, in-8°.

Abrégé de la Grammaire française de Restaut. Paris, Barbou, 1799, in-8°.

Le même. Paris 1792, in-12.

Abrégé de la grammaire française, par Wailly. Paris 1819, in-12.

Abrégé de l'Histoire ancienne, à l'usage des élèves de l'école militaire. Paris, in-12 ... 2 »

Abrégé de l'Histoire ancienne et romaine de Rollin, par Tailhé, nouvelle édit. Lyon 1813, 10 vol. in-12 ... 35 »

Abrégé de l'Histoire ancienne des Égyptiens, de Rollin et Tailhé, 5 vol. in-12 ... 15 »

Abrégé de l'Histoire du Bas Empire de Lebeau, par Ant. Caillot. Paris 1819, 2 vol. in-12, fig. ... 7 »

Abrégé de l'Histoire et du droit public d'Allemagne, par Pfeffel. Paris 1776, 2 vol. in-4° ... 24 »

Le même, 2 vol. in-4°, grand papier d'Hollande ... 30 »

Abrégé de l'Histoire ecclésiastique, à l'usage des élèves de l'école militaire. Paris 1788, in-12 ... 2 »

Abrégé de l'Histoire des empereurs, de Crevier, par Antoine Caillot. Paris 1819, in-12 ... 4 »

Abrégé de l'Histoire de France, à l'usage des élèves de l'école militaire. Paris 1818, 2 vol. in-12 ... 4 »

Abrégé de l'Histoire de la Grèce de Goldsmith, par Breysset. Paris 1822, in-12 ... 3 »

Abrégé de l'Histoire grecque, in-8° ... 2 50

Abrégé de l'Histoire grecque et romaine, de Velleius Paterculus, traduit par Paul. Lyon 1809, in-12 ... 2 50

Abrégé de l'Histoire des plantes usuelles, par Chomel, 7e édit., revue par Mallard. Paris 1804, 2 vol. in-8° ... 15 »

Abrégé de l'Histoire romaine, par Reymard, 2 vol. in-12, fig. ... 6 »

Abrégé de l'Histoire romaine, à l'usage de l'école militaire, 11e édit. Paris 1819, in-12 ... 2 »

Abrégé de l'Histoire romaine d'Eutrope, par Paul. Lyon 1809, in-12 ... 2 50

Abrégé de l'Histoire romaine, traduit de l'anglais du docteur Goldsmith, par Breysset, à l'usage des jeunes personnes des deux sexes. Lyon 1816, in-12 ... 2 50

Abrégé de l'Histoire romaine de Rollin, par Antoine Caillot. Paris 1818, in-12 ... 3 50

Abrégé de l'Histoire romaine de Rollin, par Tailhé. Lyon 1813, 5 vol. in-12 ... 12 50

Abrégé de l'Histoire de Russie, par Périn. Paris 1820, 2 vol. in-12 ... 6 »

Abrégé de l'Histoire sainte à l'usage des élèves de l'école militaire. Paris, in-12 ... 1 50

Abrégé de l'Histoire universelle, par Ségur. Paris 1821–1822, 51 vol. in-18, fig. ... 62 »

Abrégé de l'Histoire générale des voyages, par La Harpe. Paris, 1821, 24 vol. in-8°, et atlas in-fol. ... 144 »

Abrégé de l'Histoire générale des voyages, par La Harpe, réduit aux traits les plus intéressans et les plus curieux, par Caillot. Paris 1819, 2 vol. in-12, fig. ... 6 »

Abrégé d'une nouvelle Méthode de la langue latine. Paris, Barbou, 1780, in-12 ... 1 75

Abrégé des révolutions de l'ancien gouvernement français, par Thouret. Paris, in-18 ... 3 »

** Abrégé des Sciences, ou Encyclopédie des Enfans, par Masselin. Paris 1820, in-12 ... 3 »

Abrégé du Traité des Jardins, ou petit de la Quintinye. Caen 1795, 2 vol. in-12, p. p. ... 2 »

Abrégé des trois siècles de la littérature, par Sabatier. Paris 1821, in-12 ... 3 »

** Abrégé des trois Voyages du capitaine Cook, précédé d'un extrait des voyages de Biron, Wallis, Carteret et Bougainville autour du monde, par La Harpe, nouvelle édition ornée d'une très-belle carte générale des voyages de Cook. Paris 1817, 6 vol. in-8° ... 36 »

** Abrégé de stéréotomie, ou Traité de la coupe des pierres, par Fremer. 2 vol. in-8° ... 12 »

Abrégé de la Vie des plus illustres philosophes de l'antiquité, par Fénelon, nouvelle édition. Lyon 1811, in-12 ... 2 »

Le même. Lyon 1816, orné de portraits ... 2 »

** Abrégé du Vocabulaire des termes de marine, français et anglais, par Lescallier en 1 vol. in-8° ... 6 »

Abrégé du voyage du jeune Anacharsis en Grèce, par Barthélemy, rédigé par Ant. Caillot. Paris 1821, 2 vol. in-12, avec cartes et fig. ... [illegible]

Abrégé des voyages modernes, réduits aux traits les plus curieux, pour servir de suite à l'abrégé de l'histoire générale des voyages de La Harpe, etc., par A. Caillot. Paris 1821, 2 vol. in-12, fig. ... 6 »

Académie des Jeux. Lyon 1805, 1 vol. in-12, fig. ... 2 50

Académie des Jeux, nouvelle édition. Paris 1821, 1 vol. in-18 ... 2 »

Âge (le jeune) des Bourbons. Paris 1822, in-18, fig. ... 1 50

Agriculture (de l') des anciens, par Ad. Dickson, traduite de l'anglais. Paris 1802, 2 vol. in-8°, fig. ... 12 »

Agriculture pratique des différentes parties de l'Angleterre, par Marshall. Paris 1803, 5 vol. in-8°, et 1 vol. in-4° de planches ... 30 »

** Aide-mémoire, à l'usage des officiers d'artillerie de France attachés au service de terre; cinquième édition, revue et considérablement augmentée. Paris 1819, 2 très-forts vol. in-8° ... 15 »

** Album amusant, ou Recueil de gravures à l'aqua-tinta, par Jazet et P. Legrand. Paris 1822, in-8° ... 8 »

** Album comique de Pathologie pittoresque. Recueil de vingt caricatures médicales, dessinées par Aubry, Chasal, Collin, Bellangé et Pigal; 1 vol. in-4°, cartonné, figures coloriées. ... 25 »

Algèbre et application de l'Algèbre à la Géométrie, par Bezout, revue par Peyrard, 5e édition. Paris 1810, in-8° ... 6 »

Allemagne (de l'), par Mad. de Staël-Holstein, 5e édit. Paris 1819, 4 vol. in-12 ... 12 »

La même. Paris 1818, 3 vol. in-8° ... 18 »

Allemagne (l') et la révolution, par J. Gorres traduit de l'allemand, par C. A. Scheffer. Paris 1819, in-8 ... 3 50

Almanach (petit) législatif, in-12 ... 2 50

** Almanach du bon jardinier pour l'année 1824, par MM. Vilmorin et Noisette. Paris, in-12 ... 8 »

Alphabet mantchou, rédigé d'après le syllabaire et le dictionnaire universel de cette langue, par Langlès, 3e édition. Paris, imprimerie impériale, 1807, in-8°, grand pap. fig. ... 20 »

Alphabet (l') raisonné, ou explication de la figure des lettres par l'abbé Moussaud. Paris 1803, 2 vol. in-8 ... 10 »

Ami (l') des Enfants, par Berquin, nouvelle édit. Paris 1810, 12 vol. in-18, fig. ... 15 »

Le même. Paris 1823, 4 vol. in-12, fig. ... 12 »

Ami (le nouvel) des Enfants ou le Berquin anglais, par T. P. Bertin, 4e édition. Paris 1816, 4 vol. in-18, fig. ... 6 »

Amis (les deux). Londres 1802, 3 vol. in-12 ... 7 50

Ami (l') de la Jeunesse ou morceaux choisis de Berquin. Paris 1819, in-18, orné de 7 fig. ... 2 50

** Améliorations (de quelques) à introduire dans l'instruction publique, par L. G. Taillefer. Paris 1824, 1 vol. in-8° ... 6 »

Aminte, pastorale du Tasse, italien-français. Paris 1781, in-12, p. p. ... 5 »

Amours de Daphnis et Chloé. Bouillon, in-8°, petit p. fig. ... 1 »

Amours (les) de Psyché et de Cupidon, par La Fontaine. Paris 1810, in-18 ... 1 50

** Amusemens de l'adolescence, par madame de Renneville. 2 vol. in-18, fig. ... 3 »

** Amusemens philologiques, par M. G. P. 2e édition, 1 vol. in-8 ... 6 »

Analyse des Infiniment petits, par l'Hôpital. Avignon 1768, in-8, fig. ... 3 »

Analyse du jeu des échecs, in-12 ... 3 »

** Analyse des opinions sur l'origine de l'imprimerie, par Daunou. 1802, in-8 ... 1 50

Analyse de la philosophie de Bacon. Leyde 1778, 2 vol. in-12 ... 5 »

Anatomie philosophique, par Daubenton. Paris, 1790, 2 vol. in-8° . . . 9 fr.

Anecdotes anglaises et américaines, années 1775 à 1783. Paris, 1813, 2 vol. in-8° . . . 7 fr. 50 c.

Anecdotes et contes moraux pour l'instruction de la jeunesse, traduits de l'italien de F. Soave, par G. M. C. 2e édition. Paris, 1822, 2 vol. in-18, fig. . . . 4 fr.

Angleterre (l') au commencement du 19e siècle, par M. de Levis. Paris, 1814, in-8°, beau papier . . . 6 fr.

Animaux (les) célèbres, par Antoine. Paris, 1813, 2 vol. in-12, figures . . . 5 fr.

Animaux (les) parlants, par Mareschal, 3 vol. in-18 . . . 7 fr. 50 c.

Animaux (les) parlants, poème épique en 26 chants, de J. B. Casti, traduit de l'italien en vers français, par L. Mareschal. Paris, 1819, 2 vol. in-8° . . . 12 fr.

** Animaux (les) savants, ou exercices des chevaux de MM. Franconi, du cerf Coco, du cerf Azor, de l'éléphant Baba, etc., par madame G***, née de V*** L., in-8°, oblong, cartonné, fig. noires . . . 8 fr.

** Le même, figures coloriées . . . 12 fr.

Annales de l'empire depuis Charlemagne, par Voltaire. Kehl, 1785, in-8° . . . 6 fr.

Annales de la législation et de la jurisprudence des tribunaux de l'empire français, par Leopold. Paris, 1811, in-8° . . . 7 fr.

Annales statistiques des États-Unis, par Seybert, traduites de l'anglais, par C. A. Scheffer. Paris, 1820, in-8° . . . 8 fr.

Annales littéraires, ou choix chronologique des principaux articles de M. Dussault. Paris, 1818, 5 vol. in-8° . . . 28 fr.

Annales du théâtre italien, par d'Origny. Paris, 1788, 3 vol. in-8° . . . 13 fr. 50 c.

Année (une) de bonheur, ou les récompenses méritées, 2e édit. Paris, 1821, in-18, fig. . . . 2 fr.

** Annibal, tragédie en trois actes, par Firmin Didot. 1820, in-8° . . . 2 fr.

** Annuaire diplomatique pour 1823. Deuxième année, 1823, 1 vol. in-8° . . . 4 fr. 50 c.

** Annuaire de l'histoire universelle, in-8°.

1818, 1819, 1820, le volume . . . 12 fr.

1821, 1822, et suiv., le volume . . . 10 fr.

** Annuaire nécrologique, 1 vol. in-8° . . . 6 fr.

** Antiquités anglo-normandes de Ducarel, traduites de l'anglais, par A. L. Léchaudé d'Anisy.

Chaque livraison, grand in-8°, pap. ordinaire satiné. L'ouvrage complet renfermera 5 livraisons.

Le même, papier vélin satiné, avec les principaux dessins sur papier de Chine . . . 7 fr. 50 c.

Le même, in-4° . . . 15 fr.

** Antiquités grecques, ou tableau des mœurs, usages et institutions des Grecs, traduit de l'anglais de Robinson. Paris, 1822, 2 vol. in-8° . . . 15 fr.

** Antiquités romaines, ou tableau des mœurs, usages et institutions des Romains, traduit de l'anglais d'Alexandre Adam, par L. J. B. Paris, 1818, 2 vol. in-8° . . . 15 fr.

Anti-Lucrèce, poème sur la religion naturelle, par Polignac, traduit par Bougainville. Paris, 1767, 2 vol. in-12, pap. . . . 4 fr.

Le même, Lyon, 1813, 2 vol. in-12 . . . 4 fr.

Antiquités (les) romaines de Denys d'Halicarnasse, traduites en français par Bellanger. Clermont, 1819, 6 vol. in-8° . . . 36 fr.

Aperçu géographique du monde, ou leçons de sphère et de géographie, par Ansart. Paris, 1813, in-12 . . . 1 fr. 50 c.

Aphorismes politiques de Harrington. Paris, 1795, in-18, fig. . . . [illegible] 50 c.

Apologétique et les prescriptions de Tertullien, traduit par Gourcy. Paris, 1780, in-12 . . . [illegible]

Apparat royal, ou Dictionnaire français-latin, 1 vol. in-8° . . . [illegible]

** Applications du calcul différentiel à la géométrie et à la construction des lignes courbes et surfaces courbes du second degré, avec plusieurs théorèmes nouveaux, par Dupin, 1813, in-4° . . . 15 fr.

** Applications de Géométrie et de Mécanique à la marine et aux ponts et chaussées, où l'on traite de la stabilité des vaisseaux, du tracé des routes civiles et militaires, du déblai et du remblai, des routes suivies par la lumière dans les phénomènes de la réflexion et de la réfraction, etc., par Dupin, 1 vol. in-4°, avec planches, 1822 . . . 12 fr.

** Architecture hydraulique, contenant, 1° l'art de conduire, d'élever, et de ménager les eaux pour les différents besoins de la vie; 2° l'art de diriger les eaux de la mer et des rivières, à l'avantage des places, du commerce et de l'agriculture, 4 vol. in-4°, grand papier, avec 236 planches et le portrait de Bélidor, par Bélidor . . . 130 fr.

Arithmétique de Bezout. Paris, 1798, in-8° . . . 2 fr. 50 c.

Arithmétique de Bezout pour la marine et l'artillerie, revue par F. Peyrard, 9e édit. Paris, 1819, 1 vol. in-8° . . . 4 fr.

** Arpentage des carrières, par Miroleaux, 1 vol. in-4°, avec pl., [illegible] . . . 12 fr.

** Art (l') d'aimer d'Ovide, trad. par de Saint-Ange. Paris, 1807, 2 vol. in-12, fig. . . . 5 fr.

Art (l') d'accoucher, par G. G. Stein, traduit de l'allemand par P. F. Briot. Paris, 1804, 2 vol. in-8°, 22 fig. . . . 9 fr.

Art (l') d'attaquer et de défendre les places, suivi d'un essai sur les mines et d'un nouveau traité sur le nivellement, par Lefebvre. Paris, 1808, 2 vol. in-4°, fig. . . . 24 fr.

Art du blanchiment des toiles, fils et cotons, par Pajot-des-Charmes. Paris, 1798, in-8°, fig. . . . 6 fr.

Art de la Comédie, par Cailhava. Paris, 1786, 4 vol. in-8°, rare . . . 15 fr.

** Art (l') de connaître les hommes par la physionomie, par G. Lavater, nouv. édition ornée d'environ 600 gravures en taille-douce, dont 82 coloriées, exécutées sous l'inspection de M. Vincent. Paris, 1820, 10 vol. in-8° . . . 160 fr.

Art (l') de conserver sa santé, composé par l'école de Salerne, traduction nouvelle en vers français. Paris, 1779, 1 vol. in-12 . . . [illegible]

** Art (l') de la cordonnerie, par Garsault, in-4° . . . [illegible]

Art (l') de la correspondance, 4e édit. Paris, 1816, 2 vol. in-12.

Art (l') de la correspondance, en anglais et en français, 3e édit. Paris, 1816, 2 vol. in-12 . . . 6 fr.

Art (l') de la correspondance commerciale, français-espagnol. Bordeaux, 1824, in-8° . . . [illegible]

Art du manège, par Zind. Paris, 1774, in-8° . . . 2 fr. 50 c.

** Art de monter un cours de collège, [illegible], par [illegible], in-8° . . . [illegible]

Art (l') du poète et de l'orateur, précédé d'un essai sur l'éducation, par Pépin, 3e édit. Paris, 1822, in-8° . . . 5 fr.

Art (l') poétique de Boileau et divers morceaux choisis de poésie française, traduits en vers latins, par Paul. Lyon, 1802, 1 vol. in-8° . . . [illegible]

Art de la teinture des fils et des étoffes de coton, par le Pileur d'Apligny. Paris, 1798, 1 vol. in-12 . . . [illegible]

** Art (l') du trait de charpenterie, avec 88 planches, en quatre parties, par Fourneau, in-fol. fig. . . . [illegible]

La troisième et la quatrième, [illegible] fr. [illegible] chaque.

Art de voir dans les beaux-arts, traduit de l'italien de Milizia, par Pommereul. Paris, 1798, 1 vol. in-8° . . . [illegible]

** Asiatique (le) tolérant, in-8°, pap. . . . [illegible]

** Astronomie théorique et pratique, par Delambre, membre de l'Institut, professeur d'astronomie au collège royal de France, etc., 1814, 3 gros vol. in-4°, avec planches . . . 60 fr.

** Abrégé d'astronomie, ou leçons élémentaires d'astronomie théorique et pratique données au collège de France, in-8° . . . [illegible]

Astronomie des dames, par Lalande. Paris, 1820, 1 vol. in-18 . . . [illegible]

Atlas des communes, édité par la commission de l'histoire géologique pour l'enseignement des [illegible], par Mentelle et Chanlaire. Paris, 1802, [illegible] . . . [illegible]

Atlas nouvel des [illegible] principes [illegible], ou apprendre [illegible]

fr. c.

ordement, et en fort peu de temps, la géographie. Amsterdam 1785, in-12, avec 24 cartes color. 3 »

** Atlas (nouvel) de la jeunesse, à l'usage des commençans, ou Abrégé de l'atlas portatif de M. Hérisson, quatrième édition. Paris 1820, in-8°, avec quinze cartes color. 6 »

Atlas (petit) de toutes les parties du monde, composé de six cartes gravées d'après Poirson, par Tardieu, précédé d'un précis élémentaire de géographie, par mad. Tardieu-Denesle, troisième éd. Paris 1820, in-8°, obl. cartes color. 12 »

Atlas de poche, composé de 32 cartes color. d'après les dern. traités de paix. Paris, in-18, cart. 6 »

Autorité législatrice de Rome, in-8°. 6 »

Aventures (les) les plus remarquables des célèbres marins. Paris, in-12, avec 4 fig. 3 »

Aventures de Robinson. Paris 1803, 2 vol. in-12, fig. 6 »

Les mêmes, 2 vol. in-8°. 12 »

Les mêmes. Londres 1785, 4 vol. in-18. 6 »

Les mêmes, 4 vol. in-18. 8 »

Aventures de Télémaque, par Fénelon. Paris Didot, 1790, 2 vol. in-8°, grand papier vélin, figur. de Cochin et Moreau. 45 »

Les mêmes. Maestricht 1793, 2 vol. in-8°, ornés de 25 fig. et d'une carte. 8 »

Les mêmes, édit. Cazin, 3 vol. in-18. 6 »

in-12. 3 »

Les mêmes, nouvelle édition, ornée de figur. Paris 1822,

Les mêmes, nouvelle édition. Lyon 1822, 2 vol. in-12, fig. 5 »

Les mêmes. Paris 1790, in-18. » 75

Les mêmes, avec les notes mythologiques de Noel, nouvelle édition. Paris 1812, 4 vol. in-18, 25 fig. 10 »

Les mêmes, en anglais, traduit par Hawkesworth. Paris 1804, in-12. 3 »

Les mêmes, français-anglais, traduction de Desmaiseaux. Paris 1788, 2 vol. in-12. 5 »

Les mêmes, anglais-espagnol, trad. par J. Hawkesworth. Paris 1804, 2 vol. in-12. 6 »

Les mêmes, italien-français. Paris 1807, 2 vol. in-12. 8 »

Avis aux gens de mer sur leur santé, par M. G. Mauran. Marseille 1786, in-12. 2 »

Avis à une personne engagée dans le monde, par Clément. Paris, in-18. 1 50

Avis aux Romains, par Mirabeau, in-8. 6 »

Babillarde. Promenades d'un désœuvré dans la ville de St.-Pétersbourg. Paris 1812, 2 vol. in-12. 4 »

Banque (la) rendue facile, par Giraudeau. Lyon 1799, in-4. 15 »

Barême du négociant, ou nouveaux comptes faits en France, depuis un centime jusqu'à un million, etc., par Chasin de Lyon, 1 vol. in-8° très-bien imprimé. 3 »

Bataves (les), poëme, par Bitaubé. Paris 1797, in-8°. 4 »

Bazar parisien, ou annuaire raisonné de l'industrie des premiers artistes et fabricans de Paris. Paris 1821, 1 vol. in-8°, (première année.). 6 »

Beaumois (les petits), ou leçons de morale remarquables à la jeunesse, par madame Delafaye, 2e édit. Paris 1820, 4 vol. in-18, fig. 6 »

Beautés de Buffon, sous le rapport du style, par mad. Dufresnoy, in-12, fig. 3 »

— ou époques et faits mémorables de l'histoire d'Angleterre, par Durdent, in-12, fig. 3 »

— ou époques et faits mémorables de l'histoire de France, par Durdent, in-12, fig. 3 »

— ou époques et faits mémorables de l'histoire de Russie, par Durdent, in-12, fig. 3 »

— de l'histoire, ou tableau des vertus et des vices, in-12, fig. 3 »

— de l'histoire d'Amérique, 2 vol. in-12, fig. 6 »

— de l'histoire ancienne, in-12, fig. 3 »

— de l'histoire du Bas-Empire, in-12, fig. 4 »

— de l'histoire du Canada, in-12, fig. 4 »

— de l'histoire de la Chine, du Japon et des Tartares, par de Beaumont, 2 vol. in-12, fig. 6 »

— de l'histoire des croisades, 1 vol. in-12, fig. 3 »

— de l'histoire ecclésiastique, 2 vol. in-12, fig. 7 »

— de l'histoire de l'empire germanique, par Giraud, 1 vol. in-12, fig. 3 »

— de l'histoire des Espagnes, in-12, fig. 3 »

— de l'histoire grecque, par Durdent, in-12, fig. 3 »

— de l'histoire de la Hollande et des Pays-Bas, in-12, fig. 3 »

— de l'histoire de l'Inde et des Indous, par Marchand Beaumont, 2 vol. in-12, fig. 6 »

— de l'histoire d'Italie, par Giraud, 2 vol. in-12, fig. 6 »

— de l'histoire de Jésus-Christ, in-12, fig. 3 50

— de l'histoire du jeune âge, par mad. de Renneville, in-12, fig. 3 »

— de l'histoire de la maison royale de France, in-12, fig. 3 »

— de l'histoire du Mexique, in-12, fig. 2 50

— de l'histoire militaire ancienne et moderne, par Propiac, in-12, fig. 3 75

— de l'histoire de la Perse, 2 vol. in-12, fig. 6 »

— de l'histoire de Pologne, in-12, fig. 3 »

— de l'histoire du Portugal, par Durdent, in-12, fig. 3 »

— de l'histoire romaine, in-12, fig. 3 »

— de l'histoire de Russie, par Durdent, in-12, fig. 3 »

— de l'histoire de la Savoie et de Genève, du Piémont, de la Sardaigne et de Gênes, par Nougaret, in-12, fig. 3 »

— de l'histoire de Sicile et de Naples, par Nougaret, in-12, fig. 4 »

— de l'histoire des trois royaumes du Nord, Suède, Danemarck et Norvège, par Durdent, in-12, fig. 3 »

— de l'histoire de la Suisse, par Propiac, in-12, fig. 3 »

— de l'histoire de la Turquie, par Durdent, in-12, fig. 3 »

— de l'histoire des voyages, 2 vol. in-12, fig. 6 »

— historiques, chronologiques, politiques et critiques de la ville de Paris, par Propiac, 2 vol. in-12, fig. 7 »

— et merveilles du christianisme, 2 vol. in-12, fig. 6 »

— et merveilles de la nature en France, par Depping, 2 vol. in-12, fig. 6 »

— de la nature, par Antoine, in-12, fig. 2 50

— de la nature, ou le salut d'été, in-18. 2 »

— naturelles et historiques des îles, des montagnes et des volcans, par A. Caillot, in-12, fig. 3 »

Beaux exemples de piété filiale, par Fréville. Paris 1817, in-12, fig. 3 »

Beaux traits du jeune âge, par Fréville, 3e édit. Paris 1818, in-12, fig. 3 »

Bédouins (les) ou Arabes du désert, par Mayeux. Paris 1816, 3 vol. in-18, fig. 10 »

Les mêmes, fig. color. 15 »

** Bergamasques (les), ou Gilles et Arlequin gourmands, scènes dédiées à l'enfance, accompagnées de gravures mouvantes coloriées; Paris 1820, in-16, cartonné. 6 »

Berger (le) fidèle, traduit de l'italien. Amsterdam 1756, in-12. 2 »

Bhaguat-Geeta (le), ou dialogues de Kreeshna et d'Arjoon, contenant le précis de la religion et de la morale des Indiens, traduit du sanscrit, par Wilkins, et en français par Parraud. Paris 1787, in-8°. 7 »

Bible (la) enfin expliquée par plusieurs aumôniers (Voltaire) 1777, 2 vol. in-8°. 8 »

** Bible (la) de la jeunesse, ou abrégé de l'histoire de la bible, comprenant l'ancien et le nouveau testament, par M. Lecuy. Paris 1824, 2 vol. in-8°, ornés de 96 fig. et atlas fol. 24 »

** — La bible sans l'atlas, 2 vol. in-8°. 18 »

** — L'atlas sans la bible, in-folio. 9 »

** La même. Paris 1 vol in-12, avec fig. et une carte. 5 »

** La même, in-12, sans carte ni figures. 3 »

Bibliothèque d'Arthur ou petites nouvelles pour le premier

âge, par madame Delafaye-Bréhier. Paris 1822, 3 volumes in-18, fig. ... 5 »

** Bibliothèque choisie des classiques latins par Peignot (plan de cet ouvrage), in-8° ... [illegible] 50

Bibliothèque choisie pour les dames, par madame Dufrenoy. Paris 1820, 3 séries, 36 vol. in-18, pap. vélin, fig. ... 144 »

Bibliothèque des enfants et des adolescents. Paris 1826, 2 vol. in-18, fig. ... 6 »

** Bibliothèque géographique et instructive des jeunes gens, ou Recueil de voyages intéressants dans toutes les parties du monde, par Campe. Paris 1803, six années, 72 vol. in-18, cartes et figures ... 10[illegible] »

Chaque année se vend séparément ... 18 »

Bibliothèque portative des voyages, traduite de l'anglais par Henry et Breton. Paris 1817, 49 vol., gr. in-18, dont [illegible] d'atlas ... [illegible] »

** Bibliographie dramatique, ou Tablettes alphabétiques du théâtre des diverses nations, par A. F. Delandine. Lyon, in-18 ... [illegible]

Bibliographie musicale de la France et de l'étranger, ou répertoire général et systématique de tous les traités et œuvres de musique vocale et instrumentale. Paris 1822, 1 v. in-8° ... 8 50

Bijou de l'enfance, ou contes et fables, par M. J. Paris 1818, 1 vol. in-64, fig. color. ... [illegible]

Biographie étrangère, ou galerie universelle, historique, civile, militaire, politique et littéraire, par une société de gens de lettres. Paris 1819, 2 vol. in-8° ... 12 »

Biographie des jeunes demoiselles, ou vies des femmes qui se sont le plus illustrées par leurs vertus, leurs talens, etc., par madame Dufrenoy, 2e édit. Paris 1820, 4 v. in-12, fig. ... 12 »

Biographie des jeunes gens, ou vies des grands hommes qui sont dignes d'être proposés pour modèle à la jeunesse, par A. de Beauchamp, 2e édit. Paris 1818, 4 vol. in-12, fig. ... 1[illegible] »

** Biographie des hommes vivants, ou histoire, par ordre alphabétique, de tous les hommes qui se sont fait remarquer par leurs actions ou leurs écrits. Paris 1816, 5 vol. in-8° ... 30 »

** Biographie universelle des souverains qui ont péri d'une mort violente, depuis la plus haute antiquité jusqu'à ce jour, in-12. Paris, 2 vol. ornés de 8 jolies grav. ... [illegible]

Bonaparte, sa famille et sa cour. Paris 1816, 2 vol. in-8° ... 18 »

Bonheur (le) et autres poésies, par Helvétius. Londres 17[illegible], in-12 ... [illegible]

Bons (les) petits enfans, ou portraits de mon fils et de ma fille, par Mad. de Renneville. Paris 1818, 1 vol. in-18, fig. ... [illegible]

Botanique des dames, ou éléments succincts de la lanterne et des principes de botanique, à l'usage des dames, nouv. édit. Paris 1827, in-8°, orné de 16 fig. ... 4 50

Botanique (la) historique et littéraire, suivie d'une nouvelle: Les fleurs, ou les artistes, par madame de Genlis. Paris 1810, 2 vol. in-12, fig. ... 4 »

** Botanique de J. J. Rousseau, ornée de 65 planches imprimées en couleur, d'après les peintures de M. Redouté. Deuxième édition. L'ouvrage entier formera sept livraisons. Prix de chaque livraison ... 1[illegible] »

Boudoir (nouveau portatif), ou remèdes préservatifs et curatifs pour les maladies du boudoir, nouv. édit. Paris 1818, in-12 ... 2 »

Buffon (le) des demoiselles, contenant l'histoire générale des oiseaux et l'histoire naturelle des quadrupèdes des quatre parties du monde. Paris 1819, 4 vol. in-12, fig. ... 1[illegible] »

Buffon (le) des écoles, ou histoire naturelle mise à la portée de la jeunesse, traduit de l'anglais de W. Mavor, par M. Breton, 3e édit. Paris 1819, 2 vol. in-12, fig. ... [illegible] 50

Buffon de la jeunesse, in-18, fig. ... 3 »

Buffon (le petit) des enfans, ou extrait d'histoire naturelle des quadrupèdes, reptiles, poissons et oiseaux. Paris 1820, 2 vol. in-18, fig. ... 1 50

Le même, fig. color. ... 2 »

Buffon (petit) des enfants. Lille 1821, in-18, orné de 96 fig. en bois ... 1 »

Buffon de la jeunesse, ou précis élémentaire de l'histoire naturelle, 3e édit. Paris 1823, 1 vol. in-18, orné de 134 fig. ... 8 »

Cabinet (le) des enfans, ou le marchand de joujoux moraliste, 2e édit. Paris 1820, 1 vol. in-18, fig. ... 1 50

** Cabinets (des) et des peuples, par Bignon. Paris 1823, 1 vol. in-8° ... 6 »

Cabinet (le) du jeune naturaliste, ou tableaux intéressans de l'histoire des animaux, traduit de l'anglais de Th. Smith. Paris 1813, 6 vol. in-12, ornés de 65 fig. ... 1[illegible] »

Le même. Paris 1810, 6 vol. in-12, pap. vélin, figures des premières épreuves ... 18 »

Cabinet (le) du petit naturaliste, par madame D***, 4e édition. Paris 1818, 1 vol. in-18, fig. ... 1 80

Le même, fig. color. ... 2 50

** Calcul fait des pieds de fer suivant leur épaisseur et largeur, réduits aux poids; suivi des tarifs à tant la livre et à tant le cent, par Rabut. Nouvelle édition revue, corrigée avec soin et augmentée, 1 vol. in-12, 1821 ... 2 50

Calendrier de Flore, ou études des fleurs d'après nature. Paris 1803, 3 vol. in-8° ... 15 »

Calomnie (du) raisonnant, par Prévost. Paris 1809, in-8° ... 5 »

** Campagnes de la grande-armée et de l'armée d'Italie en 1805, ou recueil des bulletins et de toutes les pièces officielles relatives à cette guerre avec l'Allemagne et la Russie, et des discours prononcés au sénat et au tribunat à cette occasion; suivi du traité de paix de Presbourg, et d'un dictionnaire géographique des villages, rivières et autres points où les deux armées ont livré des batailles, etc. 1 vol. in-8° avec une carte du théâtre de la guerre ... 6 »

Caprices de l'enfance, ou étrennes aux petits enfans, composés de contes et historiettes, par Mad. de R***. Paris 1822, 1 vol. in-12, fig. cartonné ... 5 »

Les mêmes, fig. col., cart. doré ... 6 »

Caractères de l'enfance mis en action dans une suite de contes moraux et instructifs. Paris 1822, 2 vol. in-18, ornés de 14 fig. en taille-douce ... 5 »

Caractères de La Bruyère. Paris 1768, 2 vol. in-12, p. f. ... 3 »

Les mêmes, nouvelle édit. Paris 1821, 2 vol. in-12 ... 6 »

Caractères (les) de Théophraste et de La Bruyère, avec des notes de M. Coste, nouv. édit. Paris 1820, 2 vol. in-12 ... [illegible] »

Caractères (les) de La Bruyère, suivis des caractères de Théophraste, traduits par le même auteur, avec des additions et des notes nouvelles, par J. G. Schweighæuser, nouvelle édit. augmentée d'une notice sur La Bruyère, par M. Suard. Paris 1822, 2 vol. in-8° ... 12 »

Caractère des passions, par Vernier. Paris, 2 vol. in-8° ... 10 »

** Catalogue de la bibliothèque d'un amateur, avec des notes bibliographiques, critiques et littéraires. Paris 1819, 4 vol. in-8°, satiné ... 18 »

** Catalogue des livres de la bibliothèque de Lyon, belles-lettres et histoire, par feu A. F. Delandine. Lyon, 3 vol. in-8°, br. ... 28 »

Causes (des) des révolutions et de leurs effets, ou considérations historiques et politiques sur les mœurs qui préparent, accompagnent et suivent les révolutions, par Blanc de Volx. Paris 1801, 2 vol. in-8° ... [illegible]

Cendrillon (la petite), ou histoire d'une jeune orpheline. Paris 1820, in-18, fig. ... 2 »

** Cérémonies usitées au Japon, pour les mariages et les funérailles, par Titsingh. Paris 1820, 2 vol. in-8°, dont un de planches ... [illegible]

** César (les douze), traduits du latin de Suétone, avec des notes et des réflexions, par J.-F. Laharpe, nouvelle édition. Paris 1822, 2 vol. in-8°, fig. ... [illegible]

** Chants populaires de la Grèce moderne, recueillis et publiés, avec une traduction française en regard, par C. Fauriel, 1 vol. in-8° ... 1[illegible] »

Chansonnier (le) du premier âge. Paris, in-18, fig. ... 1 [illegible]

Charbonnier (le petit). Paris 1821, in-18, fig. ... 3 »

Charbonnier (le petit) de la Forêt-Noire, par mad. de Renneville, 2e édit. Paris 1816, in-18, fig. ... 1 50

Charlemagne ou la Caroléide, poëme épique en 24 chants, par le vicomte d'Arlincourt, 2e édit. Paris, 1818, 2 vol. in-8, avec fig. de Vernet ... 10 »

** Charles de Navarre, tragédie, par M. Brifaut. Paris 1820, in-8° ... 2 50

Charles et Eugénie ou la bénédiction paternelle, par mad. de Renneville. Paris 1822, 2 vol. in-18, fig. ... 3 »

Charles IX, ou l'école des Rois, tragédie, par M. J. Chénier. Paris, 1790, in-8° ... 2 50

Le même, pap. vélin ... 5 »

Chasse (la), poëme d'Oppien, traduit par Belin-de-Balu. Strasbourg 1787, in-8° ... 5 »

** Chasses (les petites), représentées en estampes coloriées, gravées à l'aqua-tinta, accompagnées de leurs descriptions. Paris 1820, 1 vol. in-16, cartonné ... 5 »

Chefs-d'œuvre de Crébillon. Paris 1810, 2 vol. in-18 ... 2 50

Chefs-d'œuvre de P. et Th. Corneille. Paris 1810, 5 vol. in-18 ... 10 »

Chefs-d'œuvre d'éloquence, tirés des œuvres de Bossuet, Fléchier, Fontenelle et Thomas, suivis des chefs-d'œuvre de poésie française tirés de Racine, Molière, Boileau et Voltaire. Paris 1820, 2 vol. in-12 ... 3 75

Chefs-d'œuvre d'éloquence poétique, édit. Paris 1808, in-12 ... 2 »

Chefs-d'œuvre d'éloquence poétique. Paris 1801, in-12 ... 3 »

Chefs-d'œuvre épistolaires, ou Recueil de 265 lettres choisies des écrivains les plus célèbres sur toutes sortes de matières, par M. D.... Paris 1820, 2 vol. in-12 ... 3 50

Chefs-d'œuvre oratoires, 5 vol. in-12 ... 15 »

Chef-d'œuvre (le) d'un inconnu, 8e édit. Lausanne 1754, 2 vol. in-8° ... 8 »

Chefs-d'œuvre de morale, ou recueil en prose et en vers de ce qui a été dit ou écrit de plus utile aux mœurs, par les hommes qui ont acquis une grande célébrité dans les temps anciens et modernes, tels que Plutarque, Cicéron, Sénèque, Fénelon, Pascal, Nicole, J.-J. Rousseau, La Fontaine, J.-B. Rousseau, Voltaire, Corneille, etc., etc., par M. H. Lemaire. Paris 1821, 2 vol. in-12, fig. ... 6 »

Chefs-d'œuvre de poésies philosophiques et descriptives du XVIIIe siècle. Paris 1790, 4 vol. in-12, p. p. ... 6 »

Chefs-d'œuvre du théâtre de Baron. Paris 1784, in-12 ... 2 50

Chefs-d'œuvre du théâtre de Boursault. Paris 1783, in-12 ... 2 50

Chefs-d'œuvre du théâtre de Dancourt. Paris 1783, 4 v. in-12 ... 10 »

Chiens (les) célèbres, par M. Fréville, 3e édit. Paris 1819, in-12, fig. ... 3 »

Chirurgie de Ravaton. Paris 1776, 4 vol. in-12 ... 8 »

Chirurgien (le) dentiste, ou traité des dents, par P. J. Fauchard, 3e édit. Paris 1786, 2 vol. in-12, fig. ... 5 »

Choix de curiosités tirées des trésors de la nature, des sciences et arts, biographie, histoire, etc. orné de 12 fig., in-32 ... 4 »

Choix (traité du) des études, par Fleury, in-4° ... 3 50

Choix de Fabliaux mis en vers, par Imbert. Paris 1788, 2 vol. in-12, pap. fin ... 5 »

Choix de lettres originales de Mirabeau à Sophie Ruffey. Paris 1818, 4 v. in-18, avec portraits de Mirabeau et de Sophie ... 5 »

Choix des meilleurs préceptes d'éloquence et de style, ou code des rhétoriciens, extraits des ouvrages de Rollin, Fénélon, d'Aguesseau, André, Voltaire et Buffon. Paris 1820, in-12 ... 2 50

Choix de poésies allemandes, par Huber. Paris 1766, 4 vol. in-8° ... 20 »

** Choix de rapports, opinions et discours prononcés à la tribune nationale, depuis 1789 jusqu'en 1815. Paris, 1818 à 1822, 20 vol. in-8° ... 230 »

Christianisme dévoilé, par Boulanger, 1 vol. in-8°, p. p. ... 5 »

Christianisme (le) dévoilé, ou examen des principaux effets de la religion chrétienne. Suisse 1790, in-8°, p. p. ... 5 »

Chronique de Paris, par Charles Malo, in-8° ... 5 »

** Cinq Nouvelles helvétiennes, par H. Meister. Paris 1805, in-12 ... 2 »

** Cirque (le) olympique, ou les Exercices des chevaux de MM. Franconi, du cerf Coco, du cerf Azor, de l'éléphant Baba, etc., par madame E**, née de V**. Paris 1817, 1 vol. in-18, fig. color. ... 4 »

** Classiques français, ou Bibliothèque portative de l'amateur, composée des chefs-d'œuvre en prose et en vers des meilleurs auteurs; 60 vol. in-32, imprimés chez MM. Firmin Didot, avec des caractères neufs gravés et fondus exprès, sur papier vélin grand-raisin satiné, accompagnés du portrait de chaque auteur.

On souscrit pour la collection entière ou pour chaque auteur séparément.

Ouvrages publiés.

1re Livraison. — La Henriade, 1 vol. ... 3 »
Poëmes et Discours en vers, 1 vol. ... 2 50
Contes en vers et Satires, 1 vol. ... 2 50
Les 3 volumes ensemble ... 7 »
La Henriade, ornée de 10 gravures, d'après les dessins de Xavier Leprince ... 7 »

2e Livraison. — Epîtres, Stances et Odes de Voltaire, 1 vol.; Temple du goût et Poésies mêlées, 1 vol. ... 7 »

3e Livraison. — Petit Carême de Massillon, 1 vol.; Œuvres de Boileau-Despréaux, 2 vol. ... 8 »

4e Livraison. — Aventures de Télémaque, 2 vol. ... 6 »

5e Livraison. — Œuvres de Jean Racine, 4 vol. ... 12 »

6e Livraison. — Pensées de Pascal, 2 vol. ... 6 »
Poésies de Malherbe, 1 vol. ... 3 »

7e Livraison. — Fables de La Fontaine, 2 vol. ... 6 »
Les mêmes, ornées de 60 gravures d'après les dessins de Sussemilh ... 26 »
Avec les gravures avant la lettre ... 46 »

8e Livraison. — Lettres provinciales de B. Pascal, 2 vol. ... 6 »

9e Livraison. — Les Caractères de Labruyère, suivis des Caractères de Théophraste, 3 vol. ... 7 50

10e Livraison. — Chefs-d'œuvre dramatiques de Voltaire, les 2 premiers vol. très-forts ... 6 »

Code civil, avec les discours, rapports et opinions, suivi de la table. Paris 1810, 6 vol. in-8° ... 24 »

** Code civil, in-12, suivi des motifs, rapports, opinions et discours auxquels sa discussion législative a donné lieu, d'une table des matières, et de la discussion qui a eu lieu en l'an X, sur le titre préliminaire, et sur les deux premiers titres du premier livre du code. On y a joint le supplément au code civil, ou collection raisonnée des lois et décrets rendus depuis 1789, et qui se rattachent au code civil, avec des notes explicatives de la relation que ces lois ont entre elles ou avec le code civil, 12 vol. in-12 ... 33 »

Code de commerce, suivi de l'exposé des motifs. Paris 1818, in-18 ... 1 25

Code de la conscription, par Rondonneau. Paris 1810, in-8° ... 5 »

Code des contributions directes. Paris 1811, 2 vol. in-8° ... 10 »

Code de commerce, in-32 ... 1 50

Code civil, in-32 ... 3 »

Codes (les cinq) réunis. Paris, 1 vol. in-18 ... 5 50

Code général pour les états prussiens. Paris 1801, 5 v. in-8° ... 25 »

Code de la nouvelle organisation judiciaire, par Rondonneau. Paris 1811, in-18 ... 1 50

Code notarial, ou recueil chronologique des lois, arrêtés du gouvernement, décrets, etc., sur le notariat, par le secrétaire de la chambre de discipline des notaires de Riom. Paris 1811, in-8° ... 6 »

Code de procédure civile, suivi de l'exposé des motifs. Paris 1806, in-18 ... 1 25

Le même, in-8° ... 5 »

Code pénal de la Chine, ta-tsing-leu-lee, traduit du chinois, par

fr. c.

... Th. Staunton, et en français avec des notes, par L. Renouard de Sainte-Croix. Paris 1824, 1 vol. in-8° ... 12 —

Coin (le) du feu de la bonne-maman. Paris 1817, 1 v. in-18 ... [illegible]

Coin (le) du feu des Braves, ou Manuel des militaires français. Paris 1818, in-18, fig. ... 1 50

Collection de soixante-sept modèles d'écriture allemande, anglaise, française, russe et grecque moderne, par C. L. Kunzler. Paris, in-fol. obl. ... 10 —

Collection de tous les voyages faits autour du monde par les différentes nations de l'Europe, par Berenger. Paris 1795, 9 vol. in-8, fig. ... 12 —

Collection d'anciens évangiles, in-8°, p. p. ... 5 —

** Collection des constitutions de France, par M. le comte Lanjuinais. Paris, 2 vol. in-8° ... 14 —

** Collection des constitutions, chartes et lois fondamentales des peuples de l'Europe et des deux Amériques, par MM. P. A. Dufau, J. B. Duvergier et J. Guadet. 6 vol. en 12 livraisons. La livraison ... 3 50

** Collection historique des ordres de chevalerie civils et militaires existants chez les différents peuples, suivie d'un tableau chronologique de tous les ordres éteints, par Perrot. Paris 1819, in-4°, avec 40 planches grav. et color., représentant plus de 300 ordres, etc. ... 36 —

** Collection des lois fondamentales, constitutionnelles, etc., etc., par Roumanouson. Paris 1821, 6 vol. in-8° ... 30 —

** Collection des Mémoires relatifs à la révolution française, avec des Notices sur leurs auteurs et des Éclaircissements historiques, par MM. Berville et Barrière.

Quatorze livraisons, contenant trente-deux volumes, ont déjà paru dans l'ordre suivant :

— Première livraison : Mémoires de madame *Roland*. Tom. I et II. — Seconde livraison : Mémoires de *Ferrières*. Tom. I et II. — Troisième livr. : Mémoires de *Bailly*. Mémoires de *Ferrières*. — Quatrième livr. : Mémoires de *Besenval*. Tome I, Mémoires inédits de *Ferrières*. — Cinquième livr. : *Besenval*. Tom. II, Mémoires de *Bailly*. Tom. I. — Sixième livr. : *Bailly*. Tom. II, Mémoires de *Weber*. Tom. I. — Septième livrais. : *Bailly*. Tom III, *Weber*. Tom. II. — Huitième livr. : Mémoires de *Dumouriez*. Tom. I, Mémoires de *Choiseul*, Mémoires de *Rabaut*. — Neuvième livraison : Mémoires de madame *Campan*. Tom. I et II. — Dixième livrais. : madame *Campan*. Tom. III, *Dumouriez*. Tom. II. — Onzième livraison : Mémoires sur l'affaire de *Varennes*, Mémoires sur les journées de septembre, *Dumouriez*. Tom. III. — Douzième livrais. : Mémoires de *Rivarol*, Mémoires de *Bouillé*. — Treizième livrais. : Mémoires sur les prisons. Tom. II, Mémoires de *Louvet*, Mémoires du baron de *Goguelat*. — Quatorzième livraison : Mémoires de *Meillan*, Mémoires sur la *Vendée*, *Dumouriez*. Tom. IV, *Riouffe*.

Prix de chaque livraison, de deux volumes ... [illegible]

** Collection des mémoires relatifs à l'histoire de la révolution d'Angleterre, accompagnée de notices et d'éclaircissements historiques, précédée d'une introduction sur l'histoire de la révolution d'Angleterre, par M. Guizot, 25 vol. in-8° ... [illegible]

** Collection (la) des œuvres de mad. de Montolieu ; elle formera environ quarante volumes in-12, grande justification, de 300 pages environ, ornée du portrait de l'auteur, et d'une figure au moins, en taille-douce, placée en tête de chaque volume. Cette édition sera imprimée avec soin, sur beau papier, et distribuée par livraisons de deux, de trois, ou de quatre volumes.

La dixième livraison a paru le premier novembre 1823 ; elle complète le vingt-sixième volume.

Les livraisons se succéderont rapidement, et pour y faire entrer les ouvrages nouveaux que madame de Montolieu publiera.

Prix de chaque volume ... 3 —

** Collection de thèmes italiens, par Zotti. Paris 1820, in-12 ... 2 50

Collège incendié. Paris 1820, 4 vol. in-18, fig. ... 6 —

Colonies (des), par Marchant, in-4° ... 6 —

Comédies de Moratin, 2 vol. in-12 ... 7 50

Comédies de Térence avec la traduction et les remarques de madame Dacier. Amsterdam 1717, 3 vol. in-12, figures, pap. fin ... [illegible]

** Commandement (du) de la cavalerie et de l'équitation, par Xénophon, traduit par un officier d'artillerie à cheval (M. Courier), avec le texte grec et des notes. In-8° ... [illegible]

Commentaires sur les aphorismes de Boerhaave, de la connaissance de la cure des maladies, par Van-Swieten, traduit en français, par Moublet. Lyon 1771, 6 vol. in-12 ... 15 —

Commentaires (les) de César, traduits par J. B. Varney. Paris 1810, 2 vol. in-8° ... 10 —

Commentaires sur la coutume de Paris, avec des notes de M. Sauvan d'Aramond, nouvelle édition, par Ferrière. Paris 1770, 2 vol. in-12 ... 5 —

Les mêmes. Paris 1788, 2 vol. in-12 ... 5 —

Commentaires sur les institutions militaires de Végèce, par Crissé. Montargis 1779, 3 vol. in-4°, fig. ... 30 —

Commentaires sur les œuvres de J. Racine, par Luneau de Boisjermain. Paris 1768, 3 vol. in-12, p. p. ... 6 —

Commentaire (nouveau) sur l'ordonnance du commerce du mois de mars 1673, par Jousse, nouvelle édit. Marseille 1802, in-12 ... [illegible]

Comptes faits (le livre des), par Barrême. Paris 1789, in-12 ... [illegible]

Le même. Clermont-Ferrand 1790, in-18 ... [illegible]

Le même. Paris 1798, in-24, grand pap. ... [illegible]

Comte (le) de Valmont, ou les égarements de la raison, 13e édit. Paris 1811, 6 vol. in-12, fig. de Moreau ... [illegible]

Le même. Paris 1807, 6 vol. in-8°, pap. vél. fig. avant la lettre ... [illegible]

** Conchyliologie systématique et classification méthodique des coquilles, offrant leurs figures, leur arrangement générique, leurs descriptions caractéristiques, leurs noms, ainsi que leur synonymie en plusieurs langues, avec plus de 1500 figures, par Montfort. Paris 1810, 2 vol. grand in-8° ... [illegible]

Confession de madame***. Principes de morale pour se conduire dans le monde. Paris 1817, 2 vol. in-12 ... [illegible]

Confessions (les) de J. J. Rousseau, nouv. édit. Paris 1819, 2 vol. in-18, fig. ... [illegible]

Les mêmes. Neufchâtel, 1790, 2 vol. in-12 ... [illegible]

Confessions de J.-J. Rousseau. Paris 1822, 4 vol. in-32 ... [illegible]

Confiseur (le) moderne, ou l'art du confiseur et du distillateur, par Machet, 3e édit. Paris 1817, in-8° ... [illegible]

Confiseur (le) royal, par madame Utrecht-Friedel, nouv. édit. Paris, in-12, fig. ... [illegible]

Connaissance de la mythologie, nouv. édition. Paris 1823, in-12 ... [illegible]

** Connaissances nécessaires aux amateurs de tableaux, par de Burtin. 1808, 2 vol. in-8° ... [illegible]

Connaissance des poëtes les plus célèbres. Paris 1752, 2 vol. in-12 ... [illegible]

** Conseils à ma fille, par J. N. Bouilly, 8e édit., avec figures 2 vol. in-12 ... [illegible]

** Considérations historiques sur l'état des arts et des institutions de l'Égypte, depuis l'occupation de Cambyse jusqu'au siècle des Antonins, par M. Letronne, membre de l'Institut, 1 fort vol. in-8°, avec planches ... [illegible]

** Considérations sur les principaux événements de la révolution française, par madame de Staël, 3e édit. Paris, 1820, 3 vol. in-8° ... 18 —

Considérations sur l'industrie et la législation, sous le rapport de leur influence sur la richesse des états, par L. Say, de Nantes. Paris 1822, 1 vol. in-8° ... [illegible]

Considérations sur les mœurs, par Duclos. Rouen, in-12, br. ... [illegible]

Considérations sur les œuvres de Dieu, par Sturm. 3 vol. in-12, fig. ... [illegible]

Constitution de l'Angleterre, par de Lolme. 3e édit. Paris 1819, 1 vol. in-8° ... [illegible]

Consultant familier perpétuel sur le code civil et sa concordance avec celui du commerce, par Daubenton. Paris 1819, 3 vol. in-8 ... [illegible]

Contagion (la) sacrée, ou histoire naturelle de la superstition. Londres 1768, 2 vol. in-8°, p. p. ... 6 »
Contes de J. Boccace, traduits par A. Sabatier de Castres. Paris 1801, 11 vol. in-18, fig. ... 27 50
Les mêmes, 11 vol. in-12, fig. ... 44 »
Les mêmes, 11 vol. in-8°, fig. ... 66 »
Les mêmes, Londres 1791, 10 vol. in-12, sans fig. ... 12 50
Contes et conseils à mes jeunes enfants, convenables à la première enfance pour les deux sexes. Paris 1819, 1 vol. in-12, fig. ... 2 50
Contes (les) des Fées, par madame d'Aulnoy. Paris, in-18, fig. ... 1 50
Contes (les) des Fées, ou les enchantements des bonnes et mauvaises Fées, par madame d'Aulnoy. Paris 1810, 5 vol. in-18, ornés de 25 fig. ... 12 50
Contes des Fées, par Ducray-Duménil. Paris 1819, 3 vol. in-12, fig. ... 7 50
Les mêmes, 4 vol. in-18 ... 6 »
Contes des Fées, par Perrault. Paris 1813, in-18, fig. ... 1 50
Les mêmes, Paris 1809, 2 vol. in-18, fig. ... 3 »
Les mêmes. Paris, in-18, pap. vélin avec 14 fig. ... 3 »
Contes et historiettes tirés de l'ami des enfants, nouvelle édit. Paris 1816, in-18, fig. ... 1 50
Contes (les) jaunes, suivis des fêtes de la jeunesse et du jardin des pensées, par Cuvelier, 4° éd. Paris 1804, 2 vol in-18, fig. 3 »
Contes à mes jeunes amies, par madame de M***. Paris 1818, in-12, fig. ... 3 »
Contes et nouvelles, par J. La Fontaine. Hollande 1764, 2 vol. in-8°, fig. ... 25 »
Les mêmes, grand pap. ... 36 »
Les mêmes, 1792 (Bouillon), 2 vol. in-8°, 83 fig. ... 24 »
Les mêmes, Paris 1795, 2 vol. in-8°, fig. ... 20 »
Les mêmes, Londres, 2 vol. in-12, p. p. ... 5 »
Contes d'une marraine ou historiettes instructives, amusantes et morales, à la portée de l'enfance et de la jeunesse, traduits de l'anglais par T. P. Bertin, 2° édit. Paris 1818, 2 vol. in-18, fig. ... 3 »
Contes merveilleux, dédiés aux mères et aux filles ou choix des meilleurs contes de mesdames de Lubert, de Villeneuve, l'Héritier, l'Évêque, Fagnan, Lintat, d'Aulnoy, etc. Paris 4 vol. in-12, ornés de 4 fig. ... 10 50
** Contes (les) avec la suite par M. de Levis, 2 vol. in-18 ... 3 75
** Contes à ma fille, par J. N. Bouilly, 6° édition, avec fig. et titres gravés, 2 vol. in-12 ... 10 »
** Contes et nouvelles de A. C. Pfeffel, traduit de l'allemand par A. C. Pfeffel, son fils, 2 vol. in-12, fig. ... 6 »
Le même, pap. vél. d'Annonay satiné ... 12 »
** Contes et conseils à mes fils, imités librement de Kotzebue, 2° édition, par M. Chavrin. Paris 1823, 2 vol. in-12 ... 7 50
** Contes (nouveaux) par madame Guizot. Paris 1823, 2 vol. in-12, ornés de 6 fig. ... 8 »
** Contes moraux, anciens et nouveaux de Marmontel. Nouvelle édition, à laquelle on a ajouté les Promenades de Platon en Sicile et le petit voyage; précédés de l'éloge de Marmontel, par l'abbé Morellet. Paris 1820, 6 vol. in-18 avec fig. 10 »
Contes moraux de madame Le Prince de Beaumont. Lyon 1774, 2 vol. in-12 ... 3 50
Contes (petits) moraux, à l'usage des enfants, traduits de l'anglais de miss Edgeworth. Paris 1820, 2 vol. in-18, fig. ... 3 »
Contes moraux et nouvelles historiques, par madame de Genlis. Paris 1803, 4 vol. in-8° ... 24 »
Les mêmes. Nouvelle édition. Paris 1819, 6 vol. in-12 ... 15 »
Contes moraux pour la jeunesse, par M. H. Lemaire. Paris 1819, 2 vol. in-12, fig. ... 7 »
Contes moraux, par Marmontel, nouv. édit. Paris 1802, 7 vol. in-12, fig. ... 6 »
Les mêmes, Paris 1801, 7 vol. in-12, fig. ... 15 »
Contes à ma petite nièce, par madame Gottis. Paris 1821, 2 vol. in-18, fig. ... 3 »
Contes d'un philosophe grec, par Baour Lormian, 1822, 2 vol. in-12 ... 6 »
Contes nouveaux en vers, par Imbert. Maestricht 1777, in-8°. 3 50
Contes de la reine de Navarre. Paris 1807, 8 vol. in-18, fig. ... 16 »
** Conteur (le) des Dames, 2 vol. in-12 ... 6 »
Conteur (le) des petits enfants ou choix de contes et historiettes, tirés de Berquin, Campe, etc. Paris, 3 vol. in-18, figur. ... 2 50
Conteur (le petit) de poche, ou l'art d'échapper à l'ennui, 2° édit. Paris 1818, in-18, fig. ... 1 50
Contrat social ou principes du droit politique, par J. J. Rousseau. Rouen 1792, in-8°, port. ... 3 50
Le même, in-12 ... 1 50
** Contre-révolution (de la) en France, ou de la Restauration de l'ancienne noblesse et des anciennes supériorités sociales dans la France nouvelle, par M. Ganilh, député du Cantal. 1823 ... 4 50
Contrées (sur quelques) de l'Europe, ou lettres du chevalier de *** à madame la comtesse de *** 2° édit. Paris 1793, 2 vol. in-8° ... 7 »
Conversations sur la chimie, traduites de l'anglais avec notes. Genève 1809, 2 vol. in-12, fig. ... 7 50
Conversations d'une petite fille avec sa poupée, suivies de l'histoire de la poupée, par madame de Renneville. Paris 1822, in-18, orné de 12 gravures ... 2 50
Conversations (les) maternelles, par madame Dufrénoy. Paris 1818, 2 vol. in-18, fig. ... 3 »
Conversations d'une mère avec sa fille, en français et en anglais. Paris 1816, in-8°, fig. ... 3 50
Conversations sur plusieurs sujets de morale, dédiées aux demoiselles de St-Cyr, par M. P. Collot. Lyon 1822, in-12 ... 2 75
Coran (le), précédé de la vie de Mahomet, 2 vol. in-8° ... 12 »
Corbeille de fleurs et panier de fruits ou descriptions botaniques et notices historiques des principaux fruits et fleurs cultivés en France. Paris 1807, 2 vol. in-8°, ornés de 48 fig. coloriées ... 36 »
Corinne ou l'Italie. Paris 1818, 4 vol. in-18 ... 6 »
Corps de droit français civil, commercial et criminel, par Rondonneau. Paris 1810, in-4° ... 15 »
Correspondance secrète de Ninon de l'Enclos avec M. de Villarceaux. Paris 1797, 2 vol. in-18, fig. ... 2 50
Correspondance de Prosper et Juliette, pour faire suite aux entretiens d'une mère à ses enfants. Paris 1815, 2 vol. in-18, figures ... 3 »
Correspondance rurale, par la Bretonnerie. Paris 1783, 3 vol. in-12 ... 7 50
Correspondance secrète, politique et littéraire. Londres 1787, 18 vol. in-12 (rare) ... 45 »
** Costumes civils et militaires des peuples de l'antiquité, dessinés et gravés par Willemin, avec l'explication par le même. Paris an 12, 2 vol. in-fol. pap. vél. avec 180 planch. ... 250 »
** Cours d'agriculture anglaise, avec les développements utiles aux agriculteurs du continent, par Ch. Pictet, de Genève. 10 vol. in-8°, avec figures ... 40 »
** Cours analytique de littérature générale, par Lemercier. Paris 1817, 4 vol. in-8° ... 20 »
Cours d'anatomie médicale, ou éléments de l'anatomie de l'homme, par A. Portal. Paris 1803, 5 vol. in-8° ... 25 »
Cours d'arithmétique à l'usage du commerce, par Clevenard. Lyon 1789, in-12 ... 2 25
** Cours complet ou dictionnaire universel d'agriculture pratique, d'économie rurale et domestique, par l'abbé Rozier. Paris 1813, 7 vol. in-8° ... 48 »
Le même, 13 vol. in-4°, planch. ... 150 »
** Cours complet de mathématiques à l'usage du génie, par Bossut, 7 vol. in-8°, avec fig. ... 60 »
** Cours complet de Mathématiques pures, 1809, in-8, avec planch. ... 15 »
** Cours élémentaire de géométrie pratique, dans lequel sont exposées les instructions sur le calcul décimal, la nouvelle quadrature et cubature, qui remplace le toisé des surfaces et des solides, etc. par Bagaine, 1 vol. in-8° ... 6 »

fr. c.

Cours élémentaire et pratique de procédure civile et commerciale, par La Porte Sorgimerle. Paris 1812, in 4°... 12 »

Cours pratique de commerce, par J. Nepveu. Paris 1802, 2 vol. in-8°... 18 »

Cours pratique d'éducation à l'usage des jeunes demoiselles, par F. J. Caillard. Paris, 1817, 3 vol. in-12... 10 »

Cours d'études à l'usage des jeunes gens, par Condillac, renfermant la grammaire, la logique, l'art de penser, l'art d'écrire, l'art de raisonner, la langue des calculs, et les études de l'histoire, nouvelle édition, augmentée d'une notice sur la vie de l'auteur. Paris 1821, 16 vol. in-18, fig... 15 »

Cours d'études médicales ou exposition de la structure de l'homme, comparée à celle des animaux, de l'histoire de ses maladies, etc. Paris 1803, 3 vol. in-8°... 18 »

Cours de Géographie, in-12... 3 »

Cours d'instruction d'un sourd-muet de naissance, par l'abbé Sicard, 2e édit. Paris 1803, in-8°... 6 »

Cours de langue italienne, par Lauren de Kaisermann, 3 vol. in-8, et 1 vol. in-4°... 20 »

Cours de latinité inférieure ou extraits [illegible], à l'usage des sixième, cinquième et quatrième, par l'abbé Paul. Lyon, 1811, 1 vol. in-12... 3 »

Cours de littérature ancienne et moderne, par J. F. de La Harpe. Paris 1821, 16 vol. in-18... 40 »

Cours de littérature ancienne et moderne, à l'usage des personnes des deux sexes, par madame d'Hautpoul, 2e édit. Paris 1821, 2 vol. in-12... 8 »

Cours de littérature en exemples, par M. Lepître, 3e édit. Paris 1822, 2 vol. in-12... 6 »

Cours de littérature, d'histoire et de philosophie, extraits de nos meilleurs auteurs, par MM. Lévizac et Moysant. Paris 1814, 2 vol. in-8°... [illegible]

** Cours de Littérature dramatique, par A. W. Schlegel, trad. de l'allemand, 3 vol. in-8°... 16 »

** Cours de mathématiques, à l'usage de l'artillerie et du génie, par Bezout, 1 vol. in-4°, avec 34 planches... 15 »

Cours de mathématiques à l'usage de l'artillerie, par Bezout. Paris 1799, 4 vol. in-8°, grand pap. figur... 24 »

Contenant :
L'arithmétique, la géométrie et la trigonométrie... 1 vol.
L'algèbre... 1 vol.
La mécanique... 2 vol.

Le même, à l'usage des gardes du pavillon et de la marine. Paris 1801, 4 vol. in-8°, grand papier, figur... 30 »

Contenant :
L'arithmétique... 1 vol.
La géométrie et la trigonométrie... 1 vol.
La mécanique... 1 vol.
La navigation... 1 vol.

Le même, à l'usage de la marine et de l'artillerie, revu par Reynaud. Paris 1814, 5 vol. in-8°, figures... [illegible]

Contenant :
L'arithmétique... 1 vol.
La géométrie et la trigonométrie... 1 vol.
L'algèbre... 1 vol.
La mécanique et les éléments de statistique... 1 vol.

Cours de mathématiques, par Sauri. Paris 1774, 5 vol. in-8°, figures... 15 »

** Cours de morale, preuves et théorie de Democratie, 1 vol. in-8°, portrait... [illegible]

Le même, 1 vol. in-8°, papier fin... [illegible]

Cours de morale à l'usage des jeunes demoiselles, par Aimable. Paris 1803, 1 vol. in-12... [illegible]

Cours théorique et pratique des opérations de banque et des nouveaux poids et mesures, billets et monnaies, par Nepveu. Paris 1801, in-8°... 6 »

Cours de pathologie et de thérapeutique chirurgicale, par P. Hévin. Paris 1793, 2 vol. in-8°... 6 »

** Cours (les) du Nord, ou Mémoires originaux sur les souverains de la Suède et du Danemarck, depuis 1766, traduits de l'anglais de John Brown, par J. Cohen.

On a joint à ces mémoires l'histoire de la révolution de Suède de 1772, la relation de la déposition de Gustave IV Adolphe, écrite par lui-même, pièces inédites; 3 vol. in-8, ornés des vues de Copenhague, de Stockholm, et de 7 portraits... [illegible]

** Cours de philosophie générale ou explication simple et graduelle de tous les faits, par H. Azaïs. Paris 1824, 8 vol. in-8°... [illegible]

** Cours de politique constitutionnelle, par Benjamin Constant. 8 vol. in-8°... [illegible]

Cours de rhétorique et de belles-lettres, par Blair; nouvelle trad. en français, par Quénot, suivie des opinions de Voltaire, Buffon, Marmontel, La Harpe, etc., sur les principales questions de littérature traitées par Blair. Paris 1821, 4 vol. in-8°... 15 »

** Cours de stéréométrie appliquée au jaugeage, contenant les moyens de construire les nouvelles jauges, un traité sur la contenance des futailles, une instruction sur le jaugeage des bateaux et des navires, etc. par Bézout... [illegible]

** Cours théorique et pratique sur l'art de la teinture, etc. par Homassel. 2e édit. 1818, 1 vol. in-8°... [illegible]

Cours élémentaire de tactique navale, par Audibert-Ramatuelle, ancien officier de marine. Paris 1802, 1 vol. de texte et 1 vol. de planches, in-4°... 30 »

Coutumes gauloises, ou Origines curieuses et peu connues de la plupart de nos usages, par mad. de Renneville. Paris 1813, in-12, figures... [illegible]

Crimes des Reines, 1 vol. in-8°... [illegible]

Cristallographie ou description des formes propres à tous les corps du règne minéral, par Romé de l'Isle, 2e édit. Paris 1783, 3 vol. in-8°, figur... [illegible]

Cruso, Ambrose ou les Aventures surprenantes d'un Helvétique, 2e édit. Paris 1823, in-12, figures... [illegible]

Cuisinier (le parfait), ou le Bréviaire des gourmands, par Rambaudit, 4e édit. Paris 1821, 1 vol. in-12, fig... [illegible]

Cuisinière (la) bourgeoise, nouvelle édit. Paris 1808, in-12... [illegible]

Cultivateur (le) anglais, ou œuvres choisies d'agriculture et d'économie rurale et politique d'A. Young, traduit de l'anglais par Lamarre, Benoist et Billecocq, avec des notes par Delalauze. Paris 1800, 18 vol. in-8°, fig... [illegible]

Culture des arbres fruitiers, in-8°... [illegible]

Curiosités naturelles, historiques et morales de l'empire de la Chine, à l'usage de la jeunesse, par Ant. Caillot. Paris 1818, 1 vol. in-12 fig... [illegible]

Cyropédie (la) de Xénophon, ou histoire de Cyrus, traduite par Charpentier, nouvelle édition. Avignon 1803, 2 vol. in-12... [illegible]

Daphnis et Chloé, 1 vol. par Amyot, in-18, pap. fin, portrait d'Amyot... [illegible]

Les mêmes, in-12, pap. fin, port. et gravures par Prud'hon... [illegible]

Décisions sommaires du palais, par Lepeyrère. Paris 1808, 2 vol. in-4°... [illegible]

Découvertes des François en 1768 et 1769, à la nouvelle Guinée, par M. de Fleurieu. Paris, Imprimerie royale, 1790, in-4°, avec 12 cartes... 18 »

Décrets impériaux sur les frais et dépens en matière judiciaire, par Boutanton. Paris 1807, in-12... [illegible]

Le même, in-4°, édition officielle... [illegible]

Le même, in-8°, édition officielle... [illegible]

** Défense de Saragosse, ou Relation des deux sièges soutenus par cette ville en 1808 et 1809, etc. par de La Beaumelle, chef de bataillon du génie, Cavallero. Paris 1815, 1 vol. in-8°... [illegible]

** Délits (des) et des Peines, par Beccaria, traduction nouvelle avec le commentaire de Voltaire, les considérations de Roederer sur la peine de mort, les notes de Diderot, Mo-

fr. c.

reillet, Brissot de Warville, Mirabeau, Servan, Rizzi, Bérenger, etc. Paris 1821, in-8° ... 6 »

Démonstrations élémentaires de botanique. Lyon 1796, 4 vol in-8° ... 30 »

Dénonciation de l'Agiotage; par Mirabeau. In-8° ... 6 »

** Description de l'art de fabriquer les canons, faite en exécution de l'arrêté du comité de salut public du 18 pluviose de l'an 2; imprimé par ordre du comité de salut public; par Monge. Paris, an 2, 1 vol in-4°, 60 planches ... 25 »

** Description du canal de jonction de la Meuse au Rhin, projeté et exécuté par A. Hageau; 1 vol. in-4° grand papier et atlas sur demi-feuille grand aigle. 1819 ... 70 »

Description des catacombes de Paris, précédée d'un précis historique sur les catacombes de tous les peuples de l'ancien et du nouveau continent, par Louis Héricart de Tury. Paris 1815, un fort vol. in-8°, orné de 10 fig. noires et coloriées. 7 50

Description de la Chine par Grosier, nouvelle édition. Paris 1787, 2 vol in-8°, ornés de 18 fig. et une carte ... 14 »

Description (nouvelle) des environs de Paris, par Dulaure. Paris 1787, 2 vol. in-12, fig ... 4 »

Description historique de l'Italie, en forme de Dictionnaire. Avignon 1790, 2 vol. in-8°, fig ... 7 50

** Description des gîtes des minerais, par Dietrich. 4 vol. in-4°, broch ... 72 »

** Description des Jardins pittoresques et à l'anglaise. In-4°, fig. broché ... 18 »

** Description des moyens employés pour mesurer la base de Hounslow-Heat, suivie des opérations faites en Angleterre pour déterminer les positions respectives des observatoires de Greenwich et de Paris, par Prony. In-4°, gr. pap., belles fig. broch ... 27 »

** Description des projets et de la construction des ponts de Neuilly, de Mantes, d'Orléans, et autres; des projets du canal de Bourgogne, pour la communication des deux mers par Dijon; et celui de la conduite des eaux de l'Yvette et de la Bièvre à Paris. Nouvelle édition, corrigée, augmentée des ponts de Château-Thierry, de Brunoi, des Nonnettes, de Pichereт, de la Neva à Saint-Pétersbourg et de plusieurs mémoires intéressants sur les éboulements, pilots et pieux, les cintrements, etc., in-4°, grand papier, relié, avec un vol. d'atlas, broché en carton, 1820, par Perronet ... 110 »

Description historique et critique de l'Italie, par Richard. Paris 1766, 6 vol. in-12 ... 15 »

Description pittoresque de jardins du goût le plus moderne. Leipsig 1802, in-4° avec 28 planches ... 14 »

** Description et usage du cercle de réflexion, avec la manière de calculer les observations nautiques. Nouvelle édition, 1816. In-4°, avec 3 pl., par Borda ... 6 »

** Dessins tirés de la belle architecture, par Stieglit, 1801. gr. in fol. pap. vélin, figures, cartonné ... 84 »

** Détail général des fers à l'usage des bâtiments, 1 vol. in-8°, par Bonnet ... 6 »

Développement nouveau de la partie élémentaire des mathématiques, par L. Bertrand. Genève 1778, 2 forts vol. in-4°, figures ... 36 »

Devoirs de l'homme, par Burlamaqui, in-8° ... 7 »

Diable (le) hermite, ou les mœurs du jour et de la nuit. Paris 1817, 1 vol. in-18, fig ... 1 50

Dialogues sur l'éloquence, par Fénelon. Paris 1810, in-12 ... 3 »

Dialogues français et allemands, à l'usage des deux nations, 17° édit. Strasbourg 1822, in-12 ... 2 25

Dialogues des morts, par Fénelon. Limoges 1803, in-12 ... 3 50

Dictionnaire de l'Académie française, revu, corrigé et considérablement augmenté par l'Académie elle-même. Paris 1798 et 1799. 5° édition originale, 2 vol. in fol., sur papier fin de Lagarde ... 40 »

Le même. Paris 1820, 2 vol. in-4° ... 20 »

Dictionnaire (petit) de l'Académie française, ou abrégé de la cinquième édition du Dictionnaire de l'Académie française, précédé des élémens de la grammaire française de Lhomond, 5° édit. Paris 1821, 2 vol. in-16 ... 6 »

Dictionnaire universel de la langue française, avec la prononciation figurée, par C. M. Gattel, 2° édit. Lyon 1819, 2 vol gr. in-8° ... 24 »

** Dictionnaire (nouveau) de la langue française, le plus portatif et le plus complet, par Marguery. In-18, grand raisin, de 554 pages. Paris 1818 ... 3 »

Dictionnaire de la langue française, par Richelet, nouv. édit. corrigée par Wailly. Lyon 1811, 2 vol. in-8° ... 15 »

Dictionnaire (nouveau) de poche de la langue française avec la prononciation, par Catineau, 6° édit. Paris 1817, in-12 ... 6 »

Dictionnaire portatif de la langue française, ou abrégé du Dictionnaire de l'Académie, par Philippon de la Madelaine, 3° édition. Paris 1818, 2 vol. in-18 ... 6 »

Dictionnaire grammatical de la langue française. Paris 1786, 2 vol. in-8° ... 10 »

Dictionnaire de l'élocution française, par Fontenay, nouv. édit. Paris 1800, 2 vol. in-8° ... 12 »

Dictionnaire (nouveau) des sons homonymes de la langue française, par Delion-Baruffa. Sedan 1803, 1 vol. in-8° ... 5 »

Dictionnaire (nouveau) universel des synonymes de la langue française, par M. F. Guizot; 2° édition. Paris 1822, 2 vol. in-8° ... 12 »

Dictionnaire allemand-français de Boyer. Paris 1801, 2 vol. in-8° ... 18 »

Dictionnaire (nouveau) allemand-français et français-allemand, à l'usage des deux nations, 7° édition. Strasbourg 1822, 2 vol. in-8° ... 25 »

Le même, 2 vol. in-4° ... 25 »

Dictionnaire (nouveau) de poche, français-allemand et allemand-français, 11° édition. Strasbourg 1821, 2 vol. in-16. 10 »

Dictionnaire français-anglais et anglais-français, abrégé de Boyer, par N. Salmon, 25° édition, revue et corrigée par Fain. Paris 1815, 2 vol. in-8° ... 18 »

Dictionnaire (nouveau) de poche, français-anglais et anglais-français, par Th. Nugent, 17° édition, revue par L. F. Fain. Paris 1818, 2 vol. in-16 ... [illegible] 50

Dictionnaire de la prononciation anglaise. Paris 1781, in-8°. 8 »

Dictionnaire chinois, français et latin, par de Guignes. Paris, imprimerie impériale, 1813, in-fol., gr. pap ... 120 »

Dictionnaire anglais-espagnol et espagnol-anglais, par Baretti. Londres 1794, 2 vol. in-4° ... 44 »

Dictionnaire de poche anglais-espagnol et espagnol-anglais, par Gattel. Paris 1804, 2 vol. in-16 ... 7 50

Dictionnaire de poche anglais-espagnol et espagnol-anglais, par Gattel, nouvelle édition. Lyon 1803, 2 vol. in-4° ... 36 »

** Dictionnaire espagnol-français et français-espagnol, plus complet et plus correct que tous ceux qui ont été publiés jusqu'à ce jour, y compris celui de Capmany; par Nuñez de Taboada, seconde édition. Paris 1820, 2 vol. in-8° ... 30 »

Dictionnaire espagnol-français, par Nuñez, 2 vol. in-8° ... 32 »

Dictionnaire français-espagnol et latin, et espagnol-français et latin, par Sejournant. Paris 1785, 2 vol. in-4° ... 34 »

Dictionnaire espagnol-français de Gattel. Paris 1803, 2 vol. in-16 ... 7 50

Dictionnaire (nouveau) espagnol-français-latin, et français-espagnol-latin, de Sobrino, nouvelle édition. Lyon 1791, 3 vol. in-4° ... 30 »

Dictionnaire français-hollandais et hollandais-français, par Winkelmann. Utrecht 1783, 2 vol. grand in-8° ... 20 »

Dictionnaire portatif, français-italien et italien-français, par Barberi. Paris 1802, 2 vol. in-16 ... 10 »

** Dictionnaire portatif et de prononciation, italien-français et français-italien, par Cormon et Manni, quatrième édition, revue par Chapellon. Paris 1824, 2 vol. in-8° ... 18 »

Dictionnaire universel français et latin, appelé Dictionnaire de

fr. c.

ciens, et de chirurgiens. Paris 1822, 60 vol. in-8°....... 360 »
L'ouvrage est complet.

** Dictionnaire des termes de marine, par M. le vice-amiral Willaumez, 1 vol. in-8° avec planches dessinées et gravées par Baugean. 1820.......... 9 »

Le même avec 157 pavillons, flammes et guidons coloriés avec soin.......... 19 »

Dictionnaire de théologie, in-8°.......... 6 »

** Dictionnaire universel des sciences ecclésiastiques, contenant l'histoire générale de la religion, de son établissement et de ses dogmes, de la discipline de l'église, de ses rites, de ses cérémonies, de ses sacrements, etc. par Richard. 6 volumes in-fol.......... 90 »

** Dictionnaire universel abrégé de géographie ancienne comparée, par Dufau et Guadet. Paris 1820, 2 vol. in-8°, cartes. 15 »

** Dictionnaire universel, historique, critique et bibliographique, par Chaudon et Delandine, 9e édit. Paris, 1810, 20 vol. in-8°, port.......... 120 »

** Dictionnaire (nouveau) universel, historique, biographique, bibliographique et portatif, traduit de l'anglais de Watkins, par l'Écuy. Paris 1803, 2 vol. in-8°.......... 12 »

** Dimension des fers qui doivent former la coupole de la halle aux grains, calculée d'après la composition de M. Bélanger, architecte des monuments publics, par Brunet. In-folio, oblong br.......... 9 »

** Dioramas anglais, ou promenades pittoresques à Londres, 1 vol. in-8°.......... 20 »

** Discours choisis de Cicéron, trad. par Guéroult. lat. franç. 2 vol. in-8°.......... 12 »

Discours historiques sur l'Apocalypse, par Abauzit. Londres 1770, in-8°, p. p.......... 2 25

Discours moraux sur divers sujets, et particulièrement sur l'éducation, par madame de Genlis. Paris 1804, in-12.......... 2 »

Discours sur le gouvernement, par Sidney, traduits de l'anglais, par Samson, nouvelle édition. Paris 1794, 3 vol. in-8°.......... 12 »

** Discours de la méthode, nouvelle édition, précédée d'une notice historique et biographique, par Michelot. Paris 1824. in-18. Par Descartes.......... 2 »

Discussion du Code civil dans le conseil d'état, par Jouanneau et Solon. Paris 1805, 3 vol. in-4°.......... 45 »

Discussion du code Napoléon, dans le conseil d'état, par Jouanneau et Solon; 2e édition. Paris 1808, 3 vol. in-4°.......... 45 »

Dissertation sur l'origine de l'imprimerie par Koenig, in-8°. Amsterdam 1819.......... 6 »

Dissertation de Maxime de Tyr, philosophe platonicien, traduit du texte grec, avec des notes, par Combes-Dounous. Paris 1802, 2 vol. in-8°.......... 6 »

Le même, 2 vol. in-8°, papier vélin.......... 10 »

Dix (les) nouvelles ou les jeunes personnes à leur entrée dans le Monde, par Ch. Chuquet, auteur des caractères de l'enfance. 1822. 2 vol. in-12 avec 12 fig.......... 8 »

Doctrine (nouvelle) de Brown, contenant ses éléments; réfutation du système du quarme, par Brown, traduit de l'italien, par Lafont Gouzi. Paris 1805, in-8°.......... 5 »

Documents historiques sur le gouvernement de la Hollande, par Louis Bonaparte. Paris 1820, 3 vol. in-8°.......... 18 »

Domino (le) des enfants, par A. G. J. Fréville, 4e édition. Paris 1814, in-12, fig.......... 1 50

Dons (les) de Comus, ou l'art de la cuisine. Paris 1758, 3 vol. in-12.......... 7 50

Écrits sur différentes opinions reçues dans la société, in-12. [illegible] 4 »

Droit public français, ou code politique des constitutions de l'empire. Paris 1809, 1 fort vol. in-8°, avec une carte enluminée.......... 7 50

Droit (le) des gens, ou principes de la loi naturelle, par Vattel. Paris 1820, 2 vol. in-8°.......... 8 »

Drôles (les) de corps et les drôles d'esprits. Une boîte riche contenant 36 figures plaisantes et très-bien coloriées. Les figures sont coupées en trois parties; chaque partie contient une phrase d'interrogation ou de réponse; en sorte qu'on peut former soi-même, une grande quantité de figures comiques et de quiproquos fort gais.......... 5 »

École d'agriculture pratique. Genève 1796, in-12, fig.......... 2 »

École des arts et métiers, mise à la portée de la jeunesse, par Bertin. Paris 1813, 2 vol. in-18, ornés de 25 fig.......... 4 »

École (petite) des arts et métiers, par Jauffret. Paris 1816, 4 vol. in-18, fig.......... 8 »

École de fortification, ou élémens de la fortification permanente, régulière et irrégulière, par de Tallois. Dresde 1768, in-4° et un vol. de planches.......... 18 »

École du jardinier fruitier, 2 vol. in-12.......... 7 »

École des mœurs, par Blanchard. Lyon 1812, 3 vol. in-12, fig. 7 50

École du soldat et du peloton. Lille 1812, in-18, fig.......... 1 25

École historique et morale du soldat et de l'officier, par Berenger. Paris 1788, 3 vol. in-12, fig.......... 7 50

Écolier (l') de Brienne, ou le chambellan indiscret; mémoires historiques et inédits publiés par le baron de B***. Paris 1817, 3 vol. in-12, fig.......... 9 »

Écolier (le parfait), ou vies de plusieurs étudiants. Paris 1817, in-18.......... 1 50

Écolier (l') vertueux, ou vie édifiante d'un écolier, suivi de la vie du duc de Bourgogne, par l'abbé Proyart; nouvelle édition. Paris 1819, in-18.......... 1 50

Écolier (le nouvel) vertueux, ou vie d'un jeune écolier proposé pour modèle à tous les jeunes gens de son âge, par M. B. Lemaire. Paris 1817, in-18, fig.......... [illegible]

** Économie de l'agriculture, par le baron E. V. Cend. 1 vol. in-8°, avec tableaux et planches.......... 15 »

Économie politique, par Ricardo, et les notes de Say. 2 vol. in-8°.......... 12 »

Économie politique, traduit de l'italien du comte de Verri. Paris 1800, in-8°.......... 2 50

Économie politique et morale de l'espèce humaine, par le baron Herrenschwand. Londres 1796, 2 vol. in-8°.......... 10 »

Économie (de l') politique moderne; discours fondamental sur la population, par Herrenschwand. Paris 1795, in-8°.......... 5 »

Économie rurale et civile, ou moyens les plus économiques d'administrer et de faire valoir ses biens. Paris 1790, 6 vol. in-8°.......... [illegible]

** Écran paléontologique. Cet écran, d'un aspect fort riche, offre, par son mécanisme très-simple, la résolution d'un problème de géographie très intéressant, celui de savoir l'heure qu'il est en même temps dans toutes les parties de la terre. 4 »

Écritures (les) françaises et anglaises, en 24 planches, avec un texte explicatif, par Bourgeois. Paris grand in-4°.......... 5 »

** Éducation (de l'), par Mme Campan, surintendante de la maison d'Écouen; suivi de conseils aux jeunes filles, d'un théâtre pour les jeunes personnes et de quelques essais de morale. Ouvrages mis en ordre et publiés avec une introduction par M. F. Barrière, 2 volumes in-8.......... 14 »

Éducation complète, ou abrégé de l'histoire universelle, par mad. de Beaumont. Paris 1818, 4 vol. in-12.......... 6 »

Éducation des filles, par Fénelon. Paris 1818, in-18, fig.......... 1 »

Éducation par l'histoire, ou école des jeunes gens. Paris 1820, 1 vol. in-12, fig.......... 3 »

Éducations (les deux), ou le pouvoir de l'exemple, par madame de Renneville, 2e édition. Paris 1818, in-12, fig.......... 2 50

Éducation (de l') physique et morale des enfants des deux sexes. Paris 1783, 1 vol. in-12, p. p.......... 2 »

Électricité (de l') du corps humain, des végétaux et des météores, par Bertholon. Lyon 1787, 4 vol. in-8°.......... 25 »

Élégies de Properce, en latin et en français, traduites avec des notes interprétatives du texte et de la mythologie de l'auteur, par Delongchamps. Paris 1802, 2 vol. in-8°, fig.......... 18 »

Élégies de Tibulle, suivies des baisers de Jean Second, tra-

fr. c.

Émile, ou de l'éducation, par J.-J. Rousseau. Lille 1798, 4 vol. in-12, p. p. ... 8 —
Le même. Paris 1819, 4 vol. in-18, fig., jolie édition ... 10 —
Emploi (de l') de l'argent, par Maffei; ouvrage traduit de l'italien. Avignon 1787, in-8° ... 3 —
** Encouragemens (les) de la jeunesse, par J. N. Bouilly. 3e édit. Paris 1821, 2 vol. in-12, fig. ... 10 —
Encyclopédie, ou dictionnaire raisonné des sciences, des arts et des métiers, par une société de gens de lettres, mis en ordre par Diderot et d'Alembert. Lausanne 1778. 36 vol. in-8°, et 3 vol. de planches in-4° ... 250 —
** Encyclopédie des enfans, ou abrégé de toutes les sciences, par Masson. Paris 1821, 2 vol. in-8°, orné de planches et figures ... 9 —
** Encyclopédie de l'ingénieur, ou Dictionnaire des Ponts et Chaussées, 3 vol. in-8°, et atlas, par Delaistre ... 48 —
Le tome 1er, revu par M. Navier, in-4° ... 45 —
Encyclopédie (nouvelle) poétique, ou choix de poésies dans tous les genres; par une société de gens de lettres; ouvrage mis en ordre et publié par P. Capelle. Paris 1819, 18 vol. in-18 ... 45 —
Énéide (l') de Virgile, traduite par Delille. Paris 1804, 4 vol. in-4°, grand papier vélin, fig. avant la lettre ... 40 —
Énéide (l'), traduction en vers, par C. L. Mollevaut. Paris 1822, 4 vol. in-18 ... 12 —
Enfance (l') éclairée, ou les vertus et les vices, par mad. Dufresnoy, 2e édition. Paris 1816, in-18, fig. ... 1 80
Enfans (les) ou les Caractères, traduits de l'anglais de miss Edgeworth. Paris 1823, 4 vol. in-18, fig. ... 6 —
Enfans (les) de la providence, ou aventures de trois orphelins, par mad. J. de la Faye. Paris 1819, 4 vol. in-18, ornés de 16 fig. ... 6 —
Enfans (les) voyageurs, ou les petits botanistes, par mad. Guénard, revu et annoté par M. Desfontaines. Paris 1818, 1 vol. in-18 avec ... vignettes ... 3 —
Les mêmes, fig. color. ... 12 —
Enfant (l') prodigue, ou les lumières récentes, par Bouchoux. Paris 1817, in-18, fig. ... 1 50
** Énigmes historiques, géographiques, mythologiques, ...ologiques, biographiques, etc., à l'usage des colléges et des maisons d'éducation, par M. Levy. 1823, in-18, cart. ... 1 50
** Entretiens de Phocion, par Mably, avec une notice sur sa vie et ses ouvrages, et la tête de Phocion en médaillon sur le titre, in-18 ... 1 50
Entretiens, drames et contes moraux à l'usage des enfans, par mad. de la Fite. Paris 1809, 4 vol. in-18, fig. ... 8 —
Entretiens sur la pluralité des mondes, augmentés des dialogues des morts, par Fontenelle. Paris 1821, 1 vol. in-18, fig. ... 2 50
Épîtres et pièces diverses, par Ducis. Paris, 1814, 2 vol. in-18, fig. ... 8 —
** Époques remarquables de l'histoire universelle, 4 vol. in-12, fig. ... 12 —

On vend séparément.

Époques remarquables de l'histoire ancienne, 1 vol. in-12, fig. ... 3 —
— de l'histoire romaine, in-12, fig. ... 3 —
— du bas Empire, in-12, fig. ... 3 —
— de l'histoire moderne de France, 2 vol in-12, fig. ... 6 —
Époques (des) de la nature, par Buffon. Paris 1821, in-8° ... 5 —
Erreurs (des) et des préjugés répandus dans les diverses classes de la société, par Salgues. Paris 1818, 3 vol. in-8° ... 18 —
Erreurs (des) et de la vérité, ou les hommes rappelés au principe universel de la science, par un philosophe inconnu (M. de St.-Martin). Édimbourg 1782, 2 vol. in-8° ... 7 50
Espiègleries (les) de l'enfance, ou l'indulgence maternelle, par mad. de Renneville. Paris 1822, 1 vol. in-18, fig. ... 1 25
Espion (l') anglais, ou correspondance de mylord All-Eye, et mylord All-Ear. Londres 1785, 10 vol. in-12 ... 10 —
Esprit (de l'), par Helvétius. Paris 1776, 1 vol. in-8° ... 6 —
Esprit du code de commerce, par Locré. Paris 1811, 10 vol. in-8° ... 50 —
** Esprit de l'encyclopédie, ou recueil des articles les plus curieux et les plus intéressans de l'encyclopédie, en ce qui concerne l'histoire, la morale, la littérature et la philosophie; réunis et mis en ordre, par M. Hennequin, l'un des collaborateurs de la biographie universelle. Nouvelle édition, augmentée d'un grand nombre d'articles qui ne se trouvaient point dans les éditions précédentes, 1823, 15 vol. in-8° ... 75 —
Esprit (l') des enfans, ou reparties ingénieuses, bons mots, ... d'enfans devenus hommes célèbres, etc., par Antoine. Paris 1821, in-18, fig. ... 1 25
Esprit (l') du judaïsme, ou examen raisonné de la loi de Moïse et de son influence sur la religion chrétienne. Londres 1770, in-8°, p. p. ... 5 —
Esprit de la méthode d'éducation de Pestalozzi, suivie et pratiquée dans l'Institut d'éducation d'Yverdun en Suisse, par M. Marc-Antoine Jullien, 2 vol. in-8° ... 15 —
Esprit du Mercure de France, depuis son origine jusqu'à 1792. Paris 1810, 3 vol. in-8° ... 15 —
Esprit de Raynal. Londres 1787, 2 vol. in-12, p. p. ... 3 50
Esprit des Ordres religieux, par A. Dumesnil, 2e édition. Paris 1821, in-8° ... 3 —
** Esquisses historiques des principaux événemens de la révolution française, depuis la convocation des états généraux jusqu'au rétablissement de la maison de Bourbon, par Dulaure, auteur de l'histoire de Paris. Chaque livraison ... 3 —
** Esquisse d'un tableau historique des progrès de l'esprit humain, par Condorcet. Paris 1822, in-18 ... 1 —
Essai sur diverses espèces d'air fixe ou de gaz, par Sigaud de la Fond. Paris 1785, in-8° ... 6 —
Essai sur l'analyse des décisions et des probabilités, par Condorcet, imprimerie royale, in-4° ... 12 —
** Essai sur l'architecture, par Laugier, 1 vol. in-8° ... 5 —
** Essai sur l'art d'être heureux, par Droz. 3e édition, in-8° avec l'éloge de Montaigne ... 2 50
** Essai sur l'art de la navigation par la vapeur, par Gilbert, ingénieur de la marine, 1 vol. in-4°, avec 3 grandes planches, 1826 ... 5 —
Essai sur l'art oratoire, par Droz, Paris 1800, in-8° ... 3 —
Essai sur les Beaux Arts, 1 vol. in-8° ... 6 —
Essai sur le beau, par André. Amsterdam 1759, in-8°, p. p. ... 3 —
Le même, Paris 1810, 1 vol. in-12 ... 2 —
Essais historiques et biographiques sur Dijon, Paris 1814, in-12, fig. ... 3 50
Essai sur le commerce et les intérêts de l'Espagne et de ses colonies, par F. A. de Christophoro d'Avalos. Paris 1799, in-8° ... 2 —
** Essai sur la composition des machines, par MM. Lanz et Bétancourt, 2e édition revue, corrigée et considérablement augmentée, in-4° avec 13 grandes planches ... 15 —
** Essai sur la Constitution d'Angleterre, traduit de l'anglais, par Guizot. Paris 1822, 1 vol. ... [illegible]
** Essai sur la construction des machines hydrauliques, et particulièrement des moulins à blé, 1 vol. in-4°, gr. pap., fig. (rare) par Fabre ... 30 —
** Essai d'un cours élémentaire et général des sciences physiques, par Beudant. Partie physique; deuxième édition. Paris, 1824, 1 vol. in-8° ... 9 —
** Essai sur la culture des terrasses, par Rosson Delessert, 1 vol. in-8° ... 4 —
Essai sur différentes espèces d'air, par Delaunay. Paris, in-8° ... 3 —
Essai sur l'électricité naturelle, par Lacepède. Paris, 2 vol. in-8° ... 10 —
Essais nouveaux d'éducation, traduits de l'anglais de Smith, par Dampmartin. Paris 1803, in-12 ... 2 50
Essai sur les éloges, suivi de l'éloge de Marc-Aurèle, par Thomas. Toulouse 1819, 2 vol. in-12 ... 5 —
Essai sur l'éloquence, ou choix de préceptes et d'exemples extraits d'Homère, de Bossuet, de Buffon, etc., à l'usage des jeunes gens. Paris 1817, 1 vol. in-18 ... 2 75
Essai sur les différentes espèces de fièvre par Huxham. Paris 1765, in-12 ... [illegible]

** Essai général de fortification et d'attaque et défense des places, dans lequel ces deux sciences sont expliquées et mises l'une par l'autre à la portée de tout le monde; ouvrage utile aux militaires de toutes les classes, par Bousmard. Paris 1814, 4 vol. in-8°, et un atlas de 62 pl. in-4° ... 50 »
Essai sur les garanties individuelles que réclame l'état actuel de la société, par Daunou. Paris, 1819, in-8° ... 3 »
Essais sur l'histoire générale des mathématiques, par Bossut. Paris 1802, 2 vol. in-8° ... 10 »
Essai sur l'histoire du gouvernement et de la constitution d'Angleterre, depuis le règne de Henri VII jusqu'à nos jours, par lord John Russel. Paris 1821, in-8° ... 5 »
Essai sur l'histoire naturelle des roches, par de Launay. Bruxelles 1786, in-12 ... [illegible]
** Essai sur les fièvres rémittentes, par Pugnet, 1821, in-8° ... 3 75
** Essai sur l'infanterie légère, par Duhesme. Paris 1814, in-8° ... 6 »
** Essai sur la justice universelle ou les sources du droit, extrait du Traité sur la dignité et les accroissements des sciences, par Bacon, traduit par J. C. M. Lillet de Seine et Oisel, membre du tribunat, 1 vol. in-18 ... [illegible]
Essai sur la littérature des Hébreux, par J. Ch. de Montbron. Paris 1819, 4 vol. in-12 ... 12 »
Essai sur les maladies des gens du monde, par Tissot, in-8°, petit papier ... [illegible]
Essai sur les maladies qui attaquent le plus communément les gens de mer. Marseille 1786, in-12 ... [illegible]
Essais historiques et critiques sur la marine de France, de 1661 à 1789, par de La Serre. Paris 1814, in-8° ... 5 »
Essai sur les mœurs et l'esprit des nations, par Voltaire, avec des notes et observations critiques, par Palissot. Paris 1792, 5 vol. in-8° ... 25 »
** Essais de Montaigne, avec des commentaires, par Amaury Duval. Paris 1822, 6 vol. in-8° ... 36 »
Essais de Montaigne. Paris 1802, 16 vol. in-18, portr. ... 18 »
Les mêmes. Paris 1817, 6 vol. in-18, d'une jolie exécution, grand papier ... [illegible]
** Essai sur les montres à répétition, dans lequel on traite toutes les parties qui ont rapport à cet art, avec la forme de s'exercer à l'usage des horlogers, par François Crespe, in-8° ... [illegible]
Essais sur la musique, par Grétry. Paris 1797, 3 vol. in-8° ... 13 50
[illegible], par Dussaux. [illegible], avec 17 pl. ... 7 50
** Essai sur l'origine des corps organisés et inorganisés, et sur quelques phénomènes de physiologie animale et végétale, par [illegible], in-8°, 1817 ... 5 »
Essai sur l'origine de la gravure en bois. Paris 1808, 2 vol. in-8° ... 12 »
Essai sur la peinture, par Algarotti, traduit de l'italien par Pingeron. Paris 1769, in-12 ... 3 50
Essai sur le phlogistique et sur la constitution des acides, traduit de l'anglais de Kirwan, avec des notes. Paris 1788, in-8° ... 4 »
Essai sur la nature et le traitement de la phthisie pulmonaire, par Th. Reid, traduit par Dumas et Petit-Radel. Lyon 1792, in-8° ... [illegible]
Essai philosophique sur les prêtres, in-8°, petit papier ... [illegible]
** Essais de poésies religieuses, par M. Mézière. Paris 1822, in-12, papier vélin ... 4 »
** Essai sur le principe de population, ou exposé des effets passés et présents de l'action de cette cause sur le bonheur du genre humain, suivi de quelques recherches relatives à l'espérance d'adoucir les maux qu'elle entraîne, par T. R. Malthus, traduit de l'anglais par P. Prévost, professeur de philosophie à Genève, etc. 3 vol. in-8° ... [illegible]
** Essai politique sur le royaume de la Nouvelle-Espagne, par M. de Humboldt, nouvelle édition, 4 vol. in-8° ... [illegible]
Essai sur le pouls, in-8° ... 6 »

Essai sur la probabilité, par Condorcet, 1 vol. in-4° ... 15 »
Essai sur la physiologie ou physique du corps humain, par Lecomte, 4° édition. Paris 1787, 4 vol. in-12 ... 4 50
Essai de physiologie positive appliquée à la médecine pratique, par Fodéré. Avignon 1806, 3 vol. in-8° ... 15 »
Essai sur les préjugés, ou l'on traite principalement de la nature et de l'influence des préjugés philosophiques. Neufchâtel 1770, in-8°, petit papier ... 3 »
Essai historique sur cette question proposée par l'Institut : Quelle a été l'influence de la réformation de Luther, par Villers. Paris 1804, in-8° ... 2 50
Essai sur les sciences, par Hirschard, 1 vol. in-12 ... 3 »
** Essai sur la situation politique de l'Espagne, par Bonnemain, in-8° ... 6 »
** Essai de statique chimique, par Berthollet, 2 vol. in-8° ... 12 »
** Essai sur la tactique navale, par [illegible], 1 vol. in-4°, figures ... 15 »
** Essai sur la théorie des nombres, 2° édition, avec un supplément, in-4° ... 21 »
** Essai sur la théorie des torrents et des rivières, 1 vol. in-4°, grand papier, figures, broché ... 15 »
Essai sur la théorie des volcans d'Auvergne. Paris 1802, in-8° ... 2 »
Essai zoologique ou histoire naturelle des animaux sauvages et indigènes, observés dans la province d'Auvergne, par [illegible]. Clermont-Ferrand 1797, in-8° ... 4 »
Estimation de la température par Kirwan, traduit de l'anglais par Adet. Paris 1789, in-8° ... [illegible]
État actuel de l'empire Ottoman, par T. Abeels, traduit de l'anglais par Fontenelle. Paris 1792, 2 vol. in-8° ... 8 »
État de la poésie française dans les 12° et 13° siècles, par Roquefort-Flaméricourt. Paris 1815, in-8° ... [illegible]
** État de l'homme, par Fabre-d'Olivet, 2 vol. in-8° ... [illegible]
Étrennes à ma fille ou soirées amusantes de la jeunesse, par madame Dufresnoy, 2° édition, augmentée. Paris 1816, 2 vol. in-18, figures ... [illegible]
Étrennes à mon fils ou simples contes à l'usage de la jeunesse de mon âge, traduits de l'anglais par madame E. de Bon, 2° édition. Paris 1813, 2 vol. in-18, fig. ... 6 »
Étrennes aux jeunes gens ou contes instructifs et moraux, traduit de l'anglais par madame de Bon. Paris 1815, 2 vol. in-12, figures ... [illegible]
** Études sur le beau dans les arts, par Jos. Dore. 1824, in-8° ... [illegible]
Études de l'histoire ancienne et de celle de la Grèce, par P. Ch. Levesque. Paris 1811, 5 vol. in-8° ... [illegible]
** Études sur l'homme, par Mercier, in-8° ... [illegible]
Études françaises de littérature et de morale, par Lebrun de Charmettes. Paris 1822, 2 vol. in-8° ... [illegible]
Études (l') et la récréation ou abécédaire physique et moral des jeux de l'enfance. Paris 1818, in-12, orné de 13 fig. ... [illegible]
La même, figures coloriées ... [illegible]
** Études de la nature par J. H. Bernardin-de-St-Pierre. Paris 1820, 5 vol. in-18 ... [illegible]
Études sur la théorie de l'avenir, par [illegible]. Paris 1822, 2 vol. in-8° ... [illegible]
Eugénie et ses élèves, par madame Lallier. Amsterdam 1797, 2 vol. in-12 ... [illegible]
** Euthanasie ou entretiens sur l'immortalité de l'âme par Mosès, 1789 ... [illegible]
** Évolutions par brigades ou instructions servant de développement aux manœuvres de ligne indiquées dans les règlements, par le général Meunier, 1814, 1 vol. in-8° ... [illegible]
Examen critique par Dubosq, 1 vol. in-8° ... [illegible]
Examen critique, par le Joyeux de St-Acre, in-8° ... [illegible]
Examen critique du nouveau testament, in-8° ... [illegible]
** Examen critique de la révolution espagnole, suivi d'observations sur l'esprit public, la religion, les mœurs et la littérature de l'Espagne; traduit de l'anglais, par Blaquière. 1823, 2 vol. in-8° ... [illegible]

fr. c.

** Examen des différentes méthodes employées pour résoudre les problèmes de Géométrie, par Lamé; in-8°. 1818. . . . . . 2 50
Examen historique sur la révolution espagnole, 2 vol. in-8°. . 10 »
Examen impartial des principales Religions du monde, in-8°. 6 »
** Examen des nouvelles Fables de Phèdre, in-12, papier vélin. 1 50
Examen des principes religieux, in-8°. . . . . . 5 »
Examen des prophéties, in-8°. petit papier. . . . . . 6 »
Examen des principes les plus favorables aux progrès de l'agriculture, des manufactures et du commerce en France. Paris 1815, 2 vol. in-8. . . . . . 12 »
Exemples (les) célèbres ou Choix nouveau de faits historiques et d'anecdotes par H. Lemaire. Paris 1819, deuxième edit. in-12, fig. . . . . . 3 »
Exemples (24) d'écritures anglaises et gothiques, par Lallemand, 1 cahier oblong. 1 50
Exemples (16) d'écriture française et anglaise comparées, par Bourgoin, 1 cahier oblong. 1 25
Exercices de botanique à l'usage des commençants, par J. Philibert. Paris 1806, deuxième édition, 2 vol. in-8°. grand papier, ornés de 157 planches . . . . . . 25 »
Exercices sur la Grammaire française et l'orthographe, par Letellier. Paris 1807, in-12. . . . . . 1 40
Exhortations aux malades, par Blanchard, prêtre. 1818, 1 vol. in-12. . . . . . 2 50
Existence réfléchie ou coup d'œil moral sur le prix de la vie. Paris 1784, in-12. . . . . . 2 »
Expédition des Argonautes ou la conquête de la toison d'or, par Apollonius de Rhodes, traduite du grec, par J. J. A. Caussin. Paris 1797, in-8°. . . . . . 5 »
Expériences physiques et chimiques sur plusieurs matières relatives au commerce et aux arts, traduites de l'anglais de M. Lewis. Paris 1768, 3 vol. in-12 . . . . . . 7 50
Explication de Playfair sur la théorie de la terre, par Hutton, et examen comparatif des systèmes géologiques fondés sur le feu et l'eau, par Murray; traduits de l'anglais et accompagnés de notes, par C. A. Basset, directeur des études de l'école normale. Paris 1815, in-8°. fig. noires et color. . . . . . 6 »
** Exposé de la méthode élémentaire de H. Pestalozzi, suivi d'une Notice sur les travaux de cet homme célèbre, son Institut, et ses principaux collaborateurs, par Chavannes. in-8°. fig. . . . . . 3 »
Exposition de la foi musulmane, in-8°. 1 50
** Exposition méthodique des genres de l'ordre des polypiers, in-4°. 84 pl. . . . . . 45 »
** Exposition d'une méthode pour construire les équations indéterminées qui se rapportent aux sections coniques, à l'usage des ponts-et-chaussées, par Prony, in-4°. grand pap. avec 2 planches. 3 60
Expositions anatomiques sur la structure du corps humain, par Winslow. Paris 1776, 4 vol. in-12. . . . . . 5 »
Extraits de Lucien et de Xénophon, traduits par Gail. Paris 1786, in-12. . . . . . 2 50

Fables de Desbillons, avec le texte latin en regard. Liège 1779, 2 vol. in-12, p. p. 3 50
** Fables de Le Bailly, 1 vol. in-8°, imprimé par P. Didot l'aîné, sur pap. vél. d'Annonay satiné, orné de 2 fig. . . . . . 8 »
Grand raisin vél. d'Annonay satiné, triples épreuves. . . 20 »
Fables de Dorat. Paris 1773, 2 vol. in-8°, grand pap., fig. premières épreuves. . . . . . 30 »
Fables (les) d'Ésope, mises en français. Paris 1801, 2 vol. in-12, p. p. fig. 1 50
Les mêmes. Lille, in-12, orné de fig. en bois. 1 50
Les mêmes. Paris 1802, 2 vol. in-4° avec 108 fig. d'après Barlow. . . . . . 15 »
Les mêmes. Paris 1806, in-18 obl., avec 82 fig. . . . . .
Les mêmes avec le sens moral en quatre vers, nouv. édit. Lille 1816, 1 vol. in-12, orné de gravures en bois. . . . 2 »
Fables de Fénelon. Paris 1809, in-18, fig. 1 50
Fables de Florian. Paris 1792, in-12, pap. vélin. 2 50
Les mêmes. Paris 1818, in-12, fig. 1 50
Les mêmes, nouvelle édition. Paris 1821, in-18, orné de 20 fig. . . . . . 2 »
Fables d'E. Gosse. Paris 1818, in-12, fig. . . . . . 2 »
Fables diverses, critiques, politiques et littéraires, par J. L. Grenus. Paris 1807, in-12, p. p. fig. . . . . . 3 »
Fables pour l'enfance et la jeunesse, par J. L. Grenus. Paris 1806, in-12, p. p. . . . . . 3 »
Fables nouv. par M. Jauffret. Paris 1815, 2 vol. in-12. . . . . . 6 »
Fables choisies mises en vers par La Fontaine, nouv. édition gravée en taille-douce, le texte par Montulay, les fig. par Fessard. Paris 1765, 6 vol. in-8°, gr. pap. . . . . . 60 »
Fables de La Fontaine. Paris 1796, 4 vol. in-8°. pap. vél., très-belle édit., imprimée par Crapelet, ornée de 276 fig. exécutées sur les dessins de Vivier, par Simon et Coiny. . . . 130 »
Les mêmes, 6 vol. in-16, pap. vél., avec les mêmes figur. 100 »
Les mêmes. Paris 1819, 1 vol. in-18, grand papier fin, titre et vignettes gravés, très-jolie édition. . . . . . 6 »
Les mêmes. Paris 1819, 1 vol. in-18. . . . . . 1 25
** Les mêmes. 1821, 2 vol. in-12, sur très-beau pap. avec 268 gravures en relief. 7 50
Les mêmes. Vannes 1805, in-12, fig. 2 50
Les mêmes. Paris, in-12. . . . . . 3 »
Les mêmes. Paris 1821, 2 vol. in-16, titres gravés. . . . 6 »
Les mêmes avec un commentaire de Coste, nouv. édition. Paris 1820, in-12, fig. 3 75
Les mêmes. Paris 1789, 2 vol. in-12. . . . . . 4 50
Les mêmes, nouv. édit., ornée de 36 grav. Paris 1822, in-8°, grand pap. vél. . . . . . 8 »
Les mêmes, nouv. édit. avec un nouveau commentaire littéraire et grammatical, par M. Ch. Nodier. Paris 1818, 2 vol. in-8°, pap. fin. fig. . . . . . 12 »
Fables choisies de La Fontaine, précédées de la vie d'Ésope, ornées de 150 gravures en relief, de Duplat. Paris, in-18. . 2 »
Les mêmes, avec un commentaire par Coste. Paris. Barbou. 1789, in-18. . . . . . 2 25
Fables (les) de Phèdre, en vers français, avec le texte en regard, par Gross. Berne 1792, in-12. . . . . . 2 50
Fables de Vitallis, 2e édit. Paris 1798, 1 vol. in-8°. 2 50
Fabliaux et Contes des poètes français, des XI, XII, XIII, XIV et XVe siècles, tirés des meilleurs auteurs, publiés par Barbazan; nouvelle édit., revue par M. Méon; 4 vol. in-8°, fig. 30 »
** Fablier à l'usage de l'enfance et de la jeunesse, par Berenger, in-12. . . . . . 2 50
Fablier à l'usage de la jeunesse et de l'âge mûr, par Berenger. Lyon 1801, 2 vol. in-12 . . . . . . 5 »
Facetie (les) de Croquemitaine, 2e édit. Paris 1819, in-18, fig. 1 50
Faits des causes célèbres. Amsterdam, 1769, in-12. . . . . . 3 »
Fastes (les) de la Gloire, ou les braves recommandés à la postérité. Paris 1819, 5 vol. in-8°. . . . . . 30 »
Fastes (les) d'Ovide, traduction en vers, par de Saint-Ange. Paris 1804, 2 vol. in-12. . . . . . 3 50
Faune parisienne, ou histoire abrégée des insectes des environs de Paris, par Walckenaer. Paris 1802, 2 vol. in-8°, fig. . . 12 »
** Félicité publique, par Castellux, 2 vol. in-8°. . . . . . 12 »
Fée (la) bienfaisante, ou la mère ingénieuse, par mad. de Renneville. Paris 1814, in-18 avec 6 fig. 1 50
Fée (la) gracieuse, ou la bonne amie des enfans, par mad. de Renneville. 2e édit. Paris 1817, in-18, fig. 1 50
Fée (la) prospérité, ou les miracles de l'amour filial, par mad. de Renneville. Paris 1818, in-18 avec 6 fig. 1 50
Femmes (les), leur condition et leur influence dans l'ordre social, par de Ségur. Paris 1820, 2 vol. in-8°. . . . . . 12 »
Les mêmes, nouv. édit. Paris 1821, 3 vol. in-18, fig. . . 6 »
Les mêmes, nouv. édit. augmentée. Paris 1822, 4 v. in-18. 7 »
** Femmes (les jeunes), par Bouilly, 2e édition. Paris 1820, 2 vol. in-12, fig. . . . . . 12 »
Ferme (la petite) ou la bonne ménagère, petit cours pratique

fr. c.

[illegible] d'agriculture, de jardinage et d'économie domestique. Paris 18[illegible], in-12 … 3 »

Fêtes (les) des enfans, ou recueil de petits contes moraux, par M. Ducray-Duminil, 3e édit. Paris 1820. 3 vol. in-18, ornés de 12 fig. … 4 50

Figures de Moreau pour la Henriade de Voltaire, in-4° … 12 »

** Flore française, ou descriptions succinctes de toutes les plantes qui croissent naturellement en France, par Delamarck et Candolle, 3e édit. Paris 1815, 6 vol. in-8°, pl. … 48 »

Formulaire du code de procédure civile. Paris, édition stéréotype, in-12 … [illegible] 50

Formulaire général, ou modèle d'actes du code de procédure civile, comparé au tarif. Paris 1808, 2 vol. in-8° … 6 »

** Fortification (la) ordonnée d'après les principes de la stratégie et de la balistique modernes, par Peronnier, 1 vol. in-8°, et un atlas composé de [illegible] planches sur feuille entière de nom-de-Jésus … [illegible]

Fragmens du cours de littérature fait à l'Athénée de Paris en 1806 et 1807, par M. J. de Chénier. Paris 18[illegible], 1 vol. in-8° … [illegible]

Fragmens d'un poëme moral sur Dieu. Athènopolis 1781, in-8° … 3 »

Fragmens de voyages faits en Russie. B[illegible] 1792, 1 vol. in-4°, ornés de fig. … 30 »

France (la) telle qu'elle est et non la France de Lady Morgan. Paris 18[illegible], in-8° … 6 »

Galatée, pastorale imitée de Cervantes, par Florian. Paris 18[illegible], in-18, fig. … 1 25

Galatée, par Florian, édition ornée, in-18, papier fin … 1 »

** Galerie des antiques du Musée, grand in-8°, pap. vélin avec 55 planches, cartonné … 15 »

** Galerie des contemporains, 8 vol. in-8° … [illegible]

Galerie des enfans, ou les motifs d'une noble émulation, etc., par Jauffret, 2e édit. Paris 1818, in-12, avec 6 fig. … 2 50

Galerie [illegible], avec [illegible] tableaux d'arts et métiers. Paris 18[illegible], in-8° oblong, gr. pap., cartonné … 15 »

La même, fig. color. … 30 »

Galerie des jeunes personnes, ou les qualités du cœur et de l'esprit, présentées par des exemples de vertus, par Jauffret, 2e édit. Paris 1818, in-12, fig. … 2 50

Galerie des jeunes vierges, ou modèle des vertus qui assurent le bonheur des femmes, par madame de Renneville. Paris 18[illegible], in-12, orné de 4 fig. … 3 »

** Galerie historique des illustres Germains, depuis Arminius. Paris 18[illegible], gr. in-fol., pap. vélin, avec 52 grav. … 100 »

** Galerie militaire, ou tableaux, bas-reliefs, et trophées des armées françaises, in-fol. oblong, 6 livraisons, ouvrage complet, avec beaucoup de figures … 30 »

Galerie militaire, ou notices historiques sur les généraux et amiraux qui ont commandé dans le genre de la révolution, par F. Babié et L. Beaumont. Paris 1805, 7 vol. in-12, avec portr. … [illegible]

Galerie morale et politique, par le comte de Ségur, 2e édition. Paris 18[illegible], 1 vol. in-8° … [illegible]

Galerie de portraits, ou portraits des hommes illustres qui ont paru depuis les Romains. Paris 1818, 1 vol. in-8° … [illegible]

** Gastronomie (la), poëme, par J. Berchoux, suivi des poésies fugitives de l'auteur, 4e édit. Paris 1810, in-18, fig. … 3 50

Génie (le) poétique, ou l'histoire de France considérée dans ses rapports avec la poésie, l'éloquence et les beaux-arts, par de Marchangy. Paris 1819, 8 vol. in-8° … [illegible]

Geneviève de Brabant, par Dupaty. Paris 1805, in-8°, fig. … [illegible]

Géorgiques (les) de Virgile, par Malfilâtre, publiées avec des notes par P. A. M. Miger. Paris 18[illegible], 1 vol. in-8° … [illegible]

Génies (les), ou aventures merveilleuses d'Abou-Mirza, imité de l'arabe, par Gérard. Paris 1816, 2 vol. in-18, fig. … [illegible]

Géographie abrégée, par demandes et par réponses, par Gaultier [illegible]. Anvers 1822, in-12 … 1 50

Géographie ancienne, sacrée et profane, par Gibrat. Paris 1790, 3 vol. in-12 … 10 »

Géographie élémentaire, par [illegible]. Paris 1810, 1 vol. in-8°, fig. … [illegible]

Géographie élémentaire à l'usage des colléges, par F. Robert, 6e édit. Paris 1801, in-12 … [illegible]

La même, 12e édit. Paris 1819, in-12, cartes … 2 »

Géographie moderne, par De la Croix. Paris 18[illegible], 2 vol. in-12, cartes … [illegible]

La même, Paris 18[illegible], 2 vol. in-12, cartes … [illegible]

** Géographie universelle, ancienne et moderne, mathématique, physique, statistique, politique et historique des cinq parties du monde, par Mentelle et Malte-Brun. Paris 1816, 16 vol. in-8° et atlas gr. in-fol. … 150 »

On vend séparément les 16 vol. sans l'atlas … 100 »

L'atlas sans les 16 vol. … 50 »

Géographie universelle avec un traité de la sphère, de Buffier. Lyon 1783, in-12, cartes … 3 »

Géographie universelle, par Busching. Strasbourg 1791, 16 vol. in-8° … [illegible]

Géographie vivante, ou tableaux raisonnés et comparatifs des principaux habitans du globe, avec leurs costumes, des animaux divers qui s'y trouvent, etc. Paris 18[illegible], in-8° oblong, orné de [illegible] gravures … 6 »

La même, fig. color. … 12 »

** Géométrie descriptive, 4e édit., augmentée d'une théorie des ombres et de la perspective, extraite des papiers de l'auteur, par M. Brisson, ancien élève de l'École Polytechnique, ingénieur en chef des ponts et chaussées, par Monge, 1 vol. in-4°, avec 28 planches, 1820 … [illegible]

** Géométrie (la) et l'application de l'algèbre à la géométrie, suivie d'une lettre de Carnot, contenant quelques vues nouvelles sur la trigonométrie, par Bossut, 1 vol. in-4° avec 16 planch. … [illegible]

** Géométrie de Legendre, 12e édition, adoptée par l'Université, in-8° … 6 »

** Géométrie (la) et la trigonométrie, nouvelle édition, revue et augmentée de notes par Peyrard, par Bezout, 1 vol. in-8°, 18[illegible], avec [illegible] pl. … [illegible]

Géorgiques françaises, poëme, par G. B. Laboyerie. Paris 1804, 2 vol. in-8° … [illegible]

Gibbon (le) de la jeunesse, ou abrégé de l'histoire de la décadence et de la chute de l'empire romain, par Collin. Paris 18[illegible], 2 vol. in-12, fig. … [illegible]

** Gnomonique (la), par Garnier, 1 vol. in-8°, avec [illegible] pl. … [illegible]

** Gnomonique (la) pratique, par dom Bedos, in-8° avec [illegible] pl. … [illegible]

Gouvernements (des anciens) fédératifs et de la législation de Crète, par le baron de Ste-Croix. Paris 1799, in-8°, carte … [illegible]

** Gouvernement des paroisses, par Jousse, 1 vol. in-12, 1774 … [illegible] 50

** Gouvernement (du) des Romains, considéré sous le rapport de la politique, de la justice, des finances et du commerce, in-8°. Paris 18[illegible] … [illegible]

Grâces (les), ode de Pindare, traduite par Mossent. Paris 18[illegible], in-4°, grand pap., fig. … [illegible]

Grammaire nouvelle allemande, ou méthode pratique pour apprendre facilement cette langue. [illegible] … [illegible]

Grammaire générale de la langue anglaise, par Peyre. Rouen 18[illegible], in-8° … [illegible]

Grammaire des dames, ou nouveau traité d'orthographe française, par Barthélemy, 5e édit. Paris [illegible], in-8° … [illegible]

** Grammaire espagnole, à l'usage des Espagnols qui veulent apprendre le français, par Chantreau, in-8° … [illegible]

Grammaire espagnole composée par l'académie royale espagnole, traduite en français, augmentée de remarques sur la langue espagnole, et de traités de la prononciation, de l'orthographe et de l'accent espagnols, mise à l'usage des Français et des Anglais, par Châlumeau de Verneuil. Paris 18[illegible], 1 vol. in-8° … [illegible]

Grammaire française, par Bonvillers. Paris, in-12 … [illegible]

** Grammaire française démonstrative, par Blondin, 8e édit. Paris 18[illegible], 1 vol. in-8° … [illegible]

fr. c.

Grammaire (principes de la) française, par Restaut. Paris 1811, in-12, 1ère édit. ... 3 »
Grammaire française simplifiée, par Domergue. Paris 1782, in-12 ... 2 »
Grammaire française, par Dumarsais. Paris, 2 vol. in-18 ... 2 »
Grammaire générale et raisonnée de Port-Royal, par Arnauld et Lancelot, précédée d'un essai sur l'origine et les progrès de la langue française, par Petitot, et suivie d'un commentaire de M. Duclos, 2e édit. Paris 1810, in-8° ... 5 »
Grammaire générale, par A. F. Estarac. Paris 1811, 2 vol. in-8° ... 12 »
Grammaire des grammaires italiennes, ou cours complet de langue italienne, par Barberi. Paris 1819, 2 vol. in-8° ... 13 »
** Grammaire italienne de Biagioli. Paris, in-8° ... 7 »
** Grammaire italienne, par Zotti. Paris 1819, in-12 ... 3 50
Grammaire latine de Lhomond, revue, corrigée et augmentée par Letellier. Lyon 1817, in-12 ... 1 50
Grammaire latine, par Sérane. Paris 1801, in-12 ... 2 »
Grammaire de Vailly, in-12 ... 3 50
Grand papa (le) et ses petits enfants, ou récréations de nos jeunes amis. Paris 1818, 4 vol. in-18, avec 8 fig. ... 3 »
Grandisson (le petit), par Berquin, nouv. édit. Paris 1823, 1 vol. in-12, fig. ... 2 50
** Gréement des vaisseaux, par Lescallier, 2 vol. in-4°, fig., broch. ... 21 »
Guerre (seconde) de Pologne, ou considérations sur la paix publique du continent et sur l'indépendance maritime de l'Europe, par Montgaillard. Paris 1812, in-8° ... 3 »
** Guide (le) des amateurs de tableaux, pour les écoles flamande, hollandaise et allemande, par Gault de Saint-Germain, 1818, 2 vol. in-12 ... 7 »
Guide de la conversation anglaise à l'usage des Français, suivi de la prononciation, par J. L. Mabire, 5e édit. Paris 1818, in-16 ... 2 50
Guide de la conversation française à l'usage des Anglais, par Mabire, 3e édit. Paris 1818, in-16 ... 2 »
Guide (le) électoral, ou biographie législative de tous les députés, par Brissot-Thivars. Paris 1817, 2 vol. in-8° ... 15 »
Guide de l'histoire, à l'usage de la jeunesse. Paris 1803, 3 vol. in-8° ... 15 »
Guide des juges. Fleurigeon. Paris 1811, in-8° ... 4 »
** Guide (nouveau) des maires et adjoints et des commissaires de police. Paris 1808, in-8° ... 5 »
Guide du maréchal, par Lafosse. Paris 1794, in-8°, fig. ... 6 »
** Guide (le) des navigateurs, par Lévêque, 2e édition, revue et corrigée, 1 vol. in-8° ... 6 »
Guide du voyageur en Italie, traduit de l'anglais, par Th. Martyn. Lausanne 1791, 2 vol. in-12 ... 3 50
** Guide du voyageur en Pologne et dans la république de Cracovie, orné d'une carte de poste, d'un plan de Varsovie, et de dix gravures. Varsovie 1820, 1 vol. in-8°, cart. ... 11 »
** Guillaume-Tell, trad. par Merle-d'Aubigné, in-8° ... 4 »

Habitudes et mœurs privées des Romains, par d'Arnay. Paris 1795, in-8° ... 5 »
Harangues tirées d'Hérodote, de Thucydide, de Xénophon, traduites par l'abbé Auger. Paris 1788, 2 vol. in-8° ... 10 »
** Héloïse (la nouvelle), par Rousseau, 4 vol. in-8°, fig. ... 20 »
Helviennes (les), ou Lettres provinciales philosophiques, par l'abbé Barruel, édit. revue par l'auteur. Paris 1813, 4 vol. in-12 ... 12 »
Henriade (la), par Voltaire, nouv. édit. Paris 1805, in-12 ... 2 50
La même. Kehl 1785, in-8°, gr. pap. (rare) ... 6 »
La même, avec les variantes et autres pièces, suivie de la Henriade travestie. Rouen 1789, 2 vol. in-12, portr., cart. et fig. ... 4 »
La même, avec notes, variantes et préface de Marmontel. Paris 1770, 2 vol. in-8°, ornés de 12 fleurons et de 12 belles figures ... 8 »
Henriade (la) travestie, in-32, 1822, fig. ... [illegible]

Hermès, ou recherches philosophiques sur la grammaire universelle, par Harris, traduit de l'anglais avec des notes et additions, par F. Thurot. Paris 1806, in-8° ... 6 »
** Hermite (l') rôdeur, ou observations sur les mœurs des Français et des Anglais au commencement du dix-neuvième siècle, pour faire suite à la collection des mœurs françaises et étrangères, 2 vol. in-12, fig. ... 7 »
** Histoire abrégée de l'imprimerie, par Delandine, in-8° ... 4 »
Histoire de l'administration des secours publics, in-8° ... 6 »
** Histoire de l'Amérique, par Robertson, traduite de l'anglais par Suard et Morellet, nouvelle édit. Paris 1818, 3 vol. in-8° ... 21 »
** La même, 4 vol. in-12 ... 10 »
Histoire de l'anarchie de la Pologne, par Rulhière, troisième édit. Paris 1819, 4 vol. in-8° ... 24 »
Histoire de l'anatomie et de la chirurgie, par M. Portal. Paris 1770, 6 vol. in-8°, p. p. ... 30 »
Histoire ancienne par Rollin, nouv. édit. Avignon 1818, 14 vol. in-12 ... 35 »
Histoire ancienne et moderne, par Condillac. Paris 1798, 15 vol. in-18 ... [illegible]
** Histoire d'Angleterre, par Hume, et continuée par Smollett, nouv. édit. Paris 1819, 23 vol. in-8° ... [illegible]
Histoire des animaux d'Aristote, traduite par Camus, avec le texte en regard. Paris 1783, 2 vol. in-4° ... 30 »
** Histoire des animaux, de Pline, trad. par Guéroult, 3 vol. in-8° ... 13 »
Histoires choisies des auteurs profanes, avec le latin à côté. Paris 1807, 2 vol. in-12 ... 5 »
** Histoire de l'astronomie ancienne par Delambre. 1817, 2 vol. in-4°, avec 17 planches ... 40 »
** Histoire de l'astronomie moderne, par le même, 1821, 2 forts vol. in-4°, avec 17 planches ... 50 »
** Histoire de l'astronomie du moyen âge, par le même, 1819, 1 vol. in-4°, avec 17 planches ... 25 »
Histoire de Bayard, par Guyard de Berville. Lyon 1809, in-8° ... 6 »
La même. Paris 1807, in-12 ... 3 »
Histoire du Bas-Empire commençant à Constantin-le-Grand, par Lebeau. Maestricht 1788, et Paris 1817, 27 vol. in-12, et tables, 30 tomes ... 78 »
(Les tomes 28 et suivants se vendent séparément.)
La même, nouv. édit. Paris 1819, 21 vol. in-8° ... [illegible]
Histoire de Pierre-du-Terrail, dit le chevalier Bayard, par Guyard de Berville. Lyon 1809, in-8° ... 6 »
La même. Paris 1809, in-12 ... 2 50
Histoire de Bertrand Duguesclin, par Guyard de Berville; nouvelle édit. Lyon 1817, 2 vol. in-12 ... 5 »
Histoire du Brésil depuis sa découverte jusqu'en 1810, par A. de Beauchamp. Paris 1815, 3 vol. in-8°, cartes et grav. ... 18 »
Histoire de la campagne de 1800, en Allemagne et en Italie, suivie du précis de la même campagne dans la Souabe, la Bavière et l'Autriche, trad. de l'allemand de Bulow, et précédée d'une introduction critique par Ch.-L. Sevelinges, 1 vol. in-8° ... 4 »
** Histoire de la campagne de M. le prince de Condé en Flandre en 1674; le texte est de M. le chevalier d'Aguesseau. Paris 1771, 1 vol. in-fol. 36 pl., par Beaurain ... [illegible]
Histoire des Cétacées, édition de Sonnini, in-8°, fig. ... 7 »
Histoire de Charles XII, roi de Suède, par Voltaire. Kehl 1785, in-8° ... 6 »
La même, nouv. édit. Liège 1790, in-12 ... 2 50
La même. Metz 1807, in-12 ... 2 50
La même avec des remarques historiques. Amsterdam 1803, 1 vol. in-12 ... 2 50
Histoire du chevalier Grandisson, 8 vol. in-12 ... 15 »
Histoire des chevaux célèbres. Paris 1800, in-12, fig. ... 4 »
Histoire des chiens célèbres, par Fréville, 2e édit. Paris 1808, 2 vol. in-12, fig. ... 5 »
** Histoire de Christine, reine de Suède, par Catteau Calleville. Paris 1815, 2 vol. in-8° ... 10 »

** Histoire chronologique des opérations de l'armée du Nord et de celle de Sambre-et-Meuse, depuis le mois de germinal de l'an 2 jusqu'au même mois de l'an 3, tirée des livres d'ordre de ces deux armées, par David. in-8° ... 2 50

** Histoire civile, physique et morale de Paris, depuis les premiers temps historiques jusqu'à nos jours; seconde édition, considérablement augmentée en texte et en gravures, par Dulaure, 10 vol. in-8° et un atlas in-4°, imprimé sur papier d'Annonay.

Deux livraisons forment un volume. Le prix de chaque livraison, sur papier d'Annonay ... [illegible]

Il y a des exemplaires sur papier vélin; le prix est double de celui du papier d'Annonay.

** Histoire comparée des systèmes de philosophie, considérés relativement aux principes des connaissances humaines, par M. Degérando, deuxième édition ... [illegible]

Histoire des conferves d'eau douce, contenant leurs différens modes de reproduction, et la description de leurs principales espèces, par J.-P. Vaucher. Genève 1803, in-4°, fig. ... 12

Histoire critique de l'éloquence chez les Grecs, in-8° ... [illegible]

** Histoire critique et militaire des guerres de la révolution, nouvelle édition, contenant la campagne de [illegible], in-8° et atlas, par Jomini ... [illegible]

Les deux livraisons précédentes, formant 10 vol. et 2 atlas ... [illegible]

** Histoire critique et militaire des guerres de la révolution, précédée d'une introduction présentant le tableau succinct des mouvemens de la politique européenne, depuis Louis XIV jusqu'à la révolution, et celui des principales causes et des principaux événemens de cette révolution; première livraison, 6 vol. in-8°, contenant l'introduction et les campagnes de 1792, 1793 et 1794; avec atlas militaire, composé de 15 planches topographiques gravées avec soin, et [illegible] dimension, par Jomini ... 65

** Histoire des Croisades, par Michaud. Paris 1812 et 1822, [illegible] vol. in-8° ... [illegible]

La même, [illegible] ... [illegible]

Histoire de Cromwell, d'après les mémoires du temps et les recueils parlementaires, par Villemain. Paris 1819, 2 vol. in-8° ... [illegible]

Histoire de Danemark, par Mallet, 9 vol. in-12, fig., nouv. édit. ... [illegible]

Histoire de la décadence de la monarchie française, par Soulavie. Paris 1803, 3 vol. in-8°, et un atlas de tableaux ... 15

Histoire [illegible], in-8° ... 6

** Histoire d'Écosse, depuis la naissance de Marie-Stuart jusqu'à l'avénement de Jacques VI au trône d'Angleterre, avec un précis des événemens antérieurs à cette époque, par W. Robertson, traduite de l'anglais par M. Campenon. Paris 1821, 3 vol. in-8° ... 18

Histoires d'hommes et anecdotes intéressantes, tirées des meilleurs auteurs, avec des réflexions morales sur les différents sujets, par Blanchard; nouvelle édit. Paris 1826, fig. ... 3

Histoire de l'empereur Julien. Paris, in-12 ... 2 50

Histoire des empereurs romains, depuis Auguste jusqu'à Constantin, par Crevier. Paris 1824, 6 vol. in-8°, et atlas in-4° ... 45

Histoire de l'empire d'Allemagne, 8 vol. in-12 ... [illegible]

** Histoire de l'empire Ottoman, depuis sa fondation jusqu'à la paix d'Yassy, en 1792, avec des pièces justificatives et une carte de l'empire Ottoman, par Salaberry. Paris 1817, 4 vol. in-8° ... [illegible]

** Histoire d'Espagne, depuis la première période jusqu'à la fin de l'année 1809, par John Bigland, traduite de l'anglais, ouvrage revu et continué jusqu'à l'année 1814, par le comte Mathieu Dumas. 3 vol. in-8° ... 18

Histoire de l'établissement du christianisme, par Bullet, 2e édit. Paris 1814, in-8° ... [illegible]

Histoire générale de l'Espagne, depuis les temps les plus reculés jusqu'à la fin du XVIIIe siècle, par Depping. Paris 1811, 2 vol. in-8°, carte ... [illegible]

Histoire des Flibustiers, traduite de l'allemand d'Archenholtz. Paris 1804, in-8° ... [illegible]

Histoire de France, depuis les Gaulois jusqu'à la mort de Louis XVI, par Anquetil, 5e édit. Paris 1822, 13 vol. in-12 ... [illegible]

Histoire de France, depuis l'établissement de la Monarchie jusqu'au règne de Louis XIV, par Velly, Villaret et Garnier, précédée de l'Histoire avant Clovis, par Laureau. Paris 1770, 17 vol. in-4°, ornés de 158 portr. ... [illegible]

Histoire de France, depuis Clovis jusqu'au règne de Louis XVI, par [illegible]. Paris 1802, 6 vol. in-8° ... [illegible]

Histoire de France, à l'usage de la jeunesse, par [illegible], 3e édit. Paris 1822, 2 vol. in-12, fig. ... 6

** Histoire de France, depuis les Gaulois jusqu'à la mort de Louis XVI, par Anquetil, nouvelle édit. Paris 1822, 14 vol. in-12 ... [illegible]

La même, continuée par Gallais, nouvelle édit. Paris 1823, 15 vol. in-8° ... [illegible]

** Histoire de France, représentée en gravures sur les dessins de Moreau le jeune, in-4°, avec un discours [illegible] contenant une introduction à l'Histoire de France ... [illegible]

** Histoire de France pendant le XVIIIe siècle, par M. Ch. Lacretelle. Paris 1812, 6 vol. in-8° ... [illegible]

** Histoire du fameux prédicateur frère Gérondif de Campazas, dit Zotès, traduite de l'espagnol, par Cardini. Paris 1822, 2 vol. in-8° ... [illegible]

** Histoire générale des polypiers coralligènes, in-8°, [illegible] ... [illegible]

** Histoire de la guerre d'Allemagne, en 1756, entre le roi de Prusse et l'impératrice d'Allemagne, et ses alliés. Ouvrage traduit de l'anglais, auquel on a ajouté la campagne de 1757, écrite par le roi de Prusse lui-même, par Lloyd. Lausanne 1784, 2 vol. in-4°, 7 pl. ... [illegible]

Histoire de la guerre d'Espagne et de Portugal, 2 vol. in-8° ... [illegible]

Histoire des guerres d'Italie, 2 vol. in-8° ... [illegible]

** Histoire de la guerre entre la France et l'Espagne, pendant les années 1793, 1794 et partie de 1795, par [illegible]. Paris 1808, 1 vol. in-8° ... [illegible]

Histoire de la Grèce, par W. Mitford et Gast, traduite de l'anglais, [illegible]. Paris 1809, [illegible] vol. in-8° ... [illegible]

** Histoire de la guerre de la Vendée, ou tableau des guerres civiles de l'Ouest, depuis 1792 jusqu'en 1815, par M. A. de Beauchamp, 4e édit. Paris 1820, 4 vol. in-8° ... [illegible]

Histoire des guerres des Français en Italie, par Servan. Paris 1805, 6 vol. in-8°, cartes ... [illegible]

Histoire des guerres des Gaulois et des Français en Italie, par Jubé et Servan. Paris 1805, [illegible] vol. in-8°, et atlas in-fol. ... [illegible]

Histoire des guerres et des négociations qui précédèrent le traité de Westphalie, par Bougeant. Paris 1767, 3 vol. in-4° ... [illegible]

Histoire des événemens mémorables du règne de Gustave III, roi de Suède, par d'Aguila. Paris 1807, 2 vol. in-8°, pl. ... [illegible]

Histoire de Gustave Wasa, roi de Suède, traduite de l'allemand d'Archenholtz, par Propiac. Paris 1803, 2 vol. in-8°, portr. ... [illegible]

Histoire de Henri le Grand, par madame de Genlis, 2e édit. Paris 1816, 2 vol. in-12 ... [illegible]

Histoire de Henri IV, par Péréfixe, nouv. édit. Riom 1815, in-12 ... [illegible]

Le même. Paris [illegible], fig. ... 3

Le même, nouv. édit., avec une notice sur Henri IV, par Andrieux. Paris 1822, in-8°, fig. ... [illegible]

Histoire de la vie de Henri IV, par M. de Bury. Paris 1779, 4 vol. in-12 ... [illegible]

** Histoire d'Hérodote, suivie de la vie d'Homère, par Miot. Paris 1822, 3 vol. in-8° ... [illegible]

Histoire des inaugurations des rois, empereurs, etc. Paris 1776, in-8°, fig. ... [illegible]

Histoire de l'Inde ancienne et moderne, par Collin de Bar. Paris 1814, 2 vol. in-8° ... [illegible]

Histoire de l'Inquisition, par Gallois, 2e édition, 1 vol. in-8° ... 3

Histoire de l'insurrection des esclaves, par [illegible], 1 vol. in-8° ... [illegible]

Histoire des Jacobins en France. Hambourg 1795, 2 vol. in-12 ... [illegible]

fr. c.

** Histoire de Jean Churchill, duc de Marlborough. Paris 1808, 3 vol. in-8° ... 21 »

Histoire de Jeanne d'Albret, par Mlle Vauvilliers. Paris 1818, 3 vol. in-8°, fig. ... 18 »

Histoire de Jeanne première, reine de Naples. Paris 1764, in-12 ... 2 50

Histoire de l'empereur Jovien, et traductions de quelques ouvrages de l'empereur Julien, par de la Bletterie. Paris 1776, in-12 ... 2 50

Histoire générale du Languedoc, avec des notes et des pièces justificatives, par deux bénédictins de St-Maur. Paris 1745, 5 vol. in-fol., fig. ... 45 »

** Histoire littéraire d'Italie, par P. L. Ginguené. Paris 1811 et 1819, 9 vol. in-8° ... 58 »

Histoire de la magie en France, depuis le commencement de la monarchie jusqu'à nos jours, par J. Garinet. Paris 1818, in-8° ... 6 »

Histoire générale de la maison d'Autriche, depuis Rodolphe de Hapsbourg, jusqu'à la mort de Léopold II, par William Coxe; traduite de l'anglais, par P. F. Henry. Paris 1810, 5 vol. in-8° ... 30 »

La même, pap. vélin ... 60 »

Histoire raisonnée des maladies observées à Naples pendant le cours entier de l'année 1764, par M. Sarcone, traduite de l'italien par F. Ph. Bellay. Lyon 1804, 2 vol. in-8° ... 9 50

Histoire de Marguerite d'Anjou, par Prevost. Paris 1784, in-8°, fig. ... 3 »

Histoire de la reine Marguerite de Valois, par Mongez. Paris 1777, in-8° ... 5 »

La même. Paris 1778, in-12 ... 2 50

Histoire de Maurice, comte de Saxe, par d'Espagnac, nouv. éd. augmentée de l'éloge du maréchal de Saxe, par Thomas. Toulouse 1789, 2 vol. in-12 ... 5 »

Histoire philosophique de la médecine, depuis son origine jusqu'au commencement du XVIIIe siècle, par P. Tourtelle. Paris 1804, 2 vol. in-8° ... 10 »

Histoire de la médecine, par Tourtelle. Paris 1804, 2 vol. in-18 ... 5 »

Histoire médicale de l'armée d'Orient, par Desgenettes. Paris 1802, in-8° ... 6 »

Histoire militaire de Flandre, depuis 1690 jusqu'en 1694 inclusivement (vulgairement appelée campagne de Luxembourg). Paris 1755, 3 parties reliées en 2 vol. in-fol., avec beaucoup de planches, par Beaurain ... 36 »

Histoire moderne pour servir de suite à l'histoire ancienne de Rollin, par Richer. Paris 1773, 30 vol. in-12 ... 75 »

** Histoire, mœurs et coutumes des nations indiennes qui habitaient autrefois la Pensylvanie et les États voisins, par le révérend Heckewelder, missionnaire morave, ouvrage traduit de l'anglais par le chevalier Du Ponceau. 1 vol. in-8° ... 6 »

Histoire de la monarchie française, par Soulavie. 3 vol. in-8° ... 15 »

** Histoire morale de l'éloquence. Seconde édition. 1814, in-8°, broché ... 5 »

** Histoire des animaux sans vertèbres, par Lamarck. Paris 1818, 6 vol. in-8° ... 41 »

** Histoire naturelle de la parole, ou grammaire universelle, par Court de Gébelin, avec un discours préliminaire et des notes, par M. de Lanjuinais, pair de France. in-8°, très-fort avec planches ... 6 »

Histoire naturelle de Pline, traduite en françois, avec des notes, par Poinsinet de Sivry, le texte latin en regard. Paris, 12 vol. in-4° ... 144 »

Histoire naturelle de Pline, traduite en françois avec le texte latin. Paris 1771, 12 vol. in-4° ... 135 »

Histoire naturelle, générale et particulière des cétacées, par C. S. Sonnini. Paris 1804, in-8°, fig. ... 5 »

Histoire naturelle, générale et particulière des poissons et des cétacées, par C. S. Sonnini. Paris 1803, 14 vol. in-8°, fig. ... 70 »

Histoire naturelle des singes, par P. A. Latreille. Paris 1801, 2 vol. in-8°, fig. ... 21 »

Histoire naturelle des singes et des makis, par Audebert. Paris 1800, in-fol., pap. vélin, ornée de 63 fig. ... 100 »

Histoire des naufrages, par Deperthes; nouv. édit., revue par Eyriès. Paris 1821, 3 vol. in-12, fig. ... 9 »

** Histoire de la navigation intérieure, et particulièrement de celle de l'Angleterre, jusqu'en 1803, traduit de l'ouvrage de Philipps, suivie d'un recueil des actes, lois et ordonnances de concession rendues dans les deux royaumes, par Cordier. 2 vol. in-8° ... 13 »

Histoire du duché de Normandie, par Goube. Rouen 1815, 3 vol. in-8°, avec cartes et gravures ... 21 »

Histoire et paraboles du père Bonaventure Giraudeau, nouv. édition. Lille 1800, in-18 ... 1 »

Histoire des perruques, par Thiers. Avignon 1777, in-12 ... 2 50

** Histoire de ma petite chienne Hermione, par madame de Wattenbach. in-12 ... 1 50

** Histoire de Philippe II, roi d'Espagne, par Dumesnil. Paris 1822, 1 vol. in-8° ... 5 »

** Histoire philosophique des progrès de la physique, jusqu'à nos jours, par Libes. 4 vol. in-8° ... 20 »

Histoire des philosophes anciens et modernes, par Savérien, avec leurs portraits. Paris 1773, 12 vol. in-12 ... 31 50

Histoire militaire du Piémont, par A. de Saluces. Turin 1818, 5 vol. in-8° ... 25 »

Histoire de Pierre III, in-8° ... 6 »

** Histoire des Plantes Grasses, par Decandolle, 28 cahiers, in-4°, pap. vél. Chaque cahier ... 11 »

Les mêmes, gr. in-fol. Chaque cahier ... 22 »

Histoire (nouvelle) poétique, et deux traités abrégés, l'un de la poésie, l'autre de l'éloquence. Paris 1821, 1 vol. in-12 ... 6 »

Histoire de Polybe, avec les commentaires et les notes sur l'art militaire, par Folard. Amsterdam 1774, 7 vol. in-4°, fig. ... 72 »

Histoire du polytypage et du stéréotypage, par Camus. 1802, in-8° ... 2 »

** Histoire des premiers temps de la république romaine, par Niebuhr; traduit en français par M. de Golbery, avec les observations de M. Schlegel et Wachsmuth. 2 vol. in-8° ... 10 »

** Histoire des principaux lazarets de l'Europe, traduit de l'anglais par Howard. Paris 1801, in-8°. Rare ... 5 »

Histoire des progrès et de la chute de la république romaine, par Fergusson, trad. de l'anglais. Paris 1791, 7 vol. in-12, cartes ... 17 50

La même, 7 vol. in-8°, cartes ... 37 »

La même, traduite en français, par Breton. Paris 1810, 12 vol. in-18 ... 24 »

** Histoire des quatre dernières campagnes du maréchal de Turenne en 1672, 1673, 1674, 1675; le texte est du général Grimoard, par Beaurain. Paris 1782, 2 vol. in-fol., 24 pl. ... 60 »

** Histoire de la régénération de la Grèce, par Pouqueville. Paris 1824, 4 vol. in-8° ... 35 »

** Histoire du règne de l'empereur Charles-Quint, par Robertson; traduite de l'anglais, par Suard, 5e édit. Paris 1822, 4 vol. in-8° ... 26 »

Histoire de la république Romaine, par Fergusson. 1791, 7 vol. in-8° ... 15 »

La même, 7 vol. in-12 ... 17 50

** Histoire de la république de Venise, par Daru, 2e édition. Paris 1821, 8 vol. in-8° ... 68 »

Histoire de la révolution française, depuis l'année 1787 jusqu'en 1816, par H. Lemaire. Paris 1816, 3 vol. in-12, fig. ... 10 »

Histoire des révolutions de France, depuis le commencement de la monarchie jusqu'en 1788. 2 vol. in-12 ... [illegible]

** Histoire de la révolution qui renversa la république romaine, par Naquarde de Vayet. 2 vol. in-8° ... 21 »

Histoire des révolutions de France, depuis le commencement de la monarchie jusqu'en 1788. Paris 1801, 2 vol. in-12 ... 5 »

Histoire des révolutions de Gênes, depuis son établissement. Paris 1753, 3 vol. in-12, fig. ... 7 50

Histoire des révolutions de Portugal, par Vertot. Paris 1810, in-12 ... 1 25

et construire toutes sortes d'ouvrages de campagne, et pour mettre en état de défense différents petits postes, etc.; augmentée par Belair, chef de brigade, 4e édition. Paris 1821, 1 vol. in-8°, 12 pl., par Gandi. 6 »
Instruction sur la construction pratique des vaisseaux, in-8°, par Ducanti de l'Estaveaux. 5 »
Instruction (de l') criminelle, Carnot. Paris 1812, 2 vol. in-4°. 6 »
Instructions criminelles avec des réflexions sur les dispositions du nouveau code, par Delaporte. Paris 1809, 2 vol. in-8°. 15 »
Instruction facile sur les conventions, Dard. Paris 1809, in-8°. 10 »
Instructions faciles sur les conventions, ou notions simples sur les divers engagements qu'on peut prendre dans la société. Paris 1776, in-12. 5 »
Instruction des sourds et muets. Paris, in-12. 2 50
Intrigue (l') du cabinet, sous Henri IV et Louis XIII, terminée par la Fronde, par Anquetil. Paris 1809, 2 vol. in-12. 2 50
** Intrigue (l') du cabinet sous Henri IV et Louis XIII, par Anquetil, nouvelle édition. Paris 1819, 2 vol. in-8°. 10 »
** Introduction à l'analyse des sciences, par Lancelin. 1803, 3 vol. in-8°. 11 »
Introduction à la procédure civile, par Pigeau. Paris 1811, in-4°. 15 »
Introduction à l'étude de la nature et de la médecine, traduite de l'allemand de M. Selle, par M. Coray. Montpellier 1795, in-8°. 5 »
Introduction à la physique terrestre par les fluides expansibles, par de Luc. Paris 1803, 2 vol. in-8°. 3 50
Irène, par Bertier, 3 vol. in-12. 11 »
Isle (l') des fées. Paris 1821, 2 vol. in-18, fig. 15 »
Israël vengé, ou exposition naturelle des prophéties hébraïques que les chrétiens appliquent à Jésus, leur prétendu Messie, par J. Orobio. Londres 1770, 1 vol. in-8°, p. p. 3 »
** Italie (l'), par lady Morgan. Paris 1821, 4 vol. in-8°. 3 50
** Itinéraire de France, in-8°. 24 »
8 »

Jardin (le) anglais, ou variétés tant originales que traduites, par Letourneur. Paris 1788, 2 vol. in-8°. 8 »
Jardins (les) ou l'art d'embellir les paysages, par Delille. Cazin 1785, 1 vol. in-18. 2 »
Jardin (le) des enfants, ou bouquet de famille et compliments pour les fêtes, etc. Paris 1818, in-18, fig. 1 »
Jérusalem délivrée, traduite du Tasse, par le prince Lebrun, nouvelle édition, corrigée par l'auteur, augmentée de la vie du Tasse, d'un précis historique sur son portrait, et de la comparaison de ce poète avec l'Arioste, par Métastase, ornée du portrait du Tasse, gravé pour la première fois d'après le tableau original, et de 20 estampes dessinées par le Barbier l'aîné, exécutées par les premiers artistes. Paris 1813, 2 vol. in-8°. 25 »
La même. Paris 1813, 2 vol. in-8°, gr. pap. vélin, fig. avant la lettre. 50 »
La même. Paris 1813, 2 vol. in-8°, gr. pap. vélin, fig. triples avant la lettre et eaux fortes. 80 »
La même. Paris 1813, 2 vol. in-4°, pap. vélin, fig. avant la lettre, et fig. et fleurons de l'édition italienne. 60 »
La même. Paris 1810, 2 vol. in-8°, pet. cart. 18 »
La même. Paris 1810, 2 vol. in-8°, pet. cart., pap. vél., fig. avant la lettre. 36 »
La même. Paris 1817, 2 vol. in-18, pap. vélin, fig. avant la lettre. 15 »
La même. Paris 1818, 2 vol. in-12, fig. 8 »
La même. Paris 1818, 2 vol. in-18. 5 »
La même. Lyon 1788, 2 vol. in-12. 3 »
Jérusalem délivrée, traduction en vers français, par Baour-Lormian. Paris 1821, 3 vol. in-8°, fig. 21 »
Jérusalem délivrée, traduction de Mirabeau. Paris 1784, in-12. 2 50

Jeunesse (la) de Florian, ou mémoires d'un jeune espagnol. Paris 1810, 1 vol. in-18, fig. 9 »
Jeu des échecs par Philidor, 1 vol. in-12. 1 »
** Jeux (les) des jeunes demoiselles, par Mlle Saint-Sernin. Paris 1820, 1 vol. in-8° obl. cartonné, fig. 3 »
** Les mêmes, fig. col. 8 »
** Jeux (les) des jeunes garçons, représentés par un grand nombre d'estampes. Paris 1822, 1 vol. in-8°, oblong, cart. 12 »
Les mêmes, fig. coloriées. 10 »
** Jeu des mosaïques humaines. Vingt figures fort grandes représentant des portraits; ces portraits se découpent de manière que tous les nez, yeux, bouches, mentons, fronts, etc., sont placés dans différentes cases, et qu'on peut, sans savoir nullement dessiner, faire des portraits. Tous ces différents traits se rapportent parfaitement, et offrent une variété telle qu'on y peut trouver la ressemblance de toutes ses connaissances. 15 »
** Jeu de la pantomime. Une boîte contenant 12 cartes, et une caisse. Sur les cartes sont de jolies figures coloriées; une instruction indique la manière de jouer ce jeu. 10 »
Jeune (la) Bostonienne, 2 vol. in-12. 5 »
Jeunes (les) personnes par madame de Renneville, 2 vol. in-12. 6 »
** Jeunes voyageurs (les) en France. Histoire amusante, destinée à l'instruction de la jeunesse; contenant ce que la France présente de plus curieux, par madame de Flesselles, 4 vol. in-18, ornés de jolies fig. 6 »
** Jeux (les) de la poupée, ou les étrennes des demoiselles, par madame B***. Paris, 1 vol. in-12, obl. fig., cart. 6 »
Les mêmes, fig. color. 2 50
Jeux de société, 1 vol. in-18. 5 »
Jeux (les) de l'enfance, ou l'heure de récréation du premier et deuxième âge, traduits de l'anglais par Bertin. Paris 1820, 2 vol. in-18, fig. 2 50
Jeux (les) des quatre saisons, ou les amusements du jeune âge, par madame Dufrenoy, 2e édit. Paris 1826, in-18, avec 10 fig. 4 »
** Jeux (les) innocents de société, par madame I.-D. Paris 1817, in-18, fig. 1 50
Jeux (les) du sort, ou les aventures d'un schelling, traduits de l'anglais. Paris 1820, in-18, fig. 2 50
Joseph, poëme, par Bitaubé. Paris, Didot, 1797, 2 vol. in-18, fig. 1 50
Le même, pap. vélin. 6 »
** Joseph, par Bitaubé. Paris 1823, 6 fig., 1 vol. in-18. 12 »
Journal des saints, par Grosset, 3 vol. in-12, bonne édition. 3 »
** Journal des Mines, ou recueil de mémoires sur l'exploitation des mines et sur les sciences et les arts qui s'y rapportent, par MM. Coquebert Montbret, Haüy, Vauquelin, Gillet-Lhomond, Baillet, Héron de Ville Fosse, Brochant, de Bonnare et Tremery. Paris 1796 à 1815, la collection complète, 19 années, formant 38 vol. in-8°. 6 »
Les années 1811, 1812, 1813, 1814 et 1815 se vendent séparément; le prix est de 21 fr. par année. 300 »
Journée (la), ou l'emploi du temps, pour les enfants qui commencent à lire, par Jauffret. Paris 1817, in-18, fig. 1 50
Jours (les six) de la création, ou leçons d'un père à son fils sur l'origine du monde d'après la bible, par Jauffret. Paris 1822, 2 vol. in-18, fig. 3 »
Julius Sacrovir, ou le dernier des Eduens, par Bosny. Paris 1804, in-8°, fig. 5 »
Jurisprudence des cours souveraines sur la procédure, par Coffinières. Paris 1812, 5 vol. in-8°. 30 »
** Justin ou le jeune étourdi. Paris 1819, 1 vol. in-16, cart. étui, fig. col. et découpées. 6 »

La Fontaine en estampes, ou nouvelle édition des Fables, ornée de 120 gravures en taille-douce. Paris 1821, 1 vol. in-4°, cartonné. 21 »
La Fontaine et les fabulistes, 2 vol. in-8°. 10 »

pendant les années 1777, 78, 79 et 80. Paris 1830, 3 vol. in-8° ... 18 »

Lettres sur la musique, avec des exemples gravés, par madame Cordes. Paris 1806, in-8°, musique ... 7 »

Lettres de Ninon de Lenclos au marquis de Sévigné, nouvelle édit. Paris 1810, 3 vol. in-18 ... 3 »

Lettres d'Octavie, ou essais sur l'éducation des demoiselles, par mad. de Renneville. Paris 1818, in-12, fig. ... 3 »

Lettres Persanes, par Montesquieu, nouv. édit., augmentée du temple de Gnide. Paris 1798, 2 vol. in-18 ... 2 50

Les mêmes, édition Cazin, 2 vol. in-18 ... 4 »

Lettres d'une Péruvienne, par madame de Graffigny, suivies de celles d'Aza. Paris 1810, 2 vol. in-18, fig. ... 2 50

Les mêmes, édition Cazin, 2 vol. in-18 ... 4 »

Lettres philosophiques sur l'origine des préjugés, du dogme de l'immortalité de l'âme, de l'idolâtrie et de la superstition, etc., traduites de l'anglais de J. Roland. Londres 1768, in-8°, p. p. ... 3 »

Lettres sur les principes élémentaires d'éducation, traduites de madame Hamilton, par Chéron. Paris 1803, 2 vol. in-8° ... 5 »

Lettres provinciales philosophiques, par Pascal. Paris 1776, in-12, petit pap. ... 2 »

Lettres provinciales, avec les notes de Wendrock. Amsterdam 1767, 4 vol. in-12 ... 10 »

Lettres du marquis de Roselle. Paris 1771, 2 vol. in-12 ... 2 50

** Lettres de madame de Sévigné, à sa famille et à ses amis; édition ornée de 25 portraits dessinés par Devéria; augmentée de plusieurs lettres inédites, des cent cinq lettres publiées par Klostermann, des notes et notices de Grouvelle, et des réflexions de l'abbé de Vauxelles, précédées d'une nouvelle notice biographique sur madame de Sévigné, et accompagnées de notes géographiques, historiques, politiques et de mœurs, par M. Gault de Saint-Germain. 12 vol. in-8°. Le prix de chaque volume, sur papier satiné, est de ... 7 »

Lettres de madame de Sévigné à sa fille et à ses amis, nouvelle édition, mise en ordre par Ph.-A. Grouvelle, avec les lettres inédites. Paris 1819, 12 vol. in-12 ... 36 »

Les mêmes, 12 vol. in-18 ... 26 »

Lettres inédites de madame de Sévigné. Paris 1814, in-8°, papier vélin ... 12 »

Les mêmes. Paris 1814, in-12 ... 3 »

Lettres à Sophie sur la physique, 4 vol. in-18 ... 12 »

Lettres de Stéphanie, par madame de Beauharnais. Paris 1806, 3 vol. in-12 ... 5 »

** Lettres sur la vieillesse, par Meister. 1817, in-12 ... 2 50

Lettres de Voltaire. Paris, 2 vol. in-12 ... 5 »

** Lettres inédites de Voltaire, de madame Denis sa nièce, et Colini, son secrétaire; précédées d'un jugement philosophique sur Voltaire, Grimm, Diderot et Helvétius. Paris 1821, in-8° ... 4 50

** Lettres inédites de Voltaire à mademoiselle Quinault, à d'Argental, à Hénault, à M. Damilaville, à madame d'Epinay et autres personnages. Paris 1822, in-8° ... 6 50

** Lever (le) des plans et l'arpentage rendus faciles, etc. par Soulas, 1 vol. in-18, 2e édit. avec 8 fig. ... 3 »

Liberté de conscience resserrée dans les bornes légitimes. Londres 1754, 3 vol. in-8°, petit pap. ... 4 »

** Liberté (de la) religieuse, par Benoît. Paris 1819, 1 vol. in-8° ... 6 »

Littérature (de la) considérée dans ses rapports avec les institutions sociales, par madame de Staël-Holstein. Paris 1818, 2 vol. in-8°, 3e édition ... 10 »

Littérature (de la) des nègres, par M. Grégoire. Paris 1808, 1 vol. in-8° ... 4 »

Livre (le) du premier âge, ou instruction religieuse et maternelle, par mad. Dufrenoy. Paris 1823, in-18, fig. ... 1 25

Livre (le) des enfants laborieux. Paris 1818, 2e édition, 1 vol. in-18, fig. ... 1 25

** Livre des jeunes braves (le), ou Étrennes militaires, recueil d'anecdotes remarquables, de beaux faits d'armes, de traits généreux, etc. 1 vol. oblong cartonné avec 11 grav. ... 4 »

Livre (le) des comptes faits, par Barême. Paris, in-12 ... 1 50

** Livre pour un petit garçon bien sage. Paris 1817, in-16, fig. coloriées, carton ... 3 »

Les mêmes, pour une petite fille bien sage. Paris 1817, in-16, fig. color., cartonné ... 3 »

Livre de famille, ou journal des enfants, par Berquin. Lausanne 1793, 1 vol. in-18 ... » 50

Livre (le) d'or, ou l'humilité en pratique. Paris 1811, in-24 ... 1 »

Livret (le) couleur de rose, ou historiettes et contes nouveaux pour le premier âge, publié par madame Spérat. Paris 1819, in-18, fig. ... 1 50

Lois des bâtiments, ou le nouveau Desgodets, par P. Lepage. Paris 1821, 2 vol. in-8° ... 11 »

Lois de la nature. Nantes 1803, in-8° ... 4 50

Loisirs de l'enfance, traduction libre de l'anglais, par Bertin. Paris, 4 vol. in-18, fig. ... 6 »

Londres, la cour et les provinces d'Angleterre, ou recueil complet d'anecdotes sur les trois royaumes. Paris 1815, 2 vol. in-8° ... 12 »

** Londres pittoresque, par M. Quatremère de Roissy. 1819, in-18 ... 1 50

** Louis XIV, sa cour et le Régent, par Anquetil. Paris 1819, 2 vol. in-8° ... 12 »

** Louis XIV et son siècle, par Delbarre. Paris, 2 vol. in-18 ... 4 50

** Louis XIV et ses amours. 1824, 1 vol. petit in-4°, orné de six portr. et d'un frontispice ... 15 »

Les mêmes, papier vélin, portraits avant la lettre, cart. ... 25 »

Les mêmes, papier vélin, portraits avant la lettre, sur papier de Chine, cart. ... 30 »

Les portraits sont: Louis XIV, Marie de Mancini, de Lavallière, de Montespan, de Fontanges, de Maintenon.

Les portraits ci-dessus ont été gravés exprès pour cette collection, par M. Roger, d'après les meilleurs originaux du temps.

** Louis XIV et ses principaux ministres. 1 vol. in-4°, orné de six portraits et d'un frontispice, cartonné à l'anglaise ... 15 »

Les mêmes, papier vélin, portraits avant la lettre, cartonné ... 25 »

Les mêmes, papier vélin, portraits avant la lettre, sur papier de Chine, cart. ... 30 »

Les portraits sont: Louis XIV, Mazarin, Letellier, Fouquet, Colbert, Louvois.

Lucrèce. De la nature des choses, in-18 ... 6 »

** Lusiade (la) de L. Camoens, poëme en dix chants, traduit du Portugais, avec des notes et la vie de l'auteur, par Laharpe. Paris 1820, in-8°, fig. ... 6 »

Lutin (le) couleur de feu, in-18 ... 3 »

** Lycée, ou Cours de littérature ancienne et moderne, par Laharpe. Paris 1817, 3 vol. in-8° ... 30 »

Le même. Paris 1822, 16 vol. in-8°, papier fin satiné ... 88 »

Lycée ou cours de littérature ancienne et moderne, par J. F. La Harpe. Paris 1818, 16 vol. in-8° ... 80 »

Le même, Paris 1820, 16 vol. in-18 ... 40 »

Machines et inventions approuvées par l'acad. des sciences. Paris 1735, 6 vol. in-4°, fig. ... 120 »

Magasin des enfants, par mad. Leprince de Beaumont. Paris 1808, 4 vol. in-12, fig. ... 6 »

Magasin des enfants et des adolescentes, par mad. Leprince de Beaumont. Paris 1797, 16 vol. in-18 ... 12 50

Magasin (le) des jeunes dames, par mad. Leprince de Beaumont. Paris 1811, 6 vol. in-12 ... 9 »

fr. c.

Méthode abrégée et facile pour apprendre la géographie, par Crozat. Paris 1814, in-12, cart. ... 1 75
Militaire philosophe, in-8°, p. p. ... 5 »
Minerve (collection complète de la), par MM. Aignan, Benjamin Constant, Etienne, Dumoulin, Jay, Jouy, Lacretelle aîné, Tissot, etc. etc. 125 numéros formant 9 très-forts volumes in-8° ... 135 »
** Miss Lowy. Lausanne 1792, in-8° ... 5 »
Modèle (le parfait), ou la vie de Berchmans. Paris 1816, in-18, portr. ... 1 50
Mœurs (les), par Panage. Amsterdam 1785, in-12 ... 3 »
Mœurs (les), par Toussaint. Amsterdam 1777, in-12, fig. ... 2 50
Monarchie (de la) prussienne, sous Frédéric-le-Grand, avec un appendice, par Mirabeau. Londres 1788, 8 vol. in-8° et atlas ... 35 »
Monde (le) moral, ou mémoires pour servir à l'histoire du cœur humain, par Prévost. Paris 1784, in-8°, fig. ... 5 »
** Monnaies des barons de France, par Tobiesen-Duby. 1791, 2 vol., gr. in-4°, fig. ... 43 »
Monuments anciens et modernes de l'Indoustan, représentés en 150 planches, avec des recherches sur l'époque de la fondation de ces monuments, une notice géographique et historique, par L. Langlès, 26 livraisons ... 390 »
Morale en action, ou élite de faits mémorables et d'anecdotes instructives. Riom 1810, in-12, fig. ... 3 »
La même. Paris 1820, in-12, 4 fig. ... 3 »
Morale (la) des enfants, choix de fables d'Ésope, à la portée du jeune âge. Paris 1805, in-8° obl. orné de 70 fig. ... 1 50
Morale (la) du jeune âge, ou choix de fables, contes et histoires. Paris 1815, 2 vol. in-18, avec 48 figures, troisième édition ... 3 50
Morale des enfants, 1798, in-8° oblong ... 3 »
Morale universelle, ou les devoirs de l'homme fondés sur sa nature, par le baron d'Holbach. Paris 1820, 3 vol. in-8° ... 15 »
Moralistes (les petits), ou histoire d'Édouard et de Flora, traduite de l'anglais par Pertin. Paris 1813, in-18, fig. ... 1 50
** Morceaux choisis de Buffon, avec 53 gravures en bois, in-18 ... 2 25
** Morceaux choisis de Massillon, in-8, portr. ... 3 »
Morceaux choisis de Tacite, traduits en français par d'Alembert, latin-français. Paris 1784, 2 vol. in-12 ... 5 »
Mort (la) d'Abel, par Gessner, traduite de l'allemand par Huber. Paris 1793, in-18, avec 5 jolies fig. ... 5 »
La même. Lille 1807, in-18 sans fig. ... 1 25
La même. Riom 1808, in-12, fig. ... 2 27
Musée de l'enfance, ou galerie d'animaux sauvages et domestiques. Paris 1822, in-8°, oblong orné de 100 vignettes ... 4 »
Le même, fig. color. ... 6 »
Mythologie (nouvelle) des demoiselles, par Renneville. Paris 1822, 1 vol. in-12, fig. ... 5 »
Mythologie (la) en estampes, ou figures des divinités fabuleuses avec leurs attributs. Paris 1821, in-8°, oblong, figures ... 4 »
La même, fig. color. ... 6 »
Mythologie de la jeunesse, par demandes et par réponses, par madame Tardieu-Denesle. Paris 1818, 2 vol. in-12, figures ... 6 »
Mythologie (petite) à l'usage de la jeunesse, suivie d'un dictionnaire abrégé de la Fable. Paris 1818, in-18, orné de 12 fig. ... 1 50

** Narcisse et la grande [illegible], 2 vol. in-8° ... 12 »
** Napoléon en exil, ou l'Écho de Ste-Hélène, par O'Meara. Paris 1822, 2 vol. in-8° ... 12 »
Narrations dramatiques, ou choix des plus beaux morceaux de poésie dans le genre narratif, publié par Dordent. Paris, in-12, fig. ... 2 50
Narrations françaises, ou choix des meilleurs morceaux tirés de nos plus célèbres prosateurs, par Dordent. Paris, in-12, fig. ... 2 50
Narrations choisies de Tite-Live, avec réflexions. Paris 1808, 2 vol. in-12 ... 5 »
Nature (de la) et de l'usage des bains, par H. M. Marcard, traduit de l'allemand, par Parant. Paris 1801, in-8° ... 4 »
Nature (de la) humaine, ou exposition des facultés, des actions et des passions de l'âme, par Th. Hobbes, traduite de l'anglais. Londres 1772, in-8°, p. p. ... 5 »
** Navigation (la), par Bezout, 2 vol. in-8°, avec 4 pl. ... 4 50
** Navigation de Bezout revue par M. Rossel, 1 vol. in-8° ... 6 »
** Négociations diplomatiques et politiques du président Jeannin, nouvelle édit. Paris 1819, 3 vol. in-8° ... 15 »
Néologie, ou vocabulaire des mots nouveaux, par Mercier. Paris 1801, 2 vol. in-8° ... 9 »
** Neveu (le) de Rameau, 1 vol. in-8° ... 4 50
Nosologie méthodique, ou distribution des maladies en classes, en genres et en espèces, suivant l'esprit de Sydenham, par Boissier de Sauvages, traduite du latin par Gouvion. Lyon 1772, 10 vol. in-12 ... 30 »
Notice sur la cour du Grand-Seigneur, in-8° ... 2 50
** Notice sur la lithographie, par Mairet, 1824, avec 5 grav. lithographiées ... 2 50
** Notices sur les manuscrits de la bibliothèque de Lyon, par feu A. F. Delandine. Lyon 1812, 3 vol. in-8° ... 21 »
Notices sur le Zodiaque, in-8° ... 2 50
Notions fondamentales de l'art vétérinaire, traduites de l'anglais de Delabere Blaine. Paris 1803, 3 vol. in-8°, fig. ... 15 »
Notions élémentaires de botanique. Dijon 1784, in-8° ... 5 »
Nouveau manuel forestier, par Baudrillard. Paris 1808, 2 vol. in-8° ... 15 »
Nouveau manuel des maires et des adjoints, par d'Uhes. Aix-la-Chapelle, in-12 ... 1 50
Nouveau manuel pratique des juges de paix, leurs greffiers et leurs huissiers, par Daubenton. Paris 1809, in-12 ... 2 50
Nouveau manuel, ou style des huissiers, par Daubenton, 3° édit. Paris 1808, in-12 ... 2 50
** Nouveau manuel du teinturier, ou guide pratique des apprentis et des ouvriers dans l'art de la teinture, contenant les diverses recettes pour faire toutes sortes de couleurs sur laine, soie, fil et coton ; par Baillot, maître teinturier à Paris ; suivi d'un manuel de l'art du teinturier-dégraisseur, extrait d'un ouvrage encore inédit, par L.-S. Le Normand, in-12, 1819 ... 4 »
** Nouveaux principes d'hydraulique appliqués à tous les objets d'utilité, et particulièrement aux rivières, par Bernard, 1 vol. in-4°, fig. ... 15 »
Nouveau secret de la conversation, in-18 ... 1 50
Nouveau secrétaire du cabinet, in-18 ... 1 50
** Nouveau Sobrino (le), ou grammaire de la langue espagnole, réduite à vingt-trois leçons, par don Francisco Martinez ; 4° édit., revue, corrigée et considérablement augmentée. Bordeaux, in-8° ... 5 »
** Nouveau traité élémentaire de perspective, à l'usage des artistes et des personnes qui s'occupent du dessin, précédé des premières notions de la géométrie élémentaire, de la géométrie descriptive, de l'optique et de la projection des ombres, par Cloquet (J.-B.), 1 vol. in-4°, et atlas de 84 planch. dont plusieurs coloriées, 1823 ... 50 »
** Nouveau traité de navigation, contenant la théorie et la pratique du pilotage, par Bouguer, 3° édit., revu par Lacaille, avec des additions de Lalande, in-8° ... 7 »
** Nouveau (le) Valin, ou code commercial maritime, revu par Boucher, par Laporte Saupouarde. Paris 1809, in-4° ... 18 »
** Nouvelle force maritime et application de cette force à quelques parties du service de l'armée de terre, par H. J. Paixhans. 1822, in-4°, avec 7 planches ... 18 »

Nouvelles (les dix) ou les jeunes personnes à leur entrée dans le monde, par Ch. Choquet. Paris 1819, 2 vol. in-12, fig. ... 8 —
Nouvelles (les nouvelles) de l'enfance, par Mad. Lafaye, 3e édition. Paris 1820, 2 vol. in-18, fig. ... [illegible]
Nouvelles (les dix) de l'enfance, par Mad. de Lafaye, 3e édit. Paris 1820, in-18, 6 fig. ... 1 50
Nouvelle grammaire allemande, in-12 ... [illegible]
** Nouvelle méthode de [illegible] trigonométrique, par Prony. Paris 1819, brochure in-4° ... [illegible]
Nouvelle mythologie des demoiselles, in-12 ... 3 —
Nouvelles nouvelles de Florian. Liège 1793, in-18, fig. ... 1 50
Nouvelles récréations physiques mathématiques, 5 vol. in-8° ... 21 —
** Nuits (les) romaines au tombeau des Scipions, traduites de l'italien d'A. Verri, par L. F. Lestrade, 2e édit. Paris 1817, 2 vol. in-12 ... 5 —
** Nouvelle théorie du jaugeage des bateaux de mer, d'après le système métrique, par [illegible] 1811, 1 vol. in-4, avec 7 pl. ... 6 —
** Nouvelle traduction d'Hérodote, par le comte de Miot, 3 vol. in-8°, avec carte ... [illegible]
Nuits (les) d'Young, traduites de l'anglais, par Letourneur. Paris [illegible], 2 vol. in-8°, fig. ... 12 —
Les mêmes, nouvelle édit. Paris 18[illegible], 2 vol. in-12 ... 5 —
Les mêmes. Paris [illegible], 4 vol. in-18, fig. ... 7 —

Observations sur divers accidents [illegible] qui leur sont [illegible]. Utrecht 1783, 1 vol. in-12 ... 2 50
** Observations sur les bêtes à laine, dans les environs de Genève, pendant 20 ans, par C. L. M. Lullin, in-8 ... 1 50
Observations pratiques sur les bêtes à laine, dans le département du Cher, par Heurtault-Lamerville. Paris 1800, in-8° ... 4 50
Observations médico-chirurgicales sur la [illegible], par J. P. Sacombe. Paris 1793, in-8° ... [illegible]
** Observations et [illegible] sur l'histoire de France, par [illegible] et Mably, 4 vol. in-8, avec des notes et des pièces justificatives ... 16 —
Observations sur l'histoire de France de Velly, Villaret et Garnier, par M. Gaillard. Paris 1806, 4 vol. in-12 ... [illegible]
Observations sur l'histoire naturelle de Buffon, 1 vol. in-8° ... [illegible]
Observations de Lamoignon-Malesherbes, sur l'histoire naturelle de Buffon. Paris 1798, 2 vol. in-4° ... [illegible]
Les mêmes, 2 vol. in-8° ... [illegible]
Observations sur l'ouvrage de mad. de Staël, ayant pour titre : Considérations sur les principaux événements de la révolution française, par Bonald. Paris 1818, 1 vol. in-8° ... 4 —
Observations médicales et politiques sur la petite vérole, par Black, traduites de l'anglais par [illegible]. Paris 1786, in-12 ... [illegible]
Observations sur la petite vérole, par [illegible] ... [illegible]
** Observations (nouvelles) sur les abeilles, par F. A. Huber, nouv. édit. revue, corrigée et considérablement augm. 2 vol. in-8°, et atlas de 14 pl. ... [illegible]
** Observations sur les effets de l'application du bélier hydraulique, suivies d'une série d'expériences sur cette nouvelle machine, par Eytelwein, in-4°, avec pl. ... [illegible]
Observations et remarques sur la complication des symptômes vénériens avec d'autres virus et sur les moyens de les guérir, par Vigarous. Montpellier 1780, in-8° ... [illegible]
Odes (les) pythiques de Pindare, traduites avec des remarques, par [illegible]. Paris [illegible], in-8° ... [illegible]
** Œuvres complètes de C. L. F. S. Andrieux. Paris 1818, 4 vol. in-8°, fig. ... [illegible]
** Œuvres d'Archimède, traduites littéralement avec un commentaire, par M. Peyrard, suivies d'un mémoire du traducteur sur un nouveau miroir ardent, et d'un autre mémoire de M. Delambre. Paris, 2 vol. in-8° ... 20 —
** Le même, in-4° ... 48 —
** Le même, in-4°, pap. vél. ... 96 —
Œuvres d'Arnaud. Paris [illegible] vol. in-8°, grand papier, fig. belle édition ... [illegible]
Les mêmes. Paris 1803, 12 vol. in-12 ... [illegible]
Œuvres complètes de [illegible] Arnauld. [illegible] 1808, 3 vol. in-8° ... [illegible]
** Œuvres de Fr. Bacon, trad. en français. An 8, 15 vol. in-8° ... [illegible]
Œuvres philosophiques et morales du chancelier Bacon. Paris 1797, 2 vol. in-8° ... 8 —
Œuvres diverses de Barthélemy, auteur du voyage du jeune Anacharsis. Paris 1798, 2 vol. in-8°, fig. ... [illegible]
Les mêmes, 4 vol. in-18, jolie édit. fig. ... 8 —
Œuvres complètes de Beaumarchais. Paris 1821, 6 vol. in-8°, portrait ... 36 —
Œuvres complètes de Bernard. Paris 1790, in-18 ... [illegible]
Les mêmes. Paris 1790, in-12, grand pap. ... [illegible]
** Œuvres complètes de J. H. Bernardin de Saint-Pierre, mises en ordre et précédées de la vie de l'auteur, par Aimé Martin. Paris 1818, 12 vol. in-8° ... 84 —
** Œuvres de Berquin, nouvelle édition, la seule complète, et rangée dans un meilleur ordre, 20 vol. in-18, pap. fin, avec 48 gravures ... [illegible]
Les mêmes, avec 192 gravures ... [illegible]
Les mêmes, 20 vol. grand papier vélin, figures [illegible] épreuves ... [illegible]
Les divers ouvrages se vendent séparément.
Œuvres du cardinal de Bernis. Paris [illegible], [illegible] vol. in-18, [illegible] ... [illegible]
Les mêmes, édition [illegible] ... [illegible]
Œuvres complètes de Bertin. Paris [illegible], 1 vol. in-8° ... [illegible]
Les mêmes. Paris [illegible], 1 vol. in-18, fig. ... [illegible]
** Œuvres de Boileau, avec un nouveau commentaire, par M. Amar. Paris 1821, 4 vol. in-8°, fig. ... [illegible]
Œuvres complètes de Boileau, contenant ses poésies, ses écrits en prose, sa traduction de Longin, ses lettres, etc., [illegible]. Paris [illegible], 5 vol. [illegible] ... [illegible]
Les mêmes. Paris [illegible], 3 vol. in-8° ... [illegible]
Les mêmes, [illegible] ... [illegible]
Les mêmes, [illegible] ... [illegible]
Les mêmes, [illegible] ... [illegible]
Les mêmes. Paris [illegible] ... [illegible]
Œuvres de Bossuet. Paris [illegible], [illegible] vol. in-12 ... [illegible]
** Œuvres de Bossuet, précédées de l'histoire de Bossuet, par le cardinal de Bausset. Versailles 1815-1819, [illegible] vol. in-8° ... [illegible]
** Œuvres choisies de [illegible], nouvelle édition, [illegible] ... [illegible]
Œuvres d'histoire naturelle et de philosophie, par Charles Bonnet. Neuchâtel 1779, [illegible] vol. in-4°, fig. ... [illegible]
Œuvres de Boufflers, nouvelle édition. Paris [illegible], [illegible] in-8, ornée de [illegible] fig. ... [illegible]
** Œuvres complètes de lord Byron, [illegible] édition, précédée d'une notice sur lord Byron, par Ch. Nodier. Paris 1822, [illegible] vol. in-12, ornés de [illegible] gravures ... [illegible]
Les mêmes. Paris 1819 à 1821, 12 vol. in-18, portr. ... [illegible]
On vend séparément les volumes 9 et 10, 2 part. in-8 ... [illegible]
** Œuvres de Buffon, avec les suites complémentaires données par MM. de Lacépède, Daudin, Denis Montfort, Latreille, Desmarest, Mirbel et autres, ouvrage formant un

fr. c.

cours complet d'histoire naturelle; édition dite de Sonnini, en 127 vol. in-8°, ornés de 1130 planch., la plus complète de toutes celles publiées jusqu'à ce jour. Il ne reste plus que quelques exemplaires de cette édition, avec les fig. d'ancien tirage. . . . . 825 »

Œuvres badines et morales, historiques et philosophiques de Cazotte. Paris 1817, 4 vol. in-8°, fig. . . . . 24 »

Œuvres complètes de Champfort, 8e édition. Paris 1818, 2 vol. in-8° . . . . . 11 »

Œuvres de Chaulieu. Paris 1777, 2 vol. in-12, p. p. . . . . 4 »

Les mêmes. Lyon, jolie édition, 2 vol. in-24, fig. . . . . [illegible] »

Œuvres d'André de Chénier. Paris 1822, 1 vol. in-18 . . . . . 3 »

Œuvres complètes de Claudien, en latin et en français. Paris 1798, 2 vol. in-8° . . . . . 10 »

Œuvres de Colardeau. Paris, édition cazin, 3 vol. in-18 . . . . . 6 »

Les mêmes. Paris 1811, 4 vol. in-18, portr. . . . . 5 »

** Œuvres de Collin-d'Harleville; nouvelle édition. Paris 1821, 4 vol. in-8°, portr. . . . . 24 »

Œuvres médico-chirurgicales, par B. Colomb. Lyon 1798, in-8° . . . . . 5 »

** Œuvres complètes de Condillac; nouvelle édit. Paris 1822, 16 vol. in-8° . . . . . 56 »

** Œuvres complètes de Cochin, 8 vol. in-4° . . . . . 30 »

** Œuvres de Pierre Corneille, et Chefs-d'œuvre de Thomas Corneille; avec les commentaires de Voltaire, et 36 grav. d'après Moreau. 12 vol. in-8°, beau papier satiné . . . . . 108 »

Les mêmes, sans grav. . . . . 72 »

** Œuvres de Crébillon. 1818, 2 vol. in-8°, 14 grav. de Moreau; satiné et broché . . . . . 18 »

Les mêmes, 3 vol. in-8° portr. . . . . 11 »

Œuvres complètes de Crébillon. Paris 1797, 2 vol. in-8°, ornés de 10 fig. d'après les dessins de Peyron . . . . . 15 »

Les mêmes, pap. vél. fig. avant la lettre . . . . . 30 »

Les mêmes. Paris 1796, 3 vol. in-12, p. p. . . . . 5 »

Les mêmes, édition cazin, 3 vol. in-18 . . . . . 6 »

Œuvres posthumes de d'Alembert. Paris 1799, 2 vol. in-12 . . . . . 5 »

** Œuvres complètes de Delille. Paris 1813 — 1821, 18 vol. in-8°, gr. pap. fig. . . . . 109 »

Les mêmes, 18 vol. in-18, gr. pap., fig. . . . . 64 »

On vend séparément :

Poésies fugitives, 1 vol. in-8° . . . . . 7 »

Les mêmes, 1 vol. in-18 . . . . . 4 »

Géorgiques (les), 1 vol. in-8° . . . . . 7 »

Les mêmes, 1 vol. in-18 . . . . . 3 50

L'Énéide, 4 vol. in-8° . . . . . 24 »

La même, 4 vol. in-18 . . . . . 14 »

Paradis (le) perdu, 2 vol. in-8° . . . . . 12 »

Le même, 2 vol. in-18 . . . . . [illegible] »

Jardins (les), 1 vol. in-8° . . . . . » »

Les mêmes, 1 vol. in-18 . . . . . 3 50

Homme (l') des champs, in-8° . . . . . 6 »

Le même, 1 vol. in-18 . . . . . 3 50

Imagination (l'), 2 vol. in-8° . . . . . 12 »

La même, 2 vol. in-18 . . . . . 7 »

Règnes (les trois) de la nature, 2 vol. in-8° . . . . . 12 »

Les mêmes, 2 vol. in-18 . . . . . 7 »

Pitié (la), 1 vol. in-8° . . . . . 6 »

La même, 1 vol. in-18 . . . . . 3 50

Conversation (la), 1 vol. in-8° . . . . . 6 »

La même, 1 vol. in-18 . . . . . 4 »

Essai sur l'homme, 1 vol. in-8° . . . . . 6 »

Le même, 1 vol. in-18 . . . . . 3 40

Œuvres posthumes, 1 vol. in-8° . . . . . 6 »

Les mêmes, 1 vol. in-18 . . . . . 3 50

** Œuvres complètes de Démosthène et d'Eschine, en grec et en français, traduction de l'abbé Auger; nouv. édition, revue et corrigée, par J. Planche. Paris 1819, 10 vol. in-8°, avec portrait . . . . . 90 »

Œuvres de madame Deshoulières. Paris 1799, 2 vol. in-8°, portrait . . . . . 10 »

Les mêmes, édition cazin, 2 vol. in-18 . . . . . 4 »

** Œuvres philosophiques, historiques et littéraires de d'Alembert. Paris 1805, 18 vol. in-8° . . . . . 65 »

Œuvres choisies de madame et mademoiselle Deshoulières. Londres 1782, in-18, portr. 1 50

Les mêmes. Paris, Didot, 1795, in-18, pap. vél. orné de 5 fig. . . . . 5 »

Les mêmes, gr. pap. vél., fig. avant la lettre . . . . . 10 »

Les mêmes. Paris, édition cazin, in-18 . . . . . 2 »

Œuvres dramatiques de Destouches, nouvelle édition. Paris 1820, 6 vol. in-8° . . . . . 36 »

Œuvres choisies de Destouches. Paris 1820, 4 vol. in-18 . . . . . 7 »

** Œuvres complètes de Diderot, 22 vol. in-8°, bien imprimés, sur papier fin, ornés d'un beau portrait. Prix de chaque volume . . . . . 7 »

Grand papier vélin d'Annonay, satiné, avec le portrait avant la lettre . . . . . 21 »

Œuvres de Diderot, publiées par Naigeon. Paris 1800, 15 vol. in-12 . . . . . 45 »

Œuvres de théâtre de Diderot, avec un discours sur la poésie dramatique. Amsterdam 1772, 2 vol. in-8° . . . . . 8 »

Œuvres complètes de Dorat. Paris 1780, 20 vol. in-8°, ornés de très-belles fig. . . . . 70 »

Œuvres poétiques de madame Dubocage. Paris 1788, 2 vol. in-18, jolie édition . . . . . 5 »

** Œuvres de J. F. Ducis. Paris 1819, 3 vol. in-8°, fig. . . . . 24 »

Les mêmes. Paris 1818, 6 vol. in-18, fig. . . . . 16 »

** Œuvres complètes de M. Alexandre Duval, membre de l'Institut (académie française), 10 vol. in-8° de 500 pages chacun, ornés du portrait de l'auteur. Prix de chaque volume satiné . . . . . 8 »

Il a été tiré quelques exemplaires sur papier vélin, dont le prix est double.

Œuvres de Dumarsais. Paris 1797, 7 vol. in-8°, fig. . . . . 18 »

Œuvres de V. J. Duval, édition Cazin, 3 vol. in-18 . . . . . 6 »

** Œuvres d'Euclide en grec, en latin et en français, d'après un manuscrit très-ancien qui était resté inconnu jusqu'à nos jours, par Peyrard. Paris 1814 à 1818, 3 vol. in-4° . . . . . 90 »

Œuvres d'Euclide en grec, en latin et en français, par Peyrard. Paris 1814, 3 vol. in-4°, fig. . . . . 90 »

Œuvres diverses concernant les arts, par Falconet. Paris 1787, 3 vol. in-8° . . . . . 12 »

** Œuvres choisies de Fénelon, 6 vol. in-8° imprimés par P. Didot l'aîné, et ornés du portrait de l'auteur . . . . . 30 »

Œuvres complètes de M. F. de Salignac de la Mothe Fénélon. Toulouse 1810, 19 vol. in-12 . . . . . 50 »

Les mêmes, nouvelle édition. Paris 1822, 10 vol. in-12 . . . . . 39 »

Les mêmes, 10 vol. in-8° . . . . . 60 »

** Œuvres complètes de Florian, 16 vol. in-18, sur très-beau pap., avec 32 gravures . . . . . 24 »

10 vol. in-18, pap. fin satiné, avec 80 nouvelles gravures d'après Moreau et Desenne . . . . . 50 »

16 vol. in-12, pap. fin satiné, 80 gravures . . . . . 56 »

16 vol. in-12, pap. vélin satiné, 80 gravures . . . . . 96 »

De cette édition on peut acquérir chacun des ouvrages séparément.

Des quatre ouvrages suivants il a été tiré des exemplaires sur un papier plus ordinaire, mais que pour beaucoup de livres on nomme papier fin.

Galatée, 1 vol. . . . . . » 60

Estelle, 1 vol. . . . . . » 60

Guillaume-Tell, 1 vol. . . . . . » 80

Eliezer et Nephtali, 1 vol. . . . . . » 80

Fables, 1 vol. . . . . . » 80

Œuvres de Florian. Paris 1820, 24 vol. in-18, fig., pap. ord. ... 24 »

Les différens ouvrages se vendent séparément.

Les mêmes, pap. fin, 128 fig. ... 60 »
Les mêmes. Paris 1803, 8 vol. in-8°, fig. ... 50 »
** Œuvres de Fontenelle. Paris 1818, 3 vol. in-8°, pap. vélin ... 24 »
** Œuvres du pÈre Gaultier.

Boîte typographique pour apprendre à lire aux enfans ... 6 »
Lectures graduées pour les enfans du premier âge, 1 vol. in-18, cart. ... 1 »
Lectures graduées pour les enfans du second âge, 1 vol. in-18, cart. ... 1 50
Principes d'écriture cursive, en 28 modèles en 3 cahiers. ... 1 80
Les mêmes, collés sur cart., en étui ... 3 »
Chacun de ces cahiers peut être pris séparément.
Élémens d'arithmétique, rendus sensibles aux yeux par des jetons coloriés, 1 vol. in-18, cart. ... 1 25
Notions de géométrie pratique, in-12 ... 1 25

Langue française.

Leçons de grammaire et d'orthographe, 1 vol. in-18, cart. ... 1 50
Leçons de grammaire en action, 1 vol. in-18, cart. ... 1 50
Atlas de grammaire, contenant des tableaux analytiques pour la construction des phrases, in-fol. ... 3 »
Étiquettes du jeu de grammaire, en un étui ... 1 50
Cahier de 12 feuilles in-fol. pour l'analyse grammaticale ... 1 25

Géographie.

Leçons de géographie et de sphère, 1 vol. in-18, cart. ... 1 50
Atlas de géographie, contenant des cartes écrites et non écrites, in-fol., br. ... 3 »
Chacune de ces cartes collées sur carton ... 1 25
Étiquettes du jeu de géographie, en un étui ... 2 »

Chronologie et Histoire.

Histoire sainte, 1 vol. in-18, cart. ... 1 50
Histoire de France, 1 vol. in-18, cart. ... 1 50
Médaillons des rois de France, en un étui ... 2 50
Histoire ancienne, 1 vol. in-18, cart. ... 1 50
Histoire moderne, 1 vol. in-18, cart. ... 1 50

Art de penser et d'écrire.

Méthode pour analyser la pensée et pour faire des abrégés, 1 vol. in-18, cart. ... 1 50
Exercices sur la construction logique des phrases et des périodes françaises, 1 vol. in-18, cart. ... 1 50
Construction et analyse graduée des phrases et des périodes françaises, en tableaux, in-fol. ... 2 »
Méthode pour exercer les jeunes gens sur la composition française, 1 vol. in-12, br. ... 3 »
Cahier de 12 feuilles in-fol. pour l'analyse de la pensée ... 1 25

Langues latine et italienne.

Méthode pour entendre la langue latine sans connaître les règles de la composition, 1 vol. in-18, cart. ... 1 50
Phrases latines graduées, in-18, cart. ... 1 25
Périodes latines graduées, in-18, cart. ... 1 50
Construction et analyse graduée des phrases et des périodes latines, en tableaux, gros cahier in-fol., cart. ... 4 »
Application de cette méthode au premier livre des odes d'Horace, in-fol. ... 2 »
Méthode pour entendre et pour parler la langue italienne, 1 vol. in-18, br. ... 1 50

Versification.

Traité de la mesure des vers français, 1 vol. in-12, br. ... 1 50
Jeu des fables, sujets choisis de La Fontaine, 1 vol. in-18, cart. ... 1 25
Traits caractéristiques d'une mauvaise éducation, ou principes de la politesse, 1 vol. in-18, cart. ... 1 25

Sac contenant cent jetons de couleur, pour les différens exercices du cours ... 4 50
N. B. La collection complète de ces ouvrages, renfermée dans une boîte ... 60 »
Le petit cours, extrait du *cours complet*, contient 3 vol., savoir :
Syllabaire et premières lectures, 1 vol. ... 1 50
Élémens de grammaire et d'orthographe, 1 vol. ... 1 50
Élémens de géographie, 1 vol. ... 1 50
Élémens de musique suivant la méthode de M. Gaultier, 1 vol. in-18, cart. ... 1 25
Treize tableaux gravés, pour l'usage de la dite méthode, in-4° ... 2 50
Autre cahier d'étiquettes et tableaux, in-4° ... 1 75
Méthode pour apprendre à calculer facilement, d'après Lenestier, 3ᵉ édit., in-12, br. ... » 60
Leçons de géographie ancienne, par un élève de l'abbé Gaultier, 1 vol. in-18, cart. ... 1 50
Atlas de géographie ancienne, contenant 10 cartes, in-fol. ... 10 »
Exposé analytique des méthodes de l'abbé Gaultier, par M. de Jussieu. Paris 1842, 1 vol. in-8° ... 3 50

** Œuvres de Gessner, avec 72 gravures de Moreau, 4 vol. petit in-8°, pap. vélin, broché en carton ... 44 »
Les mêmes, sans gravures, avec 2 portraits ... 24 »
Les mêmes, 4 vol. in-8°, pap. vél., avec 72 gravures ... 72 »
Œuvres de Gessner. Paris 1797, édition de Crapelet, 3 vol. in-18, avec 18 jolies fig. ... 18 »
Œuvres complètes de Gilbert. Paris 1823, in-8° ... 7 »
Œuvres complètes de mad. de Graffigny, nouvelle édition. Paris 1821, in-8°, fig. ... 9 »
Œuvres choisies de Graffigny, 2 vol. in-18 ... 3 »
Œuvres de Gresset, 3 vol. in-18, fig., 1803 ... 10 »
** Œuvres de Gresset, avec le Parrain magnifique, poëme posthume du même auteur, 1811, 3 vol. in-8°, avec 9 grav. de Moreau le jeune, satiné et broché ... 36 »
Les mêmes, sans gravures, avec le portrait, 3 vol. in-8°, broché ... 15 »
Œuvres de Gresset. Londres 1780, 2 vol. in-8°, ornés de 7 jolies fig. ... 12 »
Les mêmes. Saint-Étienne 1790, 1 vol. in-12 ... 2 50
** Œuvres d'Antoine Hamilton, avec la suite des Facardins et de Zénéyde, par M. de Lévis, 4 vol. in-18, pap. fin ... 8 »
** Œuvres d'Ant. Hamilton, avec la suite des Facardins et de Zénéyde, par M. le duc de Lévis, 1812, 4 vol. in-8°, satiné, avec 12 belles grav. ... 36 »
Les mêmes, 4 vol. in-8°, sans grav. ... 20 »
** Œuvres complètes d'Helvétius, 14 vol. in-18, pap. vél. ... 35 »
Œuvres d'histoire naturelle et de philosophie, par Charles Bonnet, 10 vol. in-4°, fig. ... 108 »
** Œuvres d'Horace, traduites par MM. Campenon et Després, avec le commentaire de Galiani. Paris 1821, 2 vol. in-8° ... 15 »
** Œuvres complètes d'Horace, par N. E. Achaintre. Paris 1823, 3 vol. in-8° ... 30 »
** Œuvres d'Horace, traduites par Daru. Paris 1823, 2 vol. in-8° ... 14 »
** Œuvres complètes d'Horace, traduites en vers par Daru, 3ᵉ édition. Paris 1816, 2 vol. in-8° ... 10 »
** Œuvres d'Horace, traduites par Lemonnier, avec le texte latin, édition revue par Achaintre. Paris 1823, 3 vol. in-8° ... 20 »
** Œuvres d'Horace, traduites par MM. Campenon de l'Académie française, et Després, conseiller honoraire de l'université; accompagnées du commentaire de l'abbé Galiani, précédées d'un essai sur la vie et les écrits d'Horace, et de recherches sur sa maison de campagne, avec le texte en regard; ouvrage adopté par le conseil royal de l'université, 2 vol. in-8°, prix ... 15 »
Papier vélin ... 30 »
Œuvres d'Helvétius. Londres 1776, 4 vol. in-8°, portr. ... 18 »
Les mêmes. Paris 1818, 3 vol. in-8° ... 18 »

fr. c.

Œuvres philosophiques de F. Hemsterhuis. Paris 1809, 2 vol. in-8°, figures et fleurons, pap. vélin ... 28 –
Œuvres (traduction des) médicales d'Hippocrate. Toulouse 1801, 4 vol. in-8° ... 20 –
Œuvres philosophiques de Hobbes. Neufchatel 1787, 2 vol. in-8° ... 10 –
Œuvres d'Homère avec des remarques, par P. J. Bitaubé. Paris 1819, 4 vol. in-8° ... 24 –
Les mêmes. Paris 1819, 4 vol. in-12, portr. ... 12 –
Les mêmes, traduites par Dacier. Avignon 1805, 4 vol. in-12, fig. ... 10 –
Les mêmes, traduites par Gin. Paris 1784, 8 vol. in-12 ... 20 –
Les mêmes, traduction de Lebrun. Paris 1809, 4 vol. in-12. 12 –
Les mêmes, traduites en vers avec des remarques, par M. de Rochefort. Paris 1777, 3 vol. in-8°, gr. pap., fig. 60 –
Œuvres de Labruyère. Paris 1818, 3 vol. in-18, belle édition. 4 50
** Œuvres complètes de J. La Fontaine, 6 vol. in-8°, ornées de 25 fig. d'après Moreau le jeune, nouvelle édition, imprimée par P. Didot l'aîné, sur pap. d'Annonay satiné ... 54 –
Œuvres complètes de mesdames de la Fayette, de Tencin et de Fontaines, avec des notes, par Auger, nouvelle édition. Paris 1820, 5 vol. in-8°, fig. ... 25 –
Œuvres de théâtre de Lagrange-Chancel. Paris 1758, 5 vol. in-12 ... 12 50
** Œuvres de Laharpe. Paris 1820, 16 vol. in-8°, portraits. 90 –
Les mêmes, pap. fin satiné ... 104 –
Œuvres d'Écouchard Lebrun, mises en ordre et publiées par Ginguené. Paris 1811, 4 vol. in-8°, fig. ... 24 –
Œuvres de Lefranc de Pompignan. Paris 1755, 3 vol. in-12, pet. pap. ... 4 –
Œuvres de Legrand. Paris 1770, 4 vol. in-12 ... 10 –
Œuvres de Léonard. Paris 1787, 2 vol. in-18, p. p. fin, fig. 6 –
Les mêmes. Avignon 1798, 3 vol. in-18 ... 4 50
Œuvres de Léonard, recueillies et publiées par Campenon. Paris 1798, 3 vol. in-8° ... 15 –
** Œuvres de Le Sage, nouvelle édition, précédée d'une notice sur sa vie et ses ouvrages, par M. Audiffret. Paris 1821, 12 vol. in-8°, portrait ... 60 –
Les mêmes, 12 vol. satinés ... 66 –
Les mêmes, en pap. vélin satiné ... 120 –
Œuvres de Lesage. Paris 1810, 14 vol. in-12, ornés de 40 fig. et de musique ... 64 –
Les mêmes, 16 vol. in-18, fig. et musique ... 36 –

Les différents ouvrages se vendent séparément.

Œuvres complètes de Lesage et de l'abbé Prévost, nouv. édit. Paris 1816, 53 vol. in-8°, fig. ... 275 –
On vend séparément les œuvres de Lesage, 16 vol. in-8°, fig. ... 96 –
Œuvres de Lauzun. 6 vol. in-12 ... 18 –
Œuvres complètes de Mably. Paris 1796, 12 vol. in-8° ... 36 –
Les mêmes, 12 vol. in-8°, gr. pap. ... 60 –
Les mêmes, 24 vol. in-18 ... 24 –
Œuvres posthumes de Marmontel. Paris 1806, 11 vol. in-12. 30 –
** Œuvres de Clément Marot, nouvelle édition, revue sur toutes celles qui l'ont précédée, avec des notes historiques et un glossaire des vieux mots, par M. P.-R. Auguis. 5 forts vol. in-8° ... 20 –
Œuvres pastorales de Meyghen, traduites de l'allemand. Paris 2 vol. in-18, fig. ... 4 –
** Œuvres complètes de Millevoye. Paris 1822, 4 vol. in-8°, portr. ... 26 –
Œuvres de l'abbé Millot, comprenant l'histoire générale ancienne et moderne, l'histoire d'Angleterre et l'histoire de France, nouvelle édition, continuée jusqu'en 1816, par Millon et Delisle de Sales. Paris 1820, 10 vol. in-8° ... 70 –
Les mêmes, 18 vol. in-12 ... 40 –
** Œuvres de Mirabeau, nouv. édit. Paris 1821, 8 vol. in-8°. 52 –
On vend séparément :
Essai sur le despotisme, et considérations sur l'ordre de Cincinnatus, 1 vol. ... 7 –
Lettres (des) de cachet, 1 vol. ... 7 –
Histoire secrète de la cour de Berlin, 1 vol. ... 7 –
Dénonciation de l'agiotage, et observations sur Bicêtre, 1 vol. ... 5 –
Avis aux Hessois, aux Bataves, et lettres sur l'invasion des Provinces-Unies, 1 vol. ... 7 –
Lettres à Sophie, écrites du donjon de Vincennes, 3 vol. ... 21 –
** Œuvres complètes de Molière, avec les notes de tous les commentateurs, recueillies et mises en ordre par M. Aimé-Martin; nouv. édition, imprimée sur grand raisin vélin satiné, par J. Didot l'aîné, ornée de très-belles vignettes d'après nos meilleurs maîtres. 8 vol. in-8° ... 80 –
** Œuvres de Molière, avec des réflexions sur chacune des pièces, précédées d'un discours sur les mœurs du 17e siècle et de la vie de Molière, par Petitot. Paris 1822, 6 vol. in-8°, portr. et 12 fig. ... 42 –
Œuvres de Molière. Paris 1766, 8 vol. in-12, p. p. ... 12 –
Les mêmes. Rouen 1787, 8 vol. in-18, fig. ... 8 –
Les mêmes, avec les commentaires de Voltaire. Amsterdam 1765, 6 vol. in-12, fig. ... 15 –
Les mêmes. Paris, 6 vol. in-18 ... 10 –
Les mêmes, avec des remarques grammaticales, par Bret. Paris 1821, 6 vol. in-8° ... 42 –
Œuvres de Moncrif. Paris 1791, 2 vol. in-8°, fig. ... 8 –
** Œuvres complètes de Montesquieu, avec les notes d'Helvétius, Condorcet et D'Alembert, et suivies du Commentaire de M. Destutt-Tracy sur l'esprit des lois. Paris 1822, 8 vol. in-8°, la plus complète et la meilleure de toutes les éditions. 24 –
Le même, pap. vélin ... 100 –
Le même, grand pap. vél., fig. ... 168 –
Œuvres complètes de Montesquieu, précédées de la vie de l'auteur, nouv. édit. Paris 1820, 5 vol. in-8°, fig. ... 30 –
** Les mêmes, 6 vol. in-8° ... 36 –
Les mêmes. Paris 1816, 6 vol. in-8°, pap. vélin, fig. ... 72 –
Les mêmes. Paris 1796, 5 vol. in-4°, grand raisin vélin, cartes et fig. ... 100 –
Les mêmes, 8 vol. in-18 ... 16 –
Œuvres de Nivernois. Paris 1807, 10 vol. in-8° ... 45 –
Les mêmes, pap. vél. ... 90 –
Œuvres posthumes de Nivernois, publiées par N. François de Neufchâteau. Paris 1807, 2 vol. in-8° ... 5 –
Œuvres de Nollet, contenant la physique et l'électricité. Paris 1753, 18 vol. in-12, fig. ... 40 –
** Œuvres d'Ovide, trad. par de Saint-Ange. Paris, 7 vol. in-12. 21 –
On vend séparément :
Métamorphoses, 4 vol. in-12 ... 12 –
L'art d'aimer, 1 vol. in-12 ... 3 –
Le remède d'amour, 1 vol. in-12 ... 2 50
Les fastes, 1 vol. in-12 ... 3 60
Œuvres d'Ovide, traduites en français par Banier, Renouard, Kervillars, etc., publiées par Poncelin. Paris 1799, 7 vol. in-8°, fig. ... 35 –
Œuvres de M. Palissot. Paris 1788, 4 vol. gr. in-8°, fig. ... 30 –
Œuvres choisies de Panard, données par Armand-Gouffé. Paris 1803, 3 vol. in-18, portr. ... 4 –
Les mêmes, 3 vol. in-18, pap. fin ... 6 –
Œuvres d'Étienne et de Nicolas Pasquier. Amsterdam 1723, 2 vol. in-folio ... 30 –
Œuvres érotiques de Pezai. Paris 1796, 2 vol. in-18, p. p. 3 50
Œuvres du philosophe Sans-Souci. Neufchâtel 1760, 4 vol. in-12 ... 8 –
** Œuvres de L.-B. Picard, de l'académie française, 10 v. in-8° de 500 pages, ornés du portrait de l'auteur. Prix de chaque volume satiné ... 8 –
Il a été tiré quelques exemplaires sur très-beau papier vélin; ces exemplaires sont ornés de deux portraits, dont l'un à l'eau-forte. — Le prix est double.
Œuvres choisies de Piis. Paris 1810, 4 vol. in-8° ... 60 –
Œuvres choisies d'Alexis Piron, précédées d'une notice histo-

** Œuvres complètes de Voltaire, nouvelle édition, 66 vol. in-8°, Renouard. 340
Les mêmes, avec 160 gravures, satiné. 506
Les mêmes, 66 vol. grand pap. vél. d'Annonay, avec 160 gravures, satiné. 800
Les mêmes, avec gravures avant la lettre. 950

Cette édition, maintenant terminée, et plus ample que toutes celles qui la précèdent, contient entre autres augmentations, dans la seule correspondance, 1497 lettres de plus que les éditions de Kehl et ses nombreuses copies. Toutes les autres parties ont reçu des améliorations non moins importantes. L'ordre des matières a été de beaucoup rectifié, la correction a été l'objet d'une attention toute particulière. Quant à l'exécution typographique, on laisse au lecteur le soin de la juger et d'en savoir gré à l'imprimeur qui l'a si habilement conduite. On se bornera à faire remarquer que ces 66 volumes ont le rare avantage d'être tous imprimés sur un papier bien collé et d'une qualité parfaitement égale.

Quoique rien n'ait été épargné, cette édition est d'un prix extrêmement modique; sans gravures chaque volume est de cinq francs seulement. Elle coûte 146 francs de plus si l'on y ajoute les 160 grav. de Moreau le jeune.

Les tables, en 2 vol. in-8°, et formant les tomes 67 et 68, seront bientôt mises en vente.

Les mêmes, édition dite de Beaumarchais. Kehl, 70 vol. in-8°, grand p. vél. superbe édit. 630
Les mêmes, 92 vol. in-12, pap. ordin. 230
Les mêmes, 92 vol. in-12, beau pap. 276

Œuvres choisies de Voltaire. 21 vol. in-12 et in-8°, dont 9 vol. de théâtre, et 12 contenant ce qui suit:
La Henriade, 1 vol.
La Pucelle, 1 vol.
Épîtres et poëmes, 1 vol.
Contes et Satires, 1 vol.
Romans, 3 vol.
Siècles de Louis XIV et de Louis XV, 3 vol.
Histoire de Charles XII, 1 vol.
Histoire de Russie, 1 vol.

Chacun de ces 21 vol. coûte:
in-12. 1
in-8°. 3 50
in-8°, pap. vélin. 7 50

On peut y ajouter 99 gravures de Moreau, savoir:
Dans la Henriade. 21 pièces. 21
Pucelle. 22. 22
Contes. 6. 6
Romans. 27. 27
Siècles de Louis XIV, etc. 20. 20
Charles XII. 2. 2
Histoire de Russie. 1. 1

Offices de Cicéron, en latin et en français, trad. de Barrett, nouv. édit. Paris 1803, in-12. 2
Olivier, poëme, par Cazotte. Paris 1798, 2 vol. in-18, fig. 6
Onanisme (l'), dissertation sur les maladies produites par la masturbation, par Tissot. Paris 1820, in-12. 1 50
Opéra (de l') en France, par Castil-Blaze. Paris 1820, 2 vol. in-8°. 13
Opérations des changes des principales places de l'Europe, par Ruelle. Lyon 1775, in-8°. 5
Opinions des anciens sur les Juifs, suivies de réflexions impartiales sur l'Évangile, par Mirabaud. Londres 1769, 2 vol. in-8°, g. p. 4
Opuscules de chirurgie sur l'utilité et l'abus de la compression et les propriétés de l'eau froide et chaude dans la cure des maladies chirurgicales, par Lombard. Paris 1786, in-8°. 3
** Opuscules de Franklin, en anglais et en français, petit in-8°, pap. vél., avec portr. 4

Oraisons (les) choisies, les Catilinaires et les livres de la vieillesse et de l'amitié de Cicéron, latin-français. Lyon 1806, 3 vol. in-12. 7 50
Les mêmes, traduction revue par Wailly, avec le texte en regard. Lyon 1812, 4 vol. in-12. 10
Ordonnance du commerce de mars 1673, et ordonnance de la marine du mois d'août 1681. Bordeaux 1800, in-18. 1
Origine de tous les cultes, ou religion universelle, par Dupuis. Paris 1795, 12 vol. in-8° et atlas. 72
Origine de l'imprimerie, suivie de l'histoire de la stéréotypie, par Lambinet. Paris 1810, 2 vol. in-8°, fig. 12
Origine (de l') des lois, des arts et des sciences, et de leurs progrès chez les anciens peuples, par A. Y. Goguet, 6° édit. Paris 1820, 3 vol. in-8°, avec fig. et tabl. 21
Origines (les), ou l'ancien gouvernement de la France, de l'Allemagne et de l'Italie. La Haye 1789, 3 vol. in-8°. 15
Ornemens de la mémoire, ou traits brillants des poëtes français les plus célèbres, par Alletz. Paris 1817, in-18. 2

** Palais (le) de Scaurus, ou description d'une maison romaine; fragment d'un voyage fait à Rome vers la fin de la République, par Mérovir, prince des Suèves, 1 vol. in-8°, figures par Mazois. 10
Palmyre, ou l'éducation, par madame de Renneville. Paris 1820, 2 vol. in-12, ornés de 12 jolies figures. 8
Panégyrique de Trajan, par Pline le jeune, traduit par de Sacy. Paris 1772, in-12. 2
Panorama de l'univers, ou géographie générale et historique, mise en vers par Capinaud. Paris 1819, in-8°. 5
Paradis (le) perdu de J. Milton, traduit de l'anglais par J. Mosneron, 4° édition. Paris 1811, in-12, portraits. 3
Parafagaramus ou Cinquemillème et sa famille. Paris 1817, in-18, fig. 1 50
Parallèle des religions, par le père Brunet, auquel on a joint la géographie sacrée de P. Romain Joly. Paris 1792, 6 vol. in-4° ornés de 96 planches. 60
Parfait bouvier, contenant la connaissance des bœufs et des vaches, leur âge, maladies et symptômes, avec les remèdes les plus expérimentés propres à les guérir; augmenté de deux traités pour les moutons et les porcs, ainsi que de plusieurs remèdes pour les chevaux, 1 vol. in-12. 2 50
** Parfait cuisinier, ou le Bréviaire des gourmands, par Reinebault, et revu par Borel. Paris 1822, in-12, avec figures. 3
Parfait (le) modèle, in-18. 1 75
Parfumeur (le) impérial, par C. F. Bertrand. Paris 1809, in-8°. 6
Paris, St-Cloud et les Départemens, ou Bonaparte, sa famille et sa cour; recueil d'anecdotes secrètes sur quelques personnages qui ont marqué au commencement du dix-neuvième siècle, 2° édition. Paris, 1820, 3 vol. in-8°. 15
Parnasse latin moderne, ou choix des meilleurs morceaux des poëtes latins, par Brunel. Lyon 1808, 2 vol. in-12. 6
Paroles (les) mémorables des grands hommes. Paris 1802, 2 v. in-18. 3
Particularités et observations sur les ministres des finances les plus célèbres, par Monthion. Paris 1812, in-8°. 6
Des partisans et des corps irréguliers, ou manière d'employer avec avantage les troupes légères, par M. Le Mière de Corvey, 1 vol. in-8°. 6
Passe-temps instructifs, ou recueil d'apologues et de contes, par Fréville. Paris 1822, 1 vol. in-12, fig. 3 50
Passe-temps (le) de la jeunesse, ou contes moraux, traduits de l'anglais, par Berquin. Paris 1818, 2 vol. in-18, fig. 5
Passion (de la) du jeu, par Dusaulx. Paris 1779, 1 vol. in-8°. 6
Pâtisserie (la) de santé, par Jourdan Lecointe. Paris 1792, 2 vol. in-12, fig. 5
Paul (le petit), ou l'éducation villageoise, par mad. Langlois. Paris 1822, in-18, fig. 1 50
Peintre (le) graveur, par Bartsch. Vienne 1803, 3 v. in-8°, fig. 16

Pensées [illegible], par M. [illegible], traduit par M. [illegible]. Amsterdam [illegible], in-8 [illegible]

Pensées de Sénèque, traduites par [illegible]. Lyon [illegible]

Pensées (les) de Cicéron, avec une table, 1 vol. in-18 [illegible]

In-12, pap. [illegible], portrait [illegible]

Pensées de Marc-Aurèle, traduit du grec, par de Joly, in-8°, pap. vél. [illegible]

Pensées d'Oxenstiern sur divers sujets, avec les réflexions morales du même auteur. Paris [illegible]

Pensées de Pascal. Avignon [illegible], 1 vol. in-8° [illegible]

Pensées de Pascal sur la religion et quelques autres sujets. Paris [illegible]

Les mêmes, avec des notes de Voltaire, édition [illegible], 1 vol. in-18 [illegible]

Pensées de Pope. Paris [illegible], in-8°, pap. [illegible]

Pensées de J. J. Rousseau. Genève [illegible]

Pensées et maximes de J. J. Rousseau, nouvelle édition. Paris [illegible]

Pensées et maximes de Voltaire, recueillies par [illegible]. Paris [illegible], in-18 [illegible]

[illegible]

Polichinelle instituteur, par mad. de Renneville. Paris 1820, in-18, fig. 1 50
Politicon, ou choix des meilleurs discours sur tous les sujets de politique, par Palestrier-Guillot. Paris 1792, 6 vol. in-8° .... 18 »
Politique d'Aristote, traduite du grec avec des notes et des éclaircissements, par Ch. Millon. Paris 1803, 3 vol. in-8°, port. .... 15 »
Politique (la) naturelle, ou discours sur les vrais principes du gouvernement. Londres 1773, 2 vol. in-8° .... 9 »
Pomponius Mela, trad. en français, par Fradin, latin-français. Paris 1804, 3 vol. in-8°, cartes .... 15 »
Portefeuille (mon), ou recueil de mes opuscules, par Legret. Bordeaux 1806, in-12, pap. vél. 2 50
** Portraits des personnages les plus célèbres de la révolution française, et *fac-simile* de leur écriture, avec les caricatures les plus piquantes et les plus remarquables de l'époque (par livraisons), chaque livraison 3 50
Pour et contre la Bible, par Sylvain Maréchal. Jérusalem 1801, in-8° .... 4 »
** Prairies (des) artificielles d'été et d'hiver, de la nourriture des brebis, par C. J.-M. Lullin, 2e édit. 1 vol. in-8° 6 50
** Praticien (le) français, ou jurisprudence des cours de cassation et d'appel sur la procédure civile et commerciale, par Bavoux et Loiseau. Paris 1806, 8 vol. in-8° .... 4 »
Pratique moderne de la chirurgie, par Ravaton, 4 vol. in-12, fig. .... 8 »
Pratique (la) du jardinage, par Roger Schabol, nouvelle édit. Paris 1781, 2 vol. in-12, fig. .... 8 »
Pratique (nouvelle) abrégée du pilotage, par Bigard. Rochefort 1784, in-12 .... 1 50
Préceptes pour l'éducation des deux sexes, à l'usage des familles chrétiennes, par Blanchard. Lyon 1803, 2 vol. in-12, fig. .... 5 »
Précepteur (le) des enfants, ou livre du second âge, par Mad. de Renneville, 2e édition. Paris 1822, in-12, fig. 2 50
** Précis historique des événements politiques et militaires qui ont amené la révolution d'Espagne, par Jullian. Paris, in-8° .... 6 »
Précis de l'histoire de France, par Mentelle. Paris 1802, in-12 .... 1 50
** Précis ou histoire abrégée des guerres de la révolution française, depuis 1792 jusqu'à 1815, par Tissot. Paris 1821, 2 vol. in-8° .... 12 »
** Précis historique des campagnes de l'an 4 et de l'an 5, contenant le récit de toutes les opérations de cette armée commandée par le général Moreau, etc., par Dedon aîné, général de division. Paris, 1 vol. in-8°, avec carte 4 50
** Précis de l'histoire politique et militaire de l'Europe, depuis 1793 jusqu'en 1819, contenant les guerres de la révolution, la chute de Napoléon et la restauration des Bourbons, par Higland. Paris, 3 vol. in-8° .... 15 »
** Précis historique sur les révolutions du royaume de Naples et du Piémont en 1820 et 1821, 2e édition. Paris 1821, 1 vol. in-8° 4 50
** Précis de l'histoire universelle, ou tableau historique présentant les vicissitudes des nations, leur décadence et leurs catastrophes, depuis le temps où elles ont commencé à être connues jusqu'à la fin du 18e siècle, par Anquetil, nouv. édit. Paris 1821, 12 vol. in-12 .... 25 »
Le même. Paris 1818, 8 vol. in-8° .... 48 »
Précis historique sur le droit romain, in-18 .... 1 »
Précis d'histoire romaine, d'histoire de France, de géographie et de mythologie, à l'usage de la jeunesse. Paris 1817, 2 vol. in-12 .... 7 »
Précis d'une nouvelle théorie sur les maladies chroniques, par Delahaye. Paris 1801, in-12 .... 2 »
Précis de matière médicale, par Lieutaud. Avignon 1793, 4 vol. in-12 .... 8 »
Précis de matière médicale, par Venel, avec des notes, par Carrère. Paris 1787, 2 vol. in-8° .... 10 »

Précis de médecine pratique, par Lieutaud. Rouen 1787, 4 vol. in-12 .... 8 »
Précis d'observations de chirurgie faites à l'Hôtel-Dieu de Lyon, par Cartier. Lyon 1802, in-8° .... 4 »
** Précis des opérations générales de la division française du Levant, chargée pendant les années 5, 6 et 7 de la défense des îles et possessions ex-vénitiennes de la mer Ionienne formant aujourd'hui la république des Sept-Iles. Cet ouvrage contient des observations politiques, topographiques et militaires sur les îles Ioniennes, sur Ali, pacha de Janina, et sur la Basse-Albanie; il est orné d'une carte géographique de l'île de Corfou et du territoire de Butrinto, par Bellaire. Paris 1805, 1 vol. in-8° .... 5 »
Précis historique sur le feld-maréchal comte Souwarow, par Guillaumanches-Duboscage. Hambourg 1808, in-8° .... 6 »
Précis de la vie publique du duc d'Orléans. Londres 1826, in-8° .... 1 »
Prescience, in-12, fig. .... 1 »
Présent (le) maternel, ou magasin amusant et instructif pour la jeunesse, traduit de l'anglais par Bertin. Paris 1817, 2 vol. in-18, fig. .... 3 »
Princes célèbres qui ont régné dans le monde. Paris 1769, 2 vol. in-12 .... 6 »
Principes d'administration publique, par Bonnin. Paris 1812, 3 vol. in-8° .... 18 »
Principes d'économie politique, considérés sous le rapport de leur application pratique, par Malthus, traduits de l'anglais, par Constancio. Paris 1820, 2 vol. in-8° .... 14 »
Principes (des) de l'économie politique et de l'impôt, par D. Ricardo, traduits de l'anglais par Constancio, avec des notes, par J.-B. Say. Paris 1819, 2 vol. in-8° .... 12 »
Principe (du vrai) actif de l'économie politique, ou du vrai crédit public. Londres 1797, in-8° .... 3 »
Principes des écritures anglaise et française, par Bourgeon. Paris 1811, in-8° 1 25
Principes de législation, 2 vol. in-8° .... 10 »
Principes de la grammaire française, par Chalbos. Paris 1802, 2 vol. in-12 .... 3 »
Principes généraux et raisonnés de la grammaire française, avec des observations sur l'orthographe, les accents, la ponctuation et la prononciation, et un abrégé des règles de la versification, par Restaut; nouv. édit. Paris 1811, in-12 .... 2 50
Principes de l'histoire, par Lenglet-Dufresnoy. Amsterdam 1736, 6 vol. in-8°, p. p. .... 20 »
Principes d'hygiène et de médecine, par Pouderous. Toulouse 1805, in-12 .... 2 50
Principes (nouveaux) de la langue allemande, par Junker. Paris 1802, in-8° .... 5 »
Principes généraux et particuliers de la langue française, suivis d'un abrégé de versification, par Wailly. Paris, in-12 .... 3 »
Principes de littérature à l'usage des élèves de l'École militaire. Paris 1785, 1re, 3e et 6e parties, in-12 .... 4 50
Principes de logique et de grammaire générale, à l'usage de l'École militaire. Paris 1777, in-12 .... 2 50
Principes mathématiques de J. A. de Cunha, traduits par d'Abreu. Bordeaux 1811, in-8° .... 6 »
Principes de morale, tirés des anciens et des modernes, par Lepileur d'Apligny. Paris 1781, in-12 .... 3 »
Principes de la philosophie du botaniste, par Helvétius. Paris 1758, in-8° .... 6 »
Principes physico-chimiques, par Brisson, 2 vol. in-8° .... 5 »
** Principes du droit de la nature et des gens, par Burlamaqui. Paris 1821, 2 vol. in-8° .... 10 »
** Principes de grammaire générale mis à la portée des enfans, et propres à servir d'introduction à l'étude de toutes les langues, par A. I. Silvestre de Sacy, 4e édit. Paris 1822, in-12 .... 2 50
** Principes de grammaire française de Lhomond, 2 vol. in-18 .... 3 »
** Principes raisonnés d'agriculture, traduit de l'allemand d'A. Thaer, par E. V. B. Crud, 4 vol. in-4°, avec fig. et tabl. .... 50 »

2e édition, augmentée de cinq nouveaux mémoires inédits, et de 9 pl., par Lesage, 2 vol. in-4°, gr. pap. ... 36 »
** Recueil de faits relatifs à l'intelligence humaine, 1817, in-8° ... 2 »
Recueil des lettres de Voltaire, 2 vol. in-12 ... 3 »
Recueil précieux de la maçonnerie adonhiramite. Philadelphie 1817, 6 vol. in-18 ... 7 50
Les mêmes. 3 vol. in-12, gr. pap. ... 3 50
Recueil de mémoires et observations pratiques sur l'épizootie, par Barberet, avec des notes, par Bourgelat. Paris 1808, in-8° ... 4 »
** Recueil d'observations géodésiques, astronomiques et physiques, exécutées par ordre du bureau des Longitudes, en Espagne, en France, en Angleterre et en Écosse, etc., faisant suite au tome troisième de la base métrique, par MM. Biot et Arago. 1821, 1 vol. in-4°, avec fig. ... 21 »
Recueil philosophique, ou mélanges de pièces sur la religion et la morale. Londres 1770, 2 vol. in-8°, p. p. ... 5 »
Recueil de diverses pièces sur la philosophie et la religion naturelle, par Leibnitz, Clarke et Newton. Lausanne 1759, 2 vol. in-12 ... 5 »
** Recueil de poésies, 1822, par Firmin Didot, 1 [illegible] vol. in-12 ... 4 »
Papier vélin ... 8 »
Ce recueil contient : Annibal, tragédie en 3 actes.
** Recueil de tables utiles à la navigation, par Norie, traduit de l'anglais par Violaine, in-8° ... 9 »
Recueil amusant de voyages, en vers et en prose. Paris 1786, 9 vol. in-12, p. p. ... 14 »
Réflexions sur la doctrine du phlogistique et la décomposition de l'eau, par Priestley; traduites de l'anglais, par Adet. Paris 1798, in-8° ... 3 »
** Réflexions sur la fabrication en général des bouches à feu, auxquelles ont donné lieu les épreuves extraordinaires et comparatives de diverses espèces de bouches à feu, qui ont été faites à Douay, en 1786, par ordre du ministre de la guerre. Nouvelle édition, revue et augmentée, par le comte de La Martillière. Paris 1812, 1 vol. in-8°, avec une pl. ... 3 50
Réflexions critiques sur la poésie et la peinture, par Dubos. Paris 1770, 3 vol. in-12 ... 6 »
Réflexions sur la réorganisation des haras, l'amélioration des chevaux et le rétablissement des manéges; suivies d'un plan organique, par [illegible]. Paris 1805, in-8° ... 3 »
Réflexions sur la révolution, par [illegible], in-8° ... 4 »
Réflexions sur la révolution espagnole, in-8° ... 1 »
Réflexions sur le suicide, suivies de la défense de la reine, publiée en 1793, par Mad. de Staël-Holstein. Paris 1814, 1 vol. in-8° ... 3 »
Réfugiés espagnols, 2 vol. in-12 ... 2 »
Règlement pour l'infanterie, in-8° ... 2 »
Règlement concernant l'exercice et les manœuvres de l'infanterie. Lille 1814, 2 vol. in-12, dont 1 de pl. ... 6 »
Règlement provisoire pour le service des troupes en campagne. 1810, in-12, fig. ... 2 50
Règlement (extrait du) pour le service des troupes en campagne. Lille 1810, in-12, fig. ... 1 50
Règne (le) de Louis XI, considéré comme une des principales époques de la monarchie française, par [illegible], 4e édit. Paris 1819, in-8° ... 4 »
Règnes (les trois) de la nature, par J. Delille, avec notes de Cuvier. Paris 1808, 2 vols. in-8°, gr. pap. vél. ... 30 »
Régulateur (le) du maçon, 9 cahiers in-4° ... 9 »
** Régulus, tragédie, par M. Arnault fils. Paris 1823, in-8°, fig. ... 3 50
Relation circonstanciée de la campagne de 1813 en Saxe, traduite de l'allemand de M. le baron d'Odeleben, par M. Aubert de Vitry. Paris 1817, 2 vol. in-8° ... 12 »
Relation de l'expédition de Portugal en 1807 et 1808, par Thiébault. Paris 1817, in-8°, avec cartes ... 6 »
** Relations des principaux siéges faits ou soutenus en Europe par les armées françaises, depuis 1792; rédigées par MM. les officiers généraux et supérieurs du corps du génie qui en ont conduit l'attaque ou la défense; précédées d'un précis historique et chronologique des guerres de la France depuis 1792 jusqu'au traité de Presbourg en 1806, par V. Musset-Pathay, chef des bureaux du comité central du génie et du dépôt des archives des fortifications, secrétaire particulier de S. Exc. le premier inspecteur général du génie. Paris 1806, 2 vol. in-4°, dont un de planches ... [illegible]
** Relation de la surprise de Berg-op-Zoom le 8 et le 9 mars 1814, avec un précis du blocus et des événemens qui l'ont amené, etc., par Legrand. Paris 1816, 1 vol. in-8°, avec une carte ... 2 50
Relation du voyage de la mer du Sud aux côtes du Chili, du Pérou et du Brésil, par Frezier. Amsterdam 1717, 2 vol. in-12 ... 6 »
Religion (la) considérée comme l'unique base du bonheur et de la véritable philosophie, par madame de Genlis, in-12 ... 3 »
Religion (la vraie) démontrée par l'Écriture sainte, traduite de l'anglais par G. Burnet. Londres 1767, in-8°, p. p. ... 1 50
Religion (la) et la Grâce, poëmes par L. Racine, édit. Cazin, 2 vol. in-18 ... 2 »
Les mêmes, nouvelle édition, 2 vol. in-18 ... 1 50
** Remarques philosophiques et grammaticales sur le Dictionnaire de l'Académie française, 1807, in-8° ... 6 »
** Répertoire bibliographique universel, par Peignot, in-8° ... [illegible]
Répertoire universel de législation commerciale, intérieure et maritime de l'empire, par Dunhamon. Paris 1810, 2 vol. in-8° ... 15 »
Répertoire universel et raisonné de jurisprudence civile, criminelle, canonique et bénéficiale, par Guyot. Paris 1784, 17 vol. in-4° ... 150 »
Répertoire général du théâtre français, premier et second ordre. Paris 1813, 51 vol. in-12 ... [illegible]
Le même, 67 vol. in-18 ... [illegible]
Le même, second ordre, 20 vol. in-18 ... [illegible]
** Répertoire des théâtres étrangers, format in-8°, petit texte, traduits en français par une société d'hommes de lettres.
Shakespeare en 12 vol. de 17 à 18 feuilles chacun ... 30 »
Schiller, 6 volumes de 11 à 12 feuilles ... 15 »
Alfieri, 4 vol. ... 12 50
Chefs-d'œuvre du théâtre anglais, 4 vol. ... 10 »
Chefs-d'œuvre du théâtre espagnol, 2 vol. ... 5 »
Ces divers théâtres se vendent séparément. — Le prix est double pour les exemplaires vélin.
Cette collection est complète en vingt-neuf volumes.
** République (la) de Cicéron, d'après le texte inédit, récemment découvert, et commenté par M. Mai, bibliothécaire du Vatican, avec une traduction française, un discours préliminaire et des dissertations historiques, par M. Villemain. Paris 1823, 2 vol. in-8° ... 15 »
Résumé d'un cours élémentaire de géographie physique ... 5 »
** Résumé de l'histoire de France, par Félix Bodin, 4e édition. Paris 1824, in-18 ... 3 »
Retour (le) des vendanges, contes moraux à l'usage des enfants des différents âges, par madame de Renneville. Paris 1820, 4 vol. in-18, avec 96 pl. grav. ... 6 »
Rêveries sur la nature primitive de l'homme, sur ses sensations, sur les moyens de bonheur qu'elles lui indiquent, etc., par P. T. Senancourt, 2e édition. Paris 1809, in-8° ... 5 »
Révolutions de Constantinople en 1807 et 1808, précédées d'observations générales sur l'état actuel de l'empire ottoman, par Juchereau. Paris 1821, 2 vol. in-8° ... 12 »
Révolutions de l'empire ottoman, par Chénier. Paris 1789, in-4° ... [illegible]
Révolutions (histoire des) de Gênes. Paris, 3 vol. in-12 ... 7 50
Révolutions de Portugal, par Vertot. Avignon 1808, in-12 ... 1 »
Les mêmes. Toulouse 1797, in-18 ... [illegible]
Révolutions romaines, par Vertot. Paris 3 vol. in-12, bonne édition ... [illegible]

Système de la nature, ou les lois du monde physique et du monde moral, par le baron d'Holbach; nouv. édition avec des notes et des corrections par Diderot. Paris 1820, 1 vol. in-8° ... 12 »

Table (la) de Boston, ou contes à mes enfants. Paris, 4 vol. in-18, avec 8 fig. ... 5 »
Table alphabétique du code de procédure civile. Paris 1807, in-8° ... 1 50
** Table des diviseurs pour tous les nombres du premier, du deuxième et troisième million, avec les nombres premiers qui s'y trouvent, par Burckhardt, grand in-4°, papier vél. 1817 ... 36 »
Chaque million se vend séparément, savoir : le premier million 15 fr., le deuxième et le troisième chacun 12 fr.
Table générale de l'histoire ecclésiastique de Fleury. Nîmes, 1 vol. in-8° ... 6 »
Table de logarithmes, in-12 ... 3 »
Table alphabétique et raisonnée des matières contenues dans le code civil. Paris 1807, in-8° ... 1 50
Tableau de l'agriculture toscane, par Sismondi. Genève 1801, in-8° ... 4 »
Tableau de l'amour conjugal, par N. Venette. Paris 1795, 2 vol. in-12, fig. ... 4 »
Le même, nouvelle édit. Paris 1818, 2 vol. in-12 ... 5 »
Tableau élémentaire de botanique, par S. Gérardin. Paris 1805, in-8° ... 6 »
** Tableau du commerce de la Grèce, par Félix Beaujour, 2 vol. in-8° ... 7 »
Tableau de l'économie animale, ou nouvel abrégé de physiologie du corps humain, par Bidermann. Paris 1778, in-12 ... 2 50
Tableau de l'enfance, ou petite revue des défauts et des qualités des enfants, par Madame de Renneville. Paris 1820, in-18, fig. ... 1 50
Tableau des exercices de l'enseignement à l'usage d'un pensionnat de jeunes demoiselles, par Caillot. Paris 1818, 2 vol. in-12, fig. ... 6 »
Tableau de M. le comte de Forban, ou la mort de Pline l'Ancien et Inès de Castro, par Madame de Genlis, in-8, fig. ... 3 »
Tableau philosophique du genre humain, depuis l'origine du monde jusqu'à Constantin, traduit de l'anglais. Londres 1770, in-8° p. p. ... 2 50
Tableau de la Grande-Bretagne, de l'Irlande et des possessions anglaises dans les quatre parties du monde. Paris 1801, 4 vol. in-8°, fig. ... 24 »
** Tableaux historiques et politiques des anciens gouvernements de Berne et de Zurich, par Schmidlin; 1810, in-8°, broch. ... 6 »
** Tableaux chronologiques de l'histoire ancienne et moderne, pour l'instruction de mon fils, par J. Ch. Thouret. Paris 1821, 1 vol. in-fol. obl. ... 15 »
Tableau de l'histoire moderne par Méhégan. Paris 1778, 3 vol. in-12 (rare) ... 9 »
Tableau de la littérature en Europe, par Leuliette. Paris 1809, in-8° ... 5 »
Tableau historique de l'esprit et du caractère des littérateurs français. Paris 1785, 4 vol. in-8°, pap. fin ... 22 »
Tableau des mouvemens des corps célestes, par Dionis Duséjour, 2 vol. in-4° ... 30 »
Tableau historique de l'état et des progrès de la littérature française depuis 1789, par M. J. Chénier. Paris 1818, in-8° ... 6 »
Le même, nouvelle édit. Paris 1821, in-18 ... 3 »
Tableau historique des nations, ou rapprochement des principaux événements arrivés à la même époque sur la surface de la terre, par Jondot. Paris 1808, 4 vol. in-8° ... 24 »
Tableau des phénomènes de l'air, par Sigaud de Lafond, in-8. ... 6 »
** Tableau de l'intérieur des prisons de France, ou études sur la situation et les souffrances morales et physiques de toutes les classes de prisonniers ou détenus, par J.F.-T. Ginouvier. 1 vol. in-8° ... 4 50
** Tableau historique des progrès de la civilisation en France depuis l'origine de la monarchie jusqu'à nos jours, par C. Desmarais ... 3 50
Tableau historique des propriétés et des phénomènes de l'air, par Roulland. Paris 1784, in-8° ...
Tableau des révolutions de la littérature ancienne et moderne, par Cournand. Paris 1786, in-8° ... 4 50
** Tableau des révolutions du système politique de l'Europe depuis la fin du quinzième siècle, par Ancillon. Nouvelle édition, 4 vol. in-8° ... 24 »
Tableau des saints, ou examen de l'esprit, de la conduite, des maximes et du mérite des personnages que le christianisme révère et propose pour modèles. Londres 1770, 2 vol. in-8, p. p. ... 9 »
Tableau des systèmes de botanique, généraux et particuliers, par Mouton-Fontenille. Lyon 1798, in-8° ... 6 »
Tableau physique et topographique de la Tauride, pour faire suite aux voyages de Pallas. Paris 1798, in-4° ... 4 »
Le même, 1 vol. in-8° ... 2 50
Tableau de l'univers, ou géographie universelle. Paris 1788, 4 vol. in-12, cartes ... 8 »
Tableau des vents, des marées et des courants, observés sur toutes les mers du globe, par Romme. Paris 1806, 2 vol. in-8°, fig. ... 15 »
Tables chronologiques des diplômes et chartes des rois de France, par Bréquigny. Paris, imprimerie royale, 1769, 3 vol. in-fol. ... 72 »
Tables générales de la hauteur et de la longitude du nonagésime, par Lévêque. Avignon 1776, 2 vol. in-8° ... 10 »
** Tables abrégées et portatives de la lune, calculées pour le méridien de Paris, d'après la théorie de M. le comte Laplace, et d'après les constantes et les coefficients de M. Burg, par De Zach, in-8 ... 3 50
** Tables abrégées et portatives du soleil, calculées pour le méridien de Paris, sur les observations les plus récentes, d'après la théorie de M. le comte Laplace, par De Zach, in-8°, broch. ... 4 »
** Tablettes chronologiques de l'histoire, de la géographie, des sciences et des arts, depuis la création du monde jusqu'à l'époque actuelle; suivies des tableaux de la population des quatre parties du monde, et de leurs villes principales, du système du monde, des plus grandes élévations du globe, des vitesses, des nombres curieux, et des espérances des années à vivre ... 5 »
Tables trigonométriques décimales, ou tables des logarithmes depuis 10,000 jusqu'à 100,000, par Borda et Delambre. Paris, imprimerie royale, 1801, in-4° ... 15 »
Tablettes chronologiques à l'usage du prytanée, par Serieys, 3e édition. Paris 1806, in-12 ... 3 »
** Tacite, traduction nouvelle, avec le texte latin en regard, par Dureau de Lamalle; troisième édition. Paris 1818, 6 vol. in-8° ... 36 »
** Tactique navale, ou art de la guerre sur mer, par Grenier, in-4° ... 6 »
Tactique navale, ou traité des évolutions et signaux, par Bigot de Morogues. Paris 1763, in-4°, gr. pap. fig. ... 15 »
Tarif des droits d'entrée et de sortie, 1 vol. in-8° ... 3 »
** Taxe des frais de justice pour le ressort de la cour d'appel de Paris 1807, in-8° ... 1 25
** La même, in-18 ... » 75
Télémaque (petit), ou précis des aventures de Télémaque, 2e édition. Paris 1820, in-18, fig. ... 1 25
** Tenue (la) des livres théorique et pratique, ou nouvelle méthode d'enseignement, appliquée aux opérations de commerce relatives aux marchandises, à la banque et aux armements, par J. Rodrigues. 1 vol. in-8° ... 3 50
Théâtre Allemand, ou recueil des meilleures pièces dramatiques, tant anciennes que modernes, qui ont paru en langue

Traité sur la cavalerie, par Drummond-de-Melfort. Paris 1776, 2 vol. in-fol., ornés de 32 estampes, format atlantique... 100 »

Traité des changes et arbitrages, par Soulet. Paris 1818, in-8°... 7 50

** Traité de charpenterie, par Mésange, 2 vol. in-8°, 23 pl., broch... 12 »

** Traité de l'art du charpentier, par Hassenfratz, tome 1er, in-4°, fig... 18 »

Traité élémentaire de chimie, par Lavoisier, 2e édition. Paris 1793, 2 vol. in-8°, fig... 9 »

** Traité du choix des livres, par M. Peignot, 2e édit. 1823, 2 vol. in-8°... 12 »

** Le même, en pap. fin... 14 »

Traité du choix et de la méthode des études, par Fleury. Nîmes 1784, in-8°... 3 50

Le même. Nîmes 1784, in-12... 2 50

Traité général du commerce, par Ricard. Paris 1799, 3 vol. in-4°... 36 »

** Traité élémentaire de construction appliquée à l'architecture civile, par M. Borgnis, in-4°, d'environ 650 pages, et atlas de 30 planches gravées par Adam, 1823... 36 »

** Traité élémentaire de la construction des bâtiments de mer, à l'usage des élèves du génie maritime, et propre aux marins, armateurs, etc., par Vial de Clairbois, 2 vol. in-4°, avec beaucoup de planches... 30 »

** Traité de la construction des ponts, suivi de divers mémoires concernant les canaux de navigation, par Gauthey, 3 vol. in-4°, gr. pap., avec des planches très-bien gravées, br... 72 »

** Traité de la construction des vaisseaux, par Chapman, in-4°, 11 pl... 18 »

Traité des crimes par Soulatges. Toulouse 1783, 3 vol. in-12... 7 50

** Traité de cristallographie, suivi d'une application des principes de cette science à la détermination des espèces minérales, et d'une nouvelle méthode pour mettre les formes cristallines en projection, par Haüy. 1822, 2 vol. in-8°, avec atlas de 84 pl... 30 »

Traité du cubage des bois, ou nouveau tarif pour couper les bois, par Herbin de Halle. Paris 1812, in-12... 5 »

Traité de la culture des arbres fruitiers, par Forsyth, traduit de l'anglais par Pictet-Mallet. Paris 1805, in-8°, fig... 7 50

Traité historique des dangers de la vaccine, par F. Chappon. Paris 1803, in-8°... 4 »

Traité théorique et pratique sur la culture des grains, suivi de l'art de faire le pain, par Parmentier. Paris 1802, 2 vol. in-8°... 12 »

Traité des délits et des peines, par Beccaria, in-8°... 6 »

** Traité complet de l'art de la distillation, contenant dans un ordre méthodique les instructions théoriques et pratiques les plus exactes et les plus nouvelles sur la préparation des liqueurs alcooliques avec les raisins, les grains, les pommes de terre, les fécules et tous les végétaux sucrés ou fermentés, par M. Dubrunfaut, 2 vol. in-8°, avec 8 planches. 1824... 10 50

** Traité pratique du code d'instruction criminelle, avec formules et un appendice au même traité, par Daubanton. Paris 1809, 2 vol. in-8°... 12 »

** Traité complet des droits des époux, de la puissance maritale et paternelle, de la minorité et des tutelles, par Daubanton. Paris 1819, in-8°... 6 »

Traité de droit politique et de diplomatie, 2 vol. in-8°... 10 »

** Traité d'éducation publique et privée, dans une monarchie constitutionnelle, par C. H. Suzanne. Paris 1820, 2 vol. in-8°... 12 »

Traité de l'éducation des abeilles et de leur conservation, par Ravillo, Paris 1804, in-8°... 2 »

Traité des effets de la musique sur le corps humain, par J. L. Roger, traduit du latin avec des notes de Sainte-Marie. Paris 1803, in-8°... 4 50

Traité des engrais, par Maurice. Genève 1806, in-8°... 6 »

Traité nouveau d'études, pour un jeune homme. Paris 1807, in-8°... 3 »

Traité des études, ou de la manière d'enseigner et d'étudier les belles-lettres, par Rollin. Paris 1777, 4 vol. in-12... 10 »

Traité de l'expérience en général et en particulier dans l'art de guérir, par G. Zimmermann, traduit de l'allemand. Montpellier 1797, 3 vol. in-12... 7 50

** Traité pratique des feux d'artifice, par Morel, 1 vol. in-8°, broch... 3 50

Traité des fièvres pernicieuses intermittentes, par Alibert, 4e édit. Paris 1809, in-8°, fig... 6 »

Traité élémentaire sur le fluide électrico-galvanique, par de Luc. Paris 1804, 2 vol. in-8°... 10 »

Traité de la force des bois, par Lecamus. Paris 1782, in-8°, fig... 5 »

** Traité de fortification souterraine, suivi de quatre mémoires sur les mines, ouvrage qui a remporté le premier prix au concours proposé pour le meilleur traité sur les mines, par Mouzé. Paris 1804, 1 vol. in-4°, 20 planches... 18 »

** Traité de fortification souterraine, ouvrage qui a remporté le second prix au concours proposé pour le meilleur ouvrage sur les mines, par Gillot. 1 vol. in-4°, avec planch... 15 »

** Traité de géodésie, ou exposition des méthodes astronomiques et trigonométriques, appliquées soit à la mesure de la terre, soit à la confection du canevas, des cartes et des plans, par Puissant; nouvelle édition, considérablement augmentée, 2 vol. in-4°, avec 13 planches, 1819... 30 »

** Traité de géodésie, ou l'art de partager les champs, par Lallemand, 1 vol. in-8°, avec 6 planches... 3 50

** Traité d'hydraulique, ou l'art d'élever l'eau à sa perfection, par Ducrest, 1 vol. in-8°, avec une planche... 4 »

** Traité théorique et expérimental d'hydrodynamique, par Bossut, 2 vol. in-8° (rare)... 20 »

Traité de la géographie moderne, par Gibrat, 7e édition. Toulouse 1789, in-12... 3 »

Traité sur l'histoire naturelle et la minéralogie, par de Launay. Londres 1780, in-12... 3 »

Traité des trois imposteurs. Suisse 1793, in-12, p. p... 1 50

Traité de l'imprimerie, par Bertrand-Quinquet. Paris 1799, in-4°, fig... 7 50

Traité sur l'impuissance et la faiblesse de la faculté générative, contenant la méthode la plus sûre de s'en guérir soi-même, par Reubach. Leipzig 1804, in-12... 1 25

Traité du jeu de trictrac, in-8°... 8 »

** Traité élémentaire des machines, par Hachette, nouvelle édition, considérablement augmentée, 1819, 1 vol. in-4°, avec 32 planches... 25 »

** Traité des maladies des articulations, ou observations pathologiques et chirurgicales sur ces maladies, par M. B. C. Brodie, traduit de l'anglais par Marchant, docteur en médecine. Paris 1822, in-8°... 4 50

Traité des maladies et des opérations réellement chirurgicales de la bouche, par Jourdain. Paris 1778, 2 vol. in-8°, fig... 10 »

Traité des maladies chroniques et des moyens les plus efficaces de les guérir, par Martinet. Paris 1803, in-8°... 5 »

Traité des maladies des enfants, par Underwood, traduit de l'anglais. Paris 1793, in-8°... 5 »

Traité pratique des maladies graves qui règnent dans les contrées situées sous la zone torride et dans le midi de l'Europe, par Campet. Paris 1802, in-8°... 5 50

Traité des maladies des os, par Petit, nouv. édition, revue par Louis. Paris 1789, 2 vol. in-12... 4 »

Traité des maladies des pays chauds, in-8°... 5 50

Traité des maladies vénériennes, trad. du latin d'Astruc, par Louis. Paris 1777, 4 vol. in-12... 10 »

Traité des maladies vénériennes, par Fabre, 5e édit. Paris 1795, in-8°... 4 50

Traité des maladies vénériennes, par Terras. Genève, in-8°... 5 »

Traité des maladies des yeux et des oreilles, par Desmonceaux. Paris 1786, 2 vol. in-8°, fig... 12 »

Traité élémentaire de matière médicale, par Tourtelle, 1 vol. in-8°... 5 »

fr. c.

ou des tropes de ces deux langues, par Barberi. Paris 1821, 1 vol. in-8° ..... 5 –

** La trigonométrie rectiligne et sphérique d'Ozanam, suivie des tables des sinus, tangentes et sécantes, et des logarithmes, par Adrien Ulacq; in-8°, avec 6 pl. ..... 6 –

Les trois derniers mois de l'Amérique, in-8° ..... 6 –

Tropes (des), ou des différents sens dans lesquels on peut prendre un même mot dans une même langue, par Dumarsais. Lyon 1804, in-12 ..... 2 –

** Troupes (des) légères, ou réflexions sur l'organisation, l'instruction et la tactique de l'infanterie et de la cavalerie légères, par de la Roche-Aymon. Paris 1817, in-8° ..... 4 –

** Uranographie, ou traité élémentaire d'astronomie, à l'usage des personnes peu versées dans les mathématiques, des géographes, des marins, des ingénieurs; troisième édition considérablement augmentée, par Francœur, 1 vol. in-8°, avec planches, 1821 ..... 9 –

Ursule (la jeune), conte moral, par Lemaire. Paris 1820, 1 vol. in-18, fig. 1 25

** Usage du compas de proportion, suivi d'un traité de la division des champs; ouvrage revu, corrigé et entièrement refondu par Garnier; par Ozanam, 1 vol. in-12, avec 15 pl. et 3 tables ..... 5 –

Vade-mecum (le) du botaniste voyageur aux environs de Paris, par Thuillier. Paris 1811, in-12, fig. ..... 3 –

Valère Maxime (le) français, ou choix d'anecdotes et faits mémorables, pour servir à l'éducation de la jeunesse, par de Laplace. Paris 1792, 2 vol. in-8° ..... 10 –

** Variétés, notices et raretés bibliographiques, par M. G. Peignot. Paris 1822, in-8° ..... 4 –

Veillées (les) du pensionnat, par Lanfret. Lyon 1821, in-12 ..... 3 –

** Veillées poétiques et morales, par Baour-Lormian, 4e édit. Paris, 1 vol. in-18, fig. 4 50

** Vétérinaire (le) domestique, ou l'art de guérir soi-même ses chevaux, traduit de l'anglais sur la vingt-unième édition, par F. L. Prétot, capitaine au corps royal d'état-major, par Clater, 1 vol. in-8°, avec deux belles planches ..... 6 –

Vicomte de Barjac, 2 vol. in-18 ..... 2 –

Vie du pape Alexandre VI, et de son fils César Borgia, contenant les guerres de Charles VIII et de Louis XII, rois de France, par Gordon. Amsterdam 1751, 2 vol. in-12, figures ..... 5 –

Vie d'Apollonius de Tyane, avec les commentaires donnés en anglais, par Blount. Amsterdam 1779, 4 vol. in-12 ..... 10 –

Vie de Blanche de Castille, in-8° 4 50

** Vie du prince Eugène de Savoie, écrite par lui-même, 3e édition. Paris 1810, in-8°, portr. 2 50

Vie des grands capitaines, de Cornelius Nepos, le texte latin et la traduction de M. l'abbé Paul, 4e édit. Paris 1820, in-12 ..... 2 50

Vie du pape Clément XIV (Ganganelli). Paris 1781, in-12 ..... 3 50

Vie du Dauphin, père de Louis XVI, par Proyart. Lyon 1788, in-12 ..... 2 50

Vies des enfants célèbres, ou modèles du jeune âge, par Fréville, 4e édition. Paris 1818, 2 vol. in-12, fig. ..... 5 –

Vie de Fénelon, rédigée à l'usage de la jeunesse, par A. Caillot. Paris 1822, in-12, fig. ..... 3 –

Vie de l'empereur Julien, par l'abbé de La Bletterie, nouv. édition. Riom 1809, in-12 ..... 2 50

Vie et pontificat de Léon X, par W. Roscoe, traduite de l'anglais par Henry. Paris 1813, 4 vol. in-8° ..... 24 –

** Vie de Louis XVIII, par Alphonse de Beauchamp. Paris 1821, in-12, fig. ..... 3 –

Vie politique, militaire et privée du général Moreau, par Alph. de Beauchamp. Paris 1814, in-8°, portr. ..... 6 –

** Vie politique et militaire de Napoléon, par A. V. Arnault. Paris 1822 — 1823, liv. 1—6, in-fol. ..... 58 –

Cet ouvrage aura 30 livraisons, qui formeront deux volumes; chaque volume sera orné de 60 lithographies, d'après Vernet, et autres artistes célèbres.

Vie du maréchal Ney, duc d'Elchingen, prince de la Moskowa. Paris 1816, in-8° ..... 6 –

** Vie et Œuvres de Nic. Poussin, par Gault, avec 37 grav. représentant ses principaux ouvrages. Paris 1806, grand in-8°, cartonné ..... 36 –

** Vie et aventures de Robinson Crusoé, nouvelle édition. Paris 1822, 2 vol. in-8°, avec portrait et 18 fig. ..... 15 –

** Vie de Rossini, par M. Stendhal, 1 vol. in-8° d'environ 500 pages, bien imprimé, et orné des portraits de Rossini et de Mozart .....

Vie de saint Louis à l'usage de la jeunesse, par A. Caillot. Paris 1822, in-12, fig. ..... 3 –

Vie du pape Sixte-Quint, traduite de Gregorio Leti. Paris 1758, 2 vol. in-12, fig. ..... 5 –

Vie de Turgot. Londres 1786, in-8° ..... 5 –

Vie de Voltaire par Condorcet. Kehl 1789, in-8° ..... 4 –

La même, in-8°, gr. pap. ..... 5 –

La même, in-12 ..... 2 50

** Vieux contes populaires, pour l'amusement des grands et des petits enfants, ornés de 12 jolies gravures comiques; 1 vol. in-12 ..... 3 –

Vocabulaire de l'Académie française, nouvelle édit., augmentée de tous les mots dont la langue s'est enrichie et de ceux qui ne sont pas dans le dictionnaire de l'Académie, par Gorgoux. Paris 1822, in-8° ..... 8 –

Vocabulaire (nouveau) français, par MM. de Wailly; 10e édit. Paris 1820, in-8° .....

Vocabulaire, gram.-allem.-franç. in-8° ..... 5 –

** Vocabulaire des termes de marine, français et anglais, par Lescallier, 3 vol. in-4°, fig. ..... 42 –

Volière (la) de la jeunesse, ou cours d'études sur l'histoire naturelle des oiseaux. Paris 1827, 2 vol. in-12, ornés de 64 planches ..... 9 –

Voyage en Abyssinie, exécuté en 1809 et 1810, par H. Salt, traduit de l'anglais, par Henry. Paris 1816, 2 vol. in-8°, et atlas in-4° ..... 20 –

Voyage en Afrique et en Asie, principalement au Japon, servant de suite au voyage de Sparmann, par Thunberg. Paris 1794, in-8° ..... 6 –

Voyages (relation de plusieurs) à la côte d'Afrique, à Maroc, au Sénégal, à Gorée, à Galam, etc., par Saugnier. Paris 1791, in-8° .....

Voyage à la côte occidentale d'Afrique, dans l'Inde et au Bengale, par de Grandpré. Paris 1801, 2 vol. in-8°, figur. ..... 10 –

Voyage dans l'intérieur de l'Afrique en 1797 et 1798, par Hornemann. Paris 1802, in-8° ..... 5 –

** Voyages (premier et second), de Levaillant dans l'intérieur de l'Afrique par le Cap de Bonne-Espérance. Paris 1803—1819, 5 vol. in-8°, atlas ..... 54 –

Voyage en Allemagne et en Pologne, par Gley. Paris 1816, in-8° .....

Voyage de Sophie, en Allemagne, en Prusse, etc., traduit de l'allemand par Lamare. Paris 1800, 3 vol. in-8°, fig. 13 50

Voyage d'un Allemand à Paris et retour par la Suisse. Lausanne 1800, in-8° ..... 5 –

Voyages dans les Alpes, par de Saussure, précédés d'un essai sur l'histoire naturelle des environs de Genève. Neufchâtel 1796, 4 vol. in-4°, fig. ..... 60 –

Les mêmes, 8 vol. in-8°, fig. ..... 30 –

Voyage dans l'Amérique septentrionale, en 1780, 1781 et 1782, par Chastellux. Paris 1791, 2 vol. in-8°, fig. ..... 12 –

Voyage (journal d'un) fait dans l'intérieur de l'Amérique septentrionale, traduit de l'anglais par Noël. Paris 1793, 2 vol. in-8°, fig. ..... 12 –

Voyages dans les parties sud de l'Amérique septentrionale, traduit de l'anglais de Bartram, par Benoist. Paris 1801, 2 vol. in-8°, fig. .....

Voyage du jeune Anacharsis en Grèce au milieu du quatrième siècle avant l'ère vulgaire, par J. J. Barthélemy. Paris, Didot,

1799, 7 vol. in-4°, gr. pap. vél. et atlas gr. in-fol., cartonné à la Bradel 360

Le même, nouvelle édition. Paris 1821, 7 vol. in-8°, atlas . . . 66

Atlas. On vend séparément l'atlas, 1 vol. in-4°, fig. noires . . . 7 50

Le même, fig. col. 9

Voyage du jeune Anacharsis, 9 vol. in-12 18

Le même. Paris 1820, 7 vol. in-12, stér. d'Herhan 14

Le même. Paris 1820, 7 vol. in-18, stér. d'Herhan 16

Voyage dans les trois royaumes d'Angleterre, d'Écosse et d'Irlande, en 1788 et 1789, par Chantreau. Paris 1792, 3 vol. in-8°, fig. 15

Voyage philosophique d'Angleterre, en 1783 et 1784. Paris 1786, 2 vol. in-8° 10

Voyages d'Antenor en Grèce et en Asie, par Lantier, 17° édit. Paris 1818, 3 vol. in-18, fig. 6

Voyage en Arabie et d'autres pays circonvoisins, par Niebuhr. Amsterdam 1776, 3 vol. in-4°, avec un très-grand nombre de figures 72

Voyage autour du monde de 1740 à 1744, par L. Anson, publié par Walter. Genève 1750, in-4°, fig. 15 50

** Voyage pittoresque autour du monde, offrant des portraits des sauvages d'Amérique, d'Asie, et des îles du grand océan, 2 vol. in-fol. sur pap. vél. avec pl., par Choris.

Prix avec fig. en noir 180

Les objets d'histoire naturelle coloriés 200

Entièrement coloré 240

Voyage autour du monde, pendant les années 1790, 91 et 92, par Étienne Marchand, rédigé par Fleurieu. Paris, imprimerie de la république, an VI, 4 vol. in-4°, et atlas 66

Voyage autour du monde, par Pagès. Paris 1782, 2 vol. in-8°, fig. 12

Voyage autour du monde, par Parkinson, traduit par Henry. Paris 1797, 2 vol. in-4°, fig. 15

Le même, 2 vol. in-8°, fig. 9

Voyage autour du monde de La Peyrouse, rédigé par Milet-Mureau. Paris 1797, 4 vol. in-4°, gr. pap. d'Hollande, et atlas gr. in-folio, cartonné 150

Le même. Paris 1798, 4 vol. in-8° 30

Voyage à la recherche de La Peyrouse en 1791 et 1792, par Labillardière. Paris 1800, 2 vol. in-4°, et atlas in-folio 60

Le même, 2 vol. in-8°, et atlas in-folio 24

Voyage de d'Entrecasteaux, envoyé à la recherche de La Peyrouse, rédigé par M. de Rossel. Paris, imprimerie impériale, 1808, 2 vol. in-4°, gr. pap. d'Hollande, et atlas grand in-folio cart. 150

Voyage pittoresque autour du monde, par Pigafetta. Paris 1801, in-8°, fig. 6

Voyage dans la baie de Hudson, à l'océan du nord, par Samuel Hearn. Paris 1799, 2 vol. in-8°, fig. et cartes 10

Voyage en Barbarie, ou lettres écrites de l'ancienne Numidie, pendant les années 1785 et 1786, par l'abbé Poiret. Paris 1789, 2 vol. in-8°, fig. 10

Voyage de Sparrman au cap de Bonne-Espérance, [illegible] traduit par [illegible]. Paris 1787, 3 vol. in-8°, fig. 15

Voyage du Bengale en Angleterre, par Forster. Paris 1802, 3 vol. in-8°, fig. . . . . .

Voyage des bouches de l'Indus jusqu'à l'Euphrate, de Néarque, ou journal de l'expédition de la flotte d'Alexandre, traduit de l'anglais de Vincent, par Billecocq. Paris 1800, 3 vol. in-8°, cartes et fig. 12

Le même. Paris 1800, imprimerie de la république, in-4°, gr. pap., cartes et fig. 15

** Voyage au Brésil, par le prince Maximilien Wied-Neuwied, en 1815, 1816 et 1817, traduit par M. Eyriès, 3 vol. in-8°, avec un atlas in-fol., composé de [illegible] planches dont grandes [illegible] gravées en taille-douce et de trois belles cartes . . . . .

Le même, pap. vélin, dont il n'a été tiré que 12 exemplaires 150

Le même ouvrage, sans l'atlas, mais avec les trois cartes réduites . . . . .

Voyages physiques et lithologiques dans la Campanie, par Breislak, et accompagnés de notes par le général Pommereuil. Paris 1801, 2 vol. in-8°, cartes 10

Voyage au Canada, par I. Weld. Paris 1798, 3 vol. in-8°, cart. . . . 15

Voyage au Cap de Bonne-Espérance, par Sparrmann, traduit en français sur la version anglaise par Le Tourneur. Paris 1787, 3 vol. in-4°, fig. 15

** Voyage de Chapelle et Bachaumont, in-32, fig. . . . . .

** Voyage en Chine, ou journal de la dernière ambassade anglaise de lord Amherst à Pékin, rédigé par Ellis, commissaire de l'ambassade, traduit de l'anglais par Macarthy. Paris 1818, 2 forts vol. in-8°, ornés de cartes et de très-belles gravures 13

Voyages de l'île de Chypre, la Syrie et la Palestine, avec l'histoire générale du Levant, par Mariti. Paris 1791, 2 vol. in-8° 8

** Voyages aux Colonies orientales, par Billiard. Paris 1822, 1 vol. in-8° 6

Voyage à Constantinople, en Italie et aux îles de l'Archipel. Paris 1800, in-8° 3

Voyages (les trois) du capitaine Cook, traduits de l'anglais. Paris 1785, 18 vol. in-8° 54

On vend séparément :

Le premier voyage, 8 vol. in-8° 18

Le second voyage, 6 vol. in-8° 15

Le troisième voyage, 4 vol. in-8° 24

Voyage en Crimée et sur les bords de la mer Noire, suivi de la description du Thibet, par M. de Reuilly. Paris 1806, in-8°, cartes et fig. . . . . .

Le même, in-8°, pap. fin d'Angoulême . . . . .

Le même, in-8°, pap. vél. 15

Voyages de Cyrus, suivis d'un discours sur la mythologie, par M. Ramsay; nouvelle édition, avec des notes par Philippon la Madeleine. Paris 1807, in-12 3

Les mêmes, franç.-anglais. Paris 1822, 2 vol. in-12 . . . .

Voyage dans les États-Unis de l'Amérique, fait en 1795, 1796 et 1797, par Larochefoucauld-Liancourt. Paris 1799, 8 vol. in-8° . . . . .

** Voyages des frères Bocheville, capitaines de l'escadre, en Europe et en Asie, 2° édition. Paris 1822, in-8° . . . . .

Voyages en Europe, en Asie et en Afrique, par Makintosch, 2° édition. Paris 1788, 2 vol. in-8°, fig. . . . . .

Voyage d'un étranger en France pendant les mois de novembre et de décembre 1816. Paris 1817, in-8° . . . . .

Voyage historique, pittoresque et philosophique de la Grèce, par Pausanias, traduction de Gedoyn. Paris 1797, 4 vol. in-8°, fig. et cartes 30

** Voyage dans la Grèce, par Pouqueville. Paris 1820 — 1822, 5 vol. in-8°, fig. 57

Voyage dans la Grèce asiatique, par Sestini. Paris 1789, in-8° . . . 3

Voyages de Gulliver, Paris 1813, 4 vol. in-18, fig. 6

Voyage en Hollande, et dans le midi de l'Allemagne sur les deux rives du Rhin, dans l'été de 1806, par Dubois. Paris 1808, 2 vol. in-8°, et atlas in-4° . . . . .

** Voyage minéralogique et géologique en Hongrie, pendant l'année 1818, par F. S. Beudant. Paris 1822, 4 vol. in-4°, et atlas . . . . .

** Le même, pap. fin satiné . . . . .

** Le même, pap. vélin satiné . . . . .

Voyage de MM. de Humboldt et A. Bonpland. Essai sur la géographie des plantes, accompagné d'un tableau physique des régions équinoxiales. Paris 1807, in-4°, pap. vélin et une grande carte, brochée 60

Le même, avec la carte coloriée . . . . .

Voyage dans l'Inde, au travers du grand désert, par Taylor, traduit par Grandpré. Paris 1806, 2 vol. in-8°, fig. 10

Voyage dans l'Inde et au Bengale, en 1789 et 1790, par de Grandpré. Paris 1801, 2 vol. in-8°, fig. 10

Voyage dans l'Inde et en Perse, traduit de l'anglais, avec des notes. Paris 1811, in-8° . . . . .

Voyage dans les mers de l'Inde, par M. Le Gentil. Paris 1779, imprimerie royale, 2 vol. in-4°, avec 27 planches ou cartes. 36 »

Voyage en retour de l'Inde, par terre, traduit d'Howel par Mandar, suivi d'observations sur le passage dans l'Inde par l'Égypte. Paris 1797, in-4°. 9 »

Voyage (relation d'un) aux îles Pelews, traduite de l'anglais de Keate. Paris 1793, 2 vol. in-8°, fig. 12 »

Voyage en Italie, ou considérations sur l'Italie, par Duclos. Paris 1797, in-8°, fig. 4 »

Voyage en Italie par Meyer. Paris 1804, in-8°. 4 50

Voyage d'Italie et de Hollande, par Coyer. Paris 1775, 2 vol. in-12. 4 »

** Voyage pittoresque du nord de l'Italie, par Bruun Neergard. Cet ouvrage contiendra seize livraisons in-folio, composées chacune de six planches et d'un texte explicatif. Il en paraît huit. Chaque livraison coûte, pap. fin. 12 »

Voyage au Japon, par le Cap de Bonne-Espérance, par Thunberg. Paris 1796, 4 vol. in-8°, fig. 20 »

** Voyages (les) de Kang-Hi, ou Nouvelles Lettres chinoises, par M. le duc de Levis. Seconde édition. 2 vol. in-12, br. 5 »

** Voyage d'un Américain à Londres, ou Esquisses sur les mœurs anglaises et américaines, traduit de l'anglais de M. Irving Wasington. Paris 1822, 2 vol. in-8°. 10 »

Voyage dans l'empire de Maroc, in-8°. 6 »

Voyages chez les peuples Kalmouks et les Tartares. Berne 1792, 1 vol. in-8°, fig. 7 »

Voyage à la mer Rouge, sur les côtes de l'Arabie, en Égypte et dans les déserts de la Thébaïde, par Irwin. Paris 1792, 2 vol. in-8, carte. 10 »

Voyage historique et politique au Montenegro, par Vialla. Paris 1820, 2 vol. in-8°, orné d'une carte du pays et de 10 gravures coloriées. 15 »

Voyage à la Nouvelle-Galles du sud et à Botany-Bay, par White. Paris 1795, in-8°, fig. 5 »

Voyage en Nubie et en Abyssinie, entrepris pour découvrir les sources du Nil, par Bruce, traduit de l'anglais par Castera. Paris 1791, 5 vol. in-4°, fig. 90 »

Le même. Paris 1791, 10 vol. in-8°, fig. 36 »

Voyages de découvertes à l'Océan pacifique du Nord et autour du monde, par Vancouver. Paris 1802, 5 vol. in-8°, et atlas. 36 »

Voyage au pays de Dahomé, dans la Guinée, par Norris. Paris 1790, in-8°, cartes. 4 »

Voyage dans la Haute-Pensylvanie et l'État de New-York, par M. de Crèvecœur. Paris 1801, 3 vol. in-8°, cartes et fig. 18 »

Voyage d'un philosophe, par P. Poivre. 3e édition. Paris 1794, in-12. 2 50

Voyages du prince persan Mirza Abou Taleb Kan, en Asie, en Afrique et en Europe, écrit par lui-même, seconde édition. 1819, 1 vol. in-8°. 6 »

** Voyage aux ruines de Babylone, trad. de Rich, par M. Raymond, ancien consul à Bassora, in-8°. 4 50

** Voyage de Polyclète, ou Lettres romaines, par Theis, 2e édit. Paris 1822, 2 vol. in-8°. 12 »

Voyages physiques dans les Pyrénées en 1788 et 1789, par Pasumot. Paris 1797, in-8°, fig. 4 »

** Voyages en différentes provinces de l'empire de Russie et dans l'Asie septentrionale, par Pallas, traduits de l'allemand, 5 vol. in-4° et atlas, pap. vél.

Voyage en Russie et dans l'Asie septentrionale, par M. P. S. Pallas. Paris 1788-1793, 5 vol. in-4°, et atlas, prem. épr. 25 »

Voyage philosophique et littéraire fait en Russie, par Chantreau. Paris 1794, 2 vol. in-8°, fig. 10 »

Voyages à Samarang, à Macassar, à Amboine et à Surate, par le Cap de Bonne-Espérance et Batavia, de 1774 à 1778, par Stavorinus. Paris 1799, 2 vol. in-8°. 12 »

Voyage pittoresque de Saxe, traduit de l'allemand, avec beaucoup de figures, par Günther. Leipzig 1803, in-12. 3 50

Voyage au Sénégal, par Saulnier. Paris, in-8°. 4 »

Voyage sentimental de Sterne, traduit de l'anglais, par Frénais. Strasbourg 1790, in-8°. 4 »

Le même. Paris 1822, 2 vol. in-18, fig. 3 »

Voyages en Sibérie, extraits des journaux de divers savans voyageurs. Berne 1791, 2 vol. in-8°, fig. 10 »

** Voyage pittoresque en Sicile, de Sicily, dessiné par Dewint, et gravé par les premiers graveurs de Londres; 12 livraisons in-8°, sur pap. vélin, grand format impérial. L'ouvrage doit former 12 livraisons dont neuf sont terminées. Chaque livraison. 12 »

Voyage en Suède et en Danemarck. La Haye 1789, in-8°. 3 »

Voyage en Syrie et en Égypte, pendant les années 1783, 84 et 85, 4e édition. Paris 1807, 2 vol. in-8°. 12 »

** Voyage à Tripoli, ou relation d'un séjour de dix ans en Afrique, traduit de l'anglais par J. Maccarthy. Paris 1819, 2 forts vol. in-8°, ornés de belles cartes et de figures très-soignées. 15 »

Voyage en Valachie, in-8°. 1 50

Voyageur (le) français, par Laporte. Paris, 42 vol. in-12. 66 »

Voyageur (le) français, ou la connaissance de l'ancien et du nouveau monde, par Delaborde. Paris 1777, 34 vol. in-12. 68 »

Voyageurs (les jeunes), ou lettres sur la France, par L. N. A.*** et C. T.***. Paris 1822, 6 vol. in-18, fig. col. 30 »

Voyageur (le) moderne, ou extrait des voyages les plus récens dans les quatre parties du monde, par madame Elisabeth de Bon. Paris 1822, 6 vol. in-8°, fig. 36 »

Le même, fig. col. 46 »

Le même, 12 vol. in-12, fig. 30 »

Zélie, ou la bonne fille, par Mad. de Renneville, 2e édition. Paris 1820, in-18, avec 6 grav. 1 80

Zoologie universelle et portative, ou histoire naturelle des quadrupèdes, cétacées, oiseaux, poissons, insectes, mollusques, vers, etc., tant indigènes qu'exotiques, par Ray, avec un supplément, par Jauffret. Paris 1802, in-4°. [illegible]

LIVRES DE THÉOLOGIE ET DE PIÉTÉ.

Abrégé de l'histoire et de la morale de l'Ancien Testament, par Mésenguy. Paris 1728, in-12 [illegible]
[illegible] (S.) opera. Parisiis 1680, 1 vol. in-fol. [illegible]
Âme (L') élevée à Dieu par les réflexions et les sentiments, pour chaque jour du mois. Lyon [illegible], in-12 [illegible]
La même. Lyon, 2 vol. in-12 [illegible]
La même. [illegible], in-12 [illegible]
Âme (L') fidèle, animée de l'esprit de Jésus-Christ, 5ᵉ édition. Paris 1801, 1 vol. in-12 [illegible]
Âme (L') religieuse, élevée à la perfection par les exercices de la vie intérieure, 4ᵉ édition. Lyon [illegible], in-18 [illegible]
La même. Paris [illegible], in-12 [illegible]
Ame chrétienne, ou la religion pratique. Paris 1805, in-12 [illegible]
Âme unie à Jésus-Christ, par Duquesne. Lyon 1803, [illegible] in-12 [illegible]
Ange (L') conducteur. Paris 1815, in-12 [illegible]
Année apostolique, ou méditations pour tous les jours de l'année, par Duquesne. Metz 1803, 8 vol. in-12 [illegible]
La même, 4ᵉ édition. Liège 1806, 12 vol. in-12 [illegible]
Année chrétienne, ou exercices de piété pour tous les dimanches et fêtes mobiles de l'année, par Croiset. Lyon 1801, 18 vol. in-12 [illegible]
Année chrétienne, par Bourdaloue, [illegible] vol. in-12 [illegible]
Année (L') du chrétien, contenant les instructions sur les mystères et les fêtes, l'explication des épîtres et des évangiles, avec l'abrégé de la vie des saints pour tous les jours de l'année, par le P. Griffet. Lyon 1811, 18 vol. in-12 [illegible]
Année pastorale, ou prônes nouveaux en forme d'homélies, par Reyre. Lyon 1811, 3 vol. in-12 [illegible]
Art d'instruire et de toucher les âmes dans le tribunal de la pénitence. Avignon 1801, [illegible] vol. in-12 [illegible]
Le même. Paris 1775, 2 vol. in-12 [illegible]
Augustini (S.) confessiones et meditationes. [illegible], [illegible] edit., in-8°, fig. [illegible]
Avis à une personne engagée dans le monde, par Clément. Paris, in-18 [illegible]

Bailly, Theologia dogmatica et moralis ad usum seminariorum, edit. [illegible] Lugduni 1818, 8 vol. in-12 [illegible]
Bergeries (Les) chrétiennes, ou idylles sacrées. Paris 1780, 2 part. in-12 [illegible]
Bernardi (S.) opera. Parisiis, [illegible] vol. in-fol. [illegible]
Bible (La) en estampes, avec un texte explicatif. Paris, in-8° oblong [illegible]
La même, fig. color. [illegible]
Bible de la jeunesse, ou histoire de l'Ancien et du Nouveau Testament, avec les explications de Royaumont. Paris 1810, 2 vol. in-18, ornés de fig. [illegible]
Bible (La sainte), traduite par Legros. Paris [illegible], 6 vol. in-12, petit pap. [illegible]
La même, traduction du même. Paris 1788, 12 v. in-12 [illegible]
La même, traduction du même (français seulement). Paris 1786, 4 vol. in-12 [illegible]
La même, avec un commentaire littéral, par Carrières. Toulouse 1803, [illegible] vol. in-4° [illegible]
[illegible] Lutetiae, in-8° [illegible]
[illegible] Tolosae, in-8° [illegible]
[illegible] Parisiis [illegible], 1 vol. in-8° [illegible]
Bourdaloue. [illegible] Paris [illegible] vol. in-12 [illegible]

Exhortations et instructions chrétiennes, 2 vol. in-12 [illegible]
Mystères, 2 vol. in-12 [illegible]
Panégyriques, 2 vol. in-12 [illegible]
Retraites, in-12 [illegible]

Catéchisme [illegible], 1 vol. in-8° [illegible]
Carême (petit) de Massillon. Paris 1818, in-18, port. [illegible]
Catéchisme, ou instructions générales en forme de catéchisme, imprimé par ordre de M. de Charancy. Lyon [illegible], 3 vol. in-12 [illegible]
Catéchisme, ou instructions en forme de catéchisme, imprimé par ordre de M. de [illegible]. [illegible] 1785, 3 vol. in-12 [illegible]
Catéchisme historique, contenant un abrégé de l'histoire sainte et de la doctrine chrétienne, par Fleury. Paris, in-12 [illegible]
Catéchisme (petit) historique, contenant un abrégé de l'histoire sainte et de la doctrine chrétienne, par Fleury. Paris 1816, in-18 [illegible]
Catéchisme du diocèse de Meaux, par Bossuet. Versailles 1815, in-8° [illegible]
Catéchisme de Naples, ou méditation et instruction chrétiennes, de [illegible] la reine des Deux-Siciles. Paris 1785, 1 vol. in-12 [illegible]
Le même. Paris 1790, 1 vol. in-12 [illegible]
Catéchisme philosophique, ou recueil d'observations propres à défendre la religion chrétienne contre ses ennemis, par l'abbé F. X. de Feller. Lyon 1819, 2 vol. in-8° [illegible]
Chemin (Le) du salut, ou direction des âmes timorées et pénitentes, par P. Corneille. Paris 1801, in-18 [illegible]
Choix d'oraisons funèbres de Mascaron, Bourdaloue, [illegible] et Massillon. Paris, Renouard, 1802, in-18 [illegible]
Le même, pap. vél. [illegible]
Le même, in-12, pap. vélin [illegible]
Chrétien (Le) étranger sur la terre. Paris 1785, in-12 [illegible]
[illegible] theologicae ad usum seminariorum, [illegible]. Parisiis 1785, [illegible] vol. in-12 [illegible]
Combat spirituel, par L. Scupoli, traduit par Brignon. Lille 1811, in-18 [illegible]
[illegible], [illegible] 1798, [illegible] vol. in-12 [illegible]
[illegible] 1786, [illegible] vol. in-4° [illegible]
Conduite pour passer saintement le carême, par Avrillon. Avignon 1805, in-12 [illegible]
La même. Lyon 1809, in-12 [illegible]
Conduite pour la confession et la communion, par S. François de Sales. Lyon, in-18, fig. [illegible]
Conduite pour la première communion, par Poitevin, in-18 [illegible]
Conférences ecclésiastiques du diocèse d'Angers. Paris [illegible], [illegible] vol. in-12 [illegible]
Les mêmes, sur les autres branches [illegible], [illegible] vol. in-12 [illegible]
Connaissance de la [illegible] de soi-même, par J. B. Bossuet. Versailles 1815, in-8° [illegible]
Considérations chrétiennes pour toute l'année, avec les évangiles de tous les dimanches, par Crasset. Lyon 1805, [illegible] vol. in-12 [illegible]
Considérations sur les œuvres de Dieu, par Sturm, 3 vol. in-8° [illegible]
Choix nouveau de sujets de piété pour les simples fidèles et les ecclésiastiques. Paris 1805, 3 vol. in-8° [illegible]

fr. c.

Commerce (le) de l'amitié chrétienne, ou méditations sur les principales vérités de l'église, par L. Abelly. Lyon 1804, 2 vol. in-12 ... 3 50

Démonstration de l'existence de Dieu, par Fénelon, nouv. édition. Angers 1820, in-12 ... 2 50
Dévotion à Jésus-Christ, par Vauliere. Paris 1768, 2 vol. in-12 ... 3 »
Dévotion au sacré cœur de Jésus. Clermont-Ferrand, in-18 ... 1 50
Dictionnaire historique des cultes religieux établis dans le monde, depuis son origine jusqu'à présent; nouvelle édition augmentée. Versailles 1820, 3 vol. in-8°, fig. ... 24 »
Dictionnaire de religion, ou leçons de littérature sacrée, par Masson. Paris 1812, in-12 ... 3 »
Dictionnaire théologique portatif, par Alletz. Paris 1771, in-8°, p. p. ... 5 »
Dictionnaire historique des saints personnages. Paris 1772, 2 vol. in-8° (rare) ... 12 »
Dieu est l'amour le plus pur, par Eckartshausen. Paris, in-18, pap. fin, fig. ... 2 »
Le même. Lyon, in-18, fig. ... 1 50
Directeur (le) dans les voies du salut. Amiens 1749, in-12 ... 2 »
Discours sur la religion, par Asselin. Paris 1786, 2 vol. in-12 ... 5 »
Discours ou Sermons sur différents sujets de piété et de religion, par le père Chapelain. Paris, 6 vol. in-12 ... 18 »
Dissertations sur les églises catholique et protestante, par de la Luzerne. Paris 1818, 2 vol. in-12 ... 5 »
Dissertations sur les vérités de la religion, par de La Luzerne, 2e édition. Paris 1821, 3 vol. in-12 ... 7 »

Ecclésiastique (le fervent) se pénétrant chaque jour de l'amour des devoirs de son état; avec une explication des cérémonies de la messe. Paris 1814, in-12 ... 2 50
École (l') du Sauveur, ou bréviaire du chrétien, par Lasausse. Paris 1791, 2 vol. in-12, fig. ... 12 50
Écolier (l') chrétien ou traité des devoirs d'un jeune homme, par Collet. St.-Brieux 1810, in-18 ... 1 50
Élévation à J.-C., sur sa passion et sa mort. Paris 1768, in-18 ... 1 50
Entretiens spirituels, par Courbon. Paris, in-12 ... 2 50
Épîtres et évangiles pour les dimanches et fêtes de l'année, avec des réflexions. Lyon 1820, in-12 ... 2 50
Esprit du christianisme, précédé d'un précis de ses preuves, et suivi d'un plan de conduite, par Girard. Paris 1824, in-18, pap. vélin ... 2 »
Esprit de Saint Vincent-de-Paul, ou modèle de conduite, par A. J. Ansart, nouvelle édition. Lyon 1819, 2 vol. in-12 ... 5 »
Évangile (l') médité, par Duquesne. Lyon 1810, 8 vol. in-12 ... 20 »
Examen du matérialisme, ou réfutation du système de la nature, par Bergier. Paris 1771, 2 vol. in-12 ... 5 »
Exercices de piété pour tous les dimanches et fêtes mobiles de l'année, par J. Croiset. Lyon 1804, 18 vol. in-12 ... 45 »
Exercices et prières pour remplir saintement les principaux devoirs du christianisme, par l'abbé Clément. Paris 1786, in-12 ... 2 50
Exhortations aux malades, par Blanchard, prêtre. 1818, 1 vol. in-12 ... 2 50
Explication des évangiles des dimanches et fêtes, par M. de La Luzerne, évêque de Langres. Lyon 1807, 5 vol. in-12 ... 10 50
Explication des prières et du sacrifice de la Messe. Paris 1777, 1 vol. in-12 ... 2 »
Exposition de la doctrine chrétienne, ou instructions sur les principales vérités de la religion, par Mésenguy. Paris 1767, 4 vol. in-12 ... 10 »
Fleury. Catechismus historicus minor. Rotomagi 1804, in-18 ... 1 »

Gallia christiana in provincias ecclesiasticas distributa. Parisiis 1785, in-fol., tome 13 ... 30 »
Galerie religieuse, ou vies abrégées des saints martyrs. Paris 1819, in-4° obl., avec 36 fig. ... 6 »
Le même, fig. col. ... 10 »
Gregorii (S.) opera omnia et Prolegomena chronicon. Lutetiæ Parisiorum 1675, in-fol. ... 60 »
Édition rare et fort recherchée.

Héroïnes (les trois) chrétiennes, ou vies édifiantes de trois jeunes demoiselles, 4e édition. Lille 1806, in-18 ... 1 25
Heures (nouvelles) à l'usage des enfants de cinq à douze ans, par madame de Genlis. Paris 1815, in-18 ... 1 25
Heures nouvelles, in-12 ... 2 »
Heures nouvelles, ou prières choisies pour remplir la journée sainte, in-18, fig. ... 1 50
Heures royales dédiées à la reine, latin-français, nouvelle édit. Paris, in-12 ... 2 50
Histoire de l'abbaye royale de St. Denis, par M. Felibien. Paris 1706, in-fol. fig. ... 36 »
Histoire de la Bible, par Royaumont, in-8°, gros caractère ... 4 »
La même. Fougères 1804, in-12 ... 2 50
** Histoire du droit canon, pour servir d'introduction à l'étude du droit canonique, par Durand. Lyon 1770, in-12 ... 3 »
Histoire de l'établissement du christianisme, par Bullet, 2e édit. Paris 1814, in-8° ... 5 »
Histoire ecclésiastique de Fleury, avec les tables. Paris 1724, 36 vol. ... 100 »
Histoire abrégée de l'ancien testament avec celle de la vie de Jésus-Christ. Paris 1807, in-12 ... 2 »
Histoire de l'ancien et du nouveau testament, avec des explications, par de Royaumont. St.-Brieux 1802, in-12 ... 2 50
La même. Paris 1790, in-12 ... 2 50
La même. Fougères 1804, in-12 ... 2 50
La même. Paris 1806, in-8° ... 5 »
La même. St-Brieux 1802, in-8°, fig. ... 3 50
Histoire sainte, in-12 ... 1 »
Histoire des variations des églises protestantes, suivie des avertissements aux protestants sur les lettres du ministre Jurieu, par Bossuet. Versailles 1817, 5 vol. in-8° ... 24 »
Histoire de la vie de Jésus-Christ, par le père de Ligny, nouv. édition, ornée de 3 jolies gravures d'après Rubens. Paris 1814, 3 vol. in-8° ... 15 »
Hodson, divinæ fidei analysis, seu de fidei christianæ resolutione. Parisiis, Barbou, 1767, in-12 ... 2 »
Homélies et lettres choisies de saint Basile, traduites par Auger. Paris 1788, in-8° ... 6 »

Imitation de Jésus-Christ, traduite par Beauzée. Bruxelles in-12, 1793, p. p. ... 2 40
La même, même traduction. Paris 1796, in-18 ... 1 50
La même, même traduction. Paris 1771, in-24 ... 1 25
La même, traduction de Brignon. Clermont 1789, in-18 ... 1 50
La même, traduction de Gonnelieu. Poitiers 1815, in-12 ... 2 »
La même, même traduction. Nantes 1767, in-18 ... 1 25
La même, traduite par Morel. Paris, in-12 ... 1 50
La même. Paris 1781, in-24 ... 1 50
La même, avec réflexions. Paris 1782, in-18 ... 1 25
La même, par Dufresnil, in-24 ... 2 »
Imitatione (de) Christi. Parisiis 1782, in-24 ... 2 »
** Immortalité (l') de l'âme, ou les 4 âges religieux, poème, par Marcius. Paris 1829, in-8° ... 6 »
Institution au droit ecclésiastique, par Fleury, nouvelle édit., revue par Boucher d'Argis. Paris 1771, 2 vol. in-12 ... 5 »
Institutiones philosophicæ auctoritate archiepiscopi lugdunensis. Lugduni 1809, 5 vol. in-12 ... 12 50
Institutionum philosophicarum cursus, ad usum seminariorum. Parisiis 1813, 3 vol. in-12 ... 7 50
Instructions sur le chemin de la croix. Paris 1816, in-18, avec 14 fig. ... 1 50
Instructions chrétiennes pour les jeunes gens. Lyon, in-12 ... 2 »
Instruction chrétienne, par Vernet. Genève 1807, 5 vol. in-12, portrait ... 12 »
Instructions familières pour les dimanches et fêtes de l'année, par l'auteur des O. de l'avent. Paris 1784, 2 vol. in-12 ... 5 »
Instructions sur les fonctions du ministère pastoral, adressées par l'évêque de Toul à son diocèse, nouvelle édition. Angers 1820, 3 vol. in-12 ... 12 50

Instructions de la jeunesse, ou la piété chrétienne, par Ch. Gobinet. Lille 1825, in-12 [illegible]
Instructions et prières chrétiennes à l'usage des Familles, 5e édition. Rome, in-12 [illegible]
Instructions sur la religion, par Bossuet. Paris 1771, in-12 [illegible]
Instructions sur les vérités de la religion, par l'évêque de Toul. [illegible], in-12 [illegible]

Journée des saints, ou méditations pour tous les jours de l'année, par Grosez. Paris 1753, [illegible] vol. in-12 [illegible]
Journée (la) du chrétien, sanctifiée par la prière et la méditation. Paris, in-18, avec fig. d'après Chasselat [illegible]
Journée du chrétien sanctifiée par la prière et la méditation. St.-Brieux 1797, in-18 [illegible]
Le même. Fougères 1792, in-12, p. p. [illegible]
[illegible] chrétien, ou dialogues sur les principes, et les plus essentielles pratiques du chrétien. Bourg 1808, 3 vol. in-8° [illegible]

Lettres d'une mère à son fils, sur la vérité de la religion, 3e édit. Paris 1778, [illegible] vol. in-12 [illegible]
Lettres spirituelles de Fénelon. Paris 1738, [illegible] vol. in-12 [illegible]
Livre (le) de prières de Fénelon, ou le fidèle adorateur, nouv. édit. Paris 1820, in-18 [illegible]

Manuel du chrétien, contenant les Psaumes, le Nouveau Testament et l'Imitation de Jésus-Christ. Paris, édit. stéréotype, [illegible] in-8° [illegible]
Manuel de [illegible] chrétien. Lyon, in-18 [illegible]
Manuel de piété à l'usage des [illegible] 1801, in-12 [illegible]
[illegible]

Nouvelles annotations et méditations sur l'Évangile. Nouvelle édition [illegible]

Œuvres complètes d'Ant. Arnauld, y compris la perpétuité de la foi et la vie de l'auteur. Lausanne 17[illegible], [illegible] vol. in-4° [illegible]
Œuvres spirituelles du P. [illegible], nouvelle édition. Paris [illegible] vol. in-12 [illegible]
Œuvres spirituelles et pastorales de [illegible], 2e édition. Paris [illegible] vol. in-12 [illegible]
Œuvres spirituelles de F. de Salignac de la Mothe Fénelon, nouvelle édition. Paris [illegible], 4 vol. in-12 [illegible]
Œuvres complètes de Fléchier. Nîmes 1782, 10 vol. in-8° [illegible]
Œuvres complètes de Massillon. Paris [illegible] vol. in-8°, port. [illegible]
Les mêmes. Paris [illegible] vol. in-8° [illegible]
Les mêmes. Paris 1818, [illegible] vol. in-12 [illegible]
Œuvres spirituelles et morales de Nicole. Paris [illegible] vol. in-12 [illegible]
Les mêmes. Paris 17[illegible] vol. in-12 [illegible]
Œuvres spirituelles du père [illegible]. Paris [illegible] vol. in-12 [illegible]
Opuscules de l'abbé Fleury. Nîmes 1780, [illegible] vol. in-8° [illegible]
Oraisons funèbres de Bossuet, avec notices, [illegible] vol. in-12, pap. vél., portr. [illegible]
Oraisons funèbres de Fléchier, avec notices, 2 vol. in-18, pap. fin, br. [illegible]
In-12, pap. vél., port. [illegible]
Oraisons funèbres de Fléchier et Bossuet. Paris [illegible], [illegible] vol. in-12 [illegible]
Oraisons funèbres de Massillon, in-12. Paris 17[illegible] [illegible]

Pensées d'un homme chrétien. Paris 1793, in-18, fig. [illegible]
Pensées du P. Bourdaloue. Paris 173[illegible], [illegible] vol. in-12, p. p. [illegible]
Pensées et maximes de Fénelon, recueillies par Duval. Paris [illegible] vol. in-18 [illegible]
[illegible]

Réflexions, sentiments et pratiques de piété [illegible]
Religion (la), poème, par Racine fils. Lyon 1816, in-18 [illegible]
Religion (la) chrétienne, méditée dans le véritable esprit de ses maximes. Paris 1763, 6 vol. in-12 [illegible]

Religion (la), considérée comme l'unique base du bonheur, par Mad. de Genlis. Paris 1816, in-12 ... 3 »

Sentimens d'une ame pénitente, par Besombes. Paris 1789, 2 vol. in-12 ... 5 »
Sentimens d'une ame pénitente sur le psaume *miserere mei Deus*, et le retour d'une ame à Dieu sur le psaume *benedic anima mea*. Paris 1776, in-18 ... 1 50
Les mêmes. Rouen 1801, in-18 ... 1 50
Sentimens d'un chrétien touché d'un véritable amour de Dieu Paris 1788, in-12, avec 46 fig ... 2 50
Sermons de M. de Beauvais, évêque de Sénez. Paris 1807, 4 vol. in-12 ... 12 »
Sermons, panégyriques et oraisons funèbres de Bossuet. Versailles 1816, 7 vol. in-8° ... 42 »
Les mêmes. Versailles, 17 vol. in-12 ... 51 »
Sermons de Bourdaloue. Paris 1778, 17 vol. in-12 ... 42 50
Les mêmes, pour les dimanches (Dominicales). Paris 1716, 4 vol. in-12 ... 10 »
Les mêmes, pour les fêtes des saints, et pour les vêtures et professions religieuses. (Panégyriques.) Paris 1753, 2 vol. in-12 ... 5 »
Les mêmes, sur les mystères. Paris 1728, 2 vol. in-12 ... 5 »
Sermons ou instructions familières sur les épîtres et évangiles, par le père Chapelain. Paris 1768, 6 vol. in-12 ... 15 »
Sermons de Clément. Paris, 9 vol. in-12 ... 18 »
Sermons, panégyriques et discours sur divers sujets de religion et de morale, par F. X. de Feller, nouvelle édition. Lyon 1819, 2 vol. in-8° ... 10 »
Sermons de Charles Frey de Neuville. Paris 1776, 8 vol. in-12 ... 20 »
Sermons du père Frey de Neuville. Rouen 1778, 2 vol. in-12 ... 5 »
Sermons du P. Giroust. Toulouse 1782, 3 vol. in-12 ... 7 50
Sermons du P. Lenfant, jésuite. Paris 1818, 8 vol. in-12 ... 20 »
Solitaire (le) chrétien, 2 vol. in-18 ... 2 »
Stations de Jérusalem. 1806, in-24, fig ... 1 »

Testament (le nouveau) de N. S. Jésus-Christ, traduit sur la Vulgate, par Lemaistre de Sacy. Paris 1750, 2 vol. in-12 ... 5 »
Le même. Paris 1800, in-12 ... 2 50
Le même. Paris 1730, 2 vol. in-18 ... 4 »
Le même, traduit par Denis Amelot. Limoges 1791, in-12 ... 1 50
Le même, traduit par Mesenguy. Paris 1775, in-8° ... 4 »
Le même, par Sirogain, 4 vol. in-8°, figures ... 10 »
Testamentum (novum J. C.). Avenione 1758, 2 vol. in-12 ... 4 »
Tournely (H.) theologia. Parisiis 1762, 17 vol. in-8° ... 85 »
Traité de l'exposition du Saint-Sacrement, par Thiers. Avignon 1777, 2 vol. in-12 ... 5 »
Traité du gouvernement spirituel et temporel des paroisses, par Jousse. Paris 1774, gros in-12 ... 2 50
Trésor (le) du chrétien, par l'abbé Champion de Pontalier, nouvelle édition. Paris 1813, 3 vol. in-12 ... 7 50
Triomphe (le) de l'évangile, ou mémoires d'un homme du monde, revenu des erreurs du philosophisme moderne, trad. de l'espagnol par J. F. A. Buynand des Echelles, 2ᵉ édit. Lyon 1821, 3 vol. in-8° ... 18 »

Vertus (les) du christianisme, ou recueil de traits de générosité, de bonté, de bienfaisance, etc. par Gassier. Paris 1812, in-12, fig ... 3 »
Vie chrétienne, ou principes de la sagesse, par Colonia. Avignon 1759, 2 vol. in-12 ... 4 »
Vie de Saint-François de Sales, par de Marsollier. Paris 1789, 2 vol. in-12 ... 6 »
La même. Paris 1817, 2 vol. in-12 ... 5 »
Vie de Saint François-Xavier, par Bouhours. Avignon 1817, 2 vol. in-12 ... 6 »
Vie de Jésus-Christ, par Deligny. 1814, 3 vol. in-8° ... 21 »
Vie pénitente de mad. de La Vallière, par madame de Genlis. Paris 1816, in-12 ... 2 50
Vie de saint Louis de Gonzague, 1 vol. in-12 ... 2 50
Vie de saint Stanislas Kostka, de la compagnie de Jésus, par Virgile Cepari, traduit de l'italien par Calpin, in-12, fig. ... 1 25
Vie de saint Vincent-de-Paul, par Collet. Paris 1816, in-12 ... 1 »
Vies des saints, pour tous les jours de l'année, par Mesenguy. Lyon 1809, in-12 ... 2 50
Les mêmes. Limoges 1782, in-12 ... 2 50
Vies des veuves, ou les devoirs et les obligations des veuves chrétiennes. Paris 1784, in-12 ... 2 50
Virginie, ou la vierge chrétienne, par M. A. Masin. Avignon 1778, 2 vol. in-12 ... 4 »
Visites au Saint-Sacrement et à la Sainte Vierge, pour chaque jour du mois, par Liguori. Paris 1817, in-32 ... 1 »
Voie du salut, ou le nouveau livre de piété, contenant des maximes propres à maintenir l'homme dans la vertu, etc. Paris, in-18 ... 2 50

Wigandt. *Tribunal confessariorum. Traj. ad Mosam. 1729*, 6 vol. in-12 ... 12 »

Livres d'église à l'usage de Rome.

Bréviaire romain avec rubriques françaises. Lyon 1775, 4 v. in-4°, rouge et noir ... 30
Breviarium romanum. Parisiis 1781, 4 vol. in-8°, ch. mag. ... 16
Idem. Campidonæ, 1752, 2 vol. in-12 ... 7 50
(Totum anectitur). Lugduni 1780, in-12 ... 5 »
Diurnæ (horæ) breviarii romani. Parisiis, Lemercier, 1750, rubriques rouges, in-24 ... 2 50
Idem, Leodii 1791, fig. rubriques rouges, in-24 ... 3 »
Diurnal du bréviaire romain. Paris 1774, in-4°, gr. pap. ... 9 »
Graduale juxta missale romanum, editio nova. Lugduni 1815, in-fol ... 18 »
Idem. Divione, in-12 ... 1 »
Idem. Antverpiæ 1758, in-fol ... 35 »
Graduel (abrégé du) romain, avec les rubriques en français. Lyon 1809, in-12 ... 1 »
Parvum officium romanum. Parisiis 1757, Lemercier, in-4° ch. mag. ... 9 »
Office divin à l'usage de Rome. Lille, in-12 ... 1 50
Le même. Paris, in-24 ... 1 50
Paroissien (petit) complet, à l'usage de Rome. Lille, in-18 ... 2 »
Paroissien à l'usage de Rome. Lyon 1817, 1 vol. in-24 ... 1 »
Vesperale romanum, avec les rubriques françaises. Lyon 1806, in-12, noté ... 3 »

A l'usage de Paris, et de Paris et Rome.

Eucologe, à l'usage de Paris. Paris 1790, 2 vol. in-12 ... 2 50
Le même. Paris 1811, in-12 ... 3 50
Livre d'église à l'usage de Paris. Paris 1789, in-12 ... 3 »
Paroissien à l'usage de Paris et de Rome, 1 vol. in-24 ... 1 25
Office divin, ou livre d'Eglise usage, de Rome et de Paris, in-18. ... 2 »
Le même, à l'usage de Rome, in-12 ... 3 »
Paroissien (petit) complet, à l'usage de Paris et de Rome. Paris 1789, in-12 ... 2 50
Le même. Paris 1792, in-18 ... 2 »

A l'usage des Chartreux et de Cîteaux.

Breviarium sacri ordinis cartusiensis. Gratianopoli 1757, in-8° ... 8 »
Breviarium cisterciense. Parisiis 1771, 2 vol. in-8°, ch. mag. ... 18 »
Idem, 2 vol. in-8°, avec rubriques françaises ... 18 »
Idem. Parisiis 1752, 2 vol. in-12 ... 8 »
Imitatio Christi, ad usum ordinis cisterciensis. Ac S. Benedicti vita et regula. Parisiis 1775, in-18 ... 3 »
Imitation de Jésus-Christ, à l'usage de Cîteaux, suivie de la règle de Saint-Benoît. Paris 1708, in-24 ... 1 50

A l'usage des Protestants.

Instruction chrétienne, par Vernet. Genève 1780, 5 vol. in-12, portr. ... 12 »
Sermons sur divers textes de l'Écriture sainte, par de La Broue. La Haye 1765, in-12 ... 2 50
Sermons sur divers textes de l'Écriture sainte, par Jaquelot. Lausanne 1781, 2 vol. in-12 ... 4 50
Sermons sur divers textes de l'Écriture sainte, par de la Saussaye. Amsterdam 1810, in-8° ... 5 »
Testament (nouveau) de N. S. Jésus-Christ, trad. nouvelle, par les pasteurs de Genève. Genève 1802, in-8° ... 4 50

ROMANS ET CONTES.

fr. c.

Emma et Saint-Aubin, ou caractères et scènes de la vie privée, trad. de l'anglais de miss Opie. Paris 1813, 3 vol. in-12 ... » 50
Enfants (les) de l'abbaye, traduit de l'anglais de Regina-Maria Roche, par Morellet, nouvelle édition. Paris 1812, 6 vol. in-18, fig. ... » 50
Enfant (l') du désert, ou les malheurs de Léonine d'Armanville, par Vauhove. Paris 1823, 4 vol. in-12 ... 10 »
Époux (les) malheureux, par d'Arnaud. Avignon 1792, 4 vol. in-18 ... 3 »
Les mêmes. Paris 1803, 2 vol. in-12 ... 3 »
Épreuves du sentiment, par d'Arnaud. Paris 1803, 6 vol. in-12. 12 »
Eugène de Rothelin, par l'auteur d'Adèle de Sénange. Paris 1810, 3 vol. in-12. ... 5 »
Eugène et Guillaume, par Picard, 4 vol. in-12 ... 12 »
Evélina, ou l'entrée d'une jeune personne dans le monde, par miss Burney, traduit de l'anglais. Paris 1816, 3 vol. in-12. 5 »
Exalté (l'), histoire de Gabriel Désodry, sous l'ancien régime, pendant la révolution, sous l'empire, par Picard, membre de l'académie française, 4 vol. in-12 ... 12 »

Gonzalve de Cordoue, ou Grenade reconquise, par Florian. Paris 1797, 3 vol. in-18 ... 6 50

Hasards, ou ad'ou richesses. Paris 1788, 3 vol. in-12 ... 6 »
Héritage (l') de mon oncle l'abbé, par madame la comtesse de Choiseul, 2 vol. in-12. Paris 1823, fig. ... 6 »
Héritière (l') polonaise, par M. D.-L. M. Paris 1811, 3 vol. in-12 ... 6 »
Hermann et Ulrique. Paris 1792, 2 vol. in-12 ... 4 »
Hermitage (l') Saint-Jacques, ou Dieu, le roi et la patrie, par Ducray-Duminil. Paris 1815, 4 vol. in-12 ... 10 »
Héros comique, 2 vol. in-12 ... 3 »
Histoire de Clarisse Harlowe, traduction nouvelle par Letourneur. Paris 1803, 14 vol. in-18, fig., pap. d'Angoulême, jolie édition ... 28 »
La même, pap. vélin ... 50 »
Histoire d'Estévanille Gonzalez, par Lesage. Paris 1821, 3 vol. in-18, fig. ... 4 50
Histoire de Gil Blas de Santillane, par Lesage. Paris 1797, 4 vol. in-8°, ornés de 100 fig. ... 30 »
La même. Paris 1818, 4 vol. in-12, fig. ... 18 »
La même. Bruxelles 1790, 4 vol. in-12, fig. ... 5 »
La même. Paris 1820, stér. d'Herhan, 4 vol. in-18 ... 5 »
La même, édition Cazin, 1785, 4 vol. in-18 ... 8 »
La même. Paris 1823, 5 vol. in-18 ... 10 »
La même. Paris 1818, 6 vol. in-18, fig. ... 10 »
Histoire du chevalier Grandisson, par Prévost, nouvelle édit. Paris, Cazin, 1786, 7 vol. in-18 ... 14 »
Histoire de Guzman d'Alfarache, par Lesage. Paris 1813, 2 vol. in-12, stér. d'Herhan, pap. vél. ... 10 »
La même. Amsterdam 1777, 2 vol. in-12 ... 4 »
La même. Paris 1810, 2 vol. in-18, stér. d'Herhan ... 3 »
La même, 2 vol. in-18, édition Cazin, 1783 ... 6 »
La même. Paris 1811, 2 vol. in-18, fig. ... 5 50
Histoire de Manon Lescaut et du chevalier des Grieux, par Prévost. Amsterdam 1756, 2 vol. in-12, p. p. ... 4 »
La même. Paris 1814, in-18 ... 3 »
Histoire et aventures de N. Pickle. Amsterdam 1757, 4 vol. in-12. 6 »
Histoire de Sophie et d'Ursule, par de Charnois. Paris 1789, 2 vol. in-18 ... 3 »

Ida (l') Beramme, ou mémoires du chevalier de Gastine, publiés par Grave. Paris 1819, 2 vol. in-12, fig. ... 6 »
Incas (les), ou la destruction de l'empire du Pérou, par Marmontel. Paris 1820, in-8°, fig. ... 8 »
Les mêmes, 2 vol. in-32, 1821 ... 6 »

Jean et Jeannette, ou les petits aventuriers parisiens, par Ducray-Duminil. Paris 1816, 4 vol. in-12 ... 10 »
Julie, ou la nouvelle Héloïse, par J.-J. Rousseau. Genève 1793, 6 vol. in-12 ... 9 »

La même, nouvelle édit. Paris 1808, 4 vol. in-8°, avec 6 fig. ... 30 »
La même, 4 vol. in-12, fig. ... 10 »
La même. Paris 1819, 3 vol. in-18, fig. ... 9 »
La même. Paris 1824, 4 vol. in-32 ... 10 »

Lettres de Stéphanie, roman historique, par madame de B. Paris 1796, 3 vol. in-12 ... 3 »
Liaisons (les) dangereuses, lettres recueillies dans une société et publiées pour l'instruction de quelques autres. Londres 1796, 2 vol. in-8°, jolie édition ornée de 15 belles fig. ... 14 »
Les mêmes, 2 vol. in-8°, pap. vélin, fig. avant la lettre. 36 »
Les mêmes. Paris 1802, 2 vol. in-12, fig. ... 2 50
Les mêmes. Paris, 4 vol. in-18, fig. ... 3 »
Les mêmes, 4 vol. in-18, fig., pap. vél. ... 16 »
Lisvart de Grèce, roman de chevalerie, ou suite d'Amadis de Gaule, par Mayer. Paris 1788, 3 vol. in-12, pet. pap. ... 10 »
Louise, ou la chaumière dans les marais. Paris 1788, 1 vol. in-12 ... 3 »

Malheurs (les) de l'inconstance, par Dorat. Paris 1794, 2 vol. in-18, fig. ... 3 »
Masque (le) de fer. Paris 1791, 3 vol. in-18, fig. ... 3 »
Mémoires d'un homme de qualité, suivis de l'histoire du chevalier des Grieux et de Manon Lescaut. Amsterdam 1756, 7 vol. in-12, p. p. ... 14 »
Mémoires Turcs, ou histoire galante de deux Turcs et de leur séjour en France. Paris 1796, 2 vol. in-18, pap. vél., fig., jolie édition ... 5 »
Meunière (la) du Puy-de-Dôme, ou l'infortune et le crime, par madame la baronne de Méré. Paris 1821, 2 vol. in-12, fig. ... 5 »
Mille et une folies, contes français. Paris 1784, 4 vol. in-12. 12 »
Mille (les) et une nuits, par Galland. Paris 1816, 7 vol. in-18, fig., jolie édition ... 15 »
Les mêmes, avec la continuation. Genève 1791, 9 vol. in-12, fig. ... 24 »
Mille et un quarts d'heure. Lille 1803, 3 vol. in-12 ... 3 »
Mille et une soirées. Lille 1782, 3 vol. in-12 ... 6 »
Les mêmes. Lille, 4 vol. in-18 ... 3 »
Ministre (le) de Wakefield, ou histoire de la famille Primerose, traduit de l'anglais de Goldsmith, par J.-G. Ymbert. Paris 1802, 2 vol. in-12, fig. ... 6 »
Le même. Paris 1821, 2 vol. in-12 ... 3 »

Nouvelles nouvelles, par Florian. Paris 1792, in-18, p. vél. 3 »
Nouvelles (six), par M. Pierre. Paris 1803, 2 vol. in-12 ... 4 »

Œuvres de d'Arnaud. Paris 1803, 12 vol. in-8°, gr. pap., fig., belle édition ... 72 »
Les mêmes. Paris 1803, contenant :
Délassements d'un homme sensible, 12 vol.
Épreuves du sentiment, 6 vol. ...
Nouvelles historiques, 3 vol. ...
Les époux malheureux, 2 vol. ...
} 23 vol. in-12 ... 38 »
Œuvres de madame Cottin. Paris 1820, 12 vol. in-18, gr. pap. 15 »
Œuvres de madame de Genlis.
Adèle et Théodore, ou lettres sur l'éducation, 4 vol. in-12. 10 »
La même, 3 vol. in-8° ... 3 »
Alphonse, ou le fils naturel, 2 vol. in-12 ... 5 »
Le même, 1 vol. in-8° ... 5 »
Alphonsine, ou la tendresse maternelle, 3 vol. in-12 ... 7 50
La même, 2 vol. in-8° ... 10 »
Annales (les) de la vertu, 3 vol. in-12 ... 12 50
Les mêmes, 3 vol. in-8° ... 18 »
Athées (les) conséquents, ou mémoires du commandeur de Sénanges. Paris 1824, in-8° ... 6 »
Battuécas (les), 2 vol. in-12 ... 4 »
Bélisaire, 2 vol. in-12 ... 4 »
Le même, 1 vol. in-8° ... 5 »

Bergères de Madian, 1 vol. in-12 ... 2 50
Les mêmes, in-8°, figures ... 4 50
Les mêmes, in-8, vélin ... 7 —
Botanique (la) historique et littéraire, suivie d'une nouvelle intitulée, les fleurs, ou les artistes, 1 vol. in-12 ... 3 —
La même, 1 vol. in-8° ... 5 —
Chevaliers (les) du Cygne, ou la cour de Charlemagne, 3 vol. in-12 ... 7 50
Les mêmes, 3 vol. in-8° ... 12 —
Comte (le) de Corke, ou la séduction sans artifice, suivi de sept nouvelles, 2 vol. in-12 ... 4 —
Discours moraux sur divers sujets, et particulièrement sur l'éducation, 1 vol. in-12 ... 2 50
Les mêmes, 1 vol. in-8° ... 4 —
Duchesse (la) de la Vallière, 2 vol. in-12 ... 5 —
La même, 1 vol. in-8° ... 5 —
La même, 1 vol. in-8°, pap. vél. ... 10 —
Emploi (l') du temps, Paris 1824, in-12 ... 3 —
Le même, in-8° ... 6 —
Examen de la biographie universelle, 2 parties in-8° ... 1 —
Herbier moral, ou recueil de fables nouvelles et autres poésies fugitives, 1 vol. in-12 ... 1 —
Histoire de Henri-le-Grand, 2 vol. in-12 ... 6 —
La même, 2 vol. in-8°, pap. vél. ... 24 —
Influence (de l') des femmes sur la littérature française, 2 vol. in-12 ... 5 —
La même, 1 vol. in-8° ... 5 —
Jeanne de France, nouvelle historique, 2 vol. in-12 ... 4 —
Madame de Maintenon, pour servir de suite à l'histoire de la duchesse de La Vallière, 2 vol. in-12 ... 5 —
La même, 1 vol. in-8° ... 5 —
La même, pap. vél. ... 10 —
Mademoiselle de Clermont, nouvelle historique, 1 vol. in-18, portrait ... 1 25
La même, pap. vél., de l'imprimerie de Didot aîné, 1 vol. in-18, ornée de quatre jolies gravures et du portrait de mademoiselle de Clermont ... 3 —
La même, papier vélin, figures ... 5 —
Mademoiselle de La Fayette, ou le siècle de Louis XIII, 2 vol. in-12 ... 6 —
La même, 1 vol. in-8° ... 5 —
Maison rustique, pour servir à l'éducation de la jeunesse, ou retour d'une famille émigrée, 3 vol. in-8° ... 13 —
Mères (les) rivales, ou la calomnie, 3 vol. in-12 ... 7 50
Monumens religieux, ou description critique des monumens religieux, tableaux et statues des grands maîtres, gravures sur pierres et sur métaux, ouvrages d'orfèvrerie, etc., 1 vol. in-8° ... 6 —
Nouveaux contes moraux, et nouvelles historiques, 6 vol. in-12 ... 15 —
Les mêmes, 4 vol. in-8° ... 24 —
Nouvelle méthode d'enseignement pour la première enfance, contenant l'explication de la méthode pour les instituteurs, des modèles de composition, etc., 1 vol. in-12 ... 2 50
La même, 1 vol. in-8° ... 3 50
Nouvelles heures catholiques à l'usage de l'enfance, 1 vol. in-8° ... 1 50
Les mêmes, papier vélin ... 3 50
Observations critiques pour servir à l'histoire de la littérature du 19e siècle, in-8° ... 1 80
Palmyre et Flaminie, ou le Secret, 2 vol. in-8° ... 9 —
Les mêmes, 2 vol. in-12 ... 5 —
Parvenus (les), ou les aventures de Julien Delmours, écrites par lui-même, 2e édition, 3 vol. in-12 ... 9 —
Les mêmes, 2 vol. in-8° ... 12 —
Petits (les) émigrés, ou correspondance de quelques enfans, 2 vol. in-12 ... 5 —
Les mêmes, 2 vol. in-8° ... 8 —
Pétrarque et Laure, 2e édition, 1 vol. in-12 ... 3 —
Les mêmes, 1 vol. in-8° ... 6 —
Prisonniers (les), contenant six nouvelles, Paris 1824, in-12 ... 3 —
Les mêmes, in-8° ... 6 —
Religion (la) considérée comme l'unique base du bonheur et de la véritable philosophie, nouv. édit., 1 vol. in-12 ... 3 —
[illegible], ou la victime des sermens et des vœux, 1 vol. in-8 ... [illegible]
Siège (le) de la Rochelle, ou le malheur et la conscience, 2 vol. in-12 ... 5 —
Souvenirs (les) de Félicie L***, 1 vol. in-12 ... 3 —
Tableaux de M. le comte de Forbin, ou la mort de Pline l'Ancien, et Inès de Castro, nouvelles historiques, 1 vol. in-8° ... [illegible]
Les mêmes, papier vélin ... [illegible]
Traité d'éducation, 3 vol. in-12 ... [illegible]
Théâtre de société, 2 vol. in-12 ... 5 —
Le même, 1 vol. in-8° ... [illegible]
Veillées (les) du château, ou cours de morale à l'usage des enfans, 3 vol. in-12 ... [illegible]
Les mêmes, 3 vol. in-8° ... [illegible]
Vie pénitente de madame de La Vallière, 1 vol. in-12 ... [illegible]
Vœux (les) téméraires, ou l'enthousiasme, 3 vol. in-12 ... [illegible]
Voyages poétiques d'Eugène et d'Antonine, 1 vol. in-12 ... [illegible]
Zuma, ou la découverte du Quinquina, suivi de la belle Paule, de Zénéïde, des Roseaux du Tibre, etc., 1 vol. in-12 ... 3 —
Œuvres choisies de [illegible], Paris 1826, [illegible] d'Hérault, pap. vél. ... [illegible]

On vend séparément :

Histoire de Gil Blas, 4 vol. in-12 ... [illegible]
Histoire de Guzman d'Alfarache, 2 vol. in-12 ... [illegible]
Bachelier (le) de Salamanque, 2 vol. in-12 ... [illegible]
Diable (le) boiteux, 2 vol. in-12 ... [illegible]
Les mêmes, ornés de [illegible] fig. ... [illegible]
Œuvres de Pigault-Lebrun, Paris, 43 vol. in-12 ... [illegible]

On vend séparément :

Adélaïde de Méran, 4 vol. in-12 ... [illegible]
Angélique et Jeanneton, 2 vol. in-12 ... [illegible]
Barons (les) de Felsheim, 4 vol. in-12 ... [illegible]
Beaupère (le) et le gendre, 2 vol. in-12 ... [illegible]
Cent-vingt jours, 4 vol. in-12 ... [illegible]
Château (le), 1 vol. in-12 ... [illegible]
Enfant (l') du carnaval, 3 vol. in-12 ... [illegible]
Famille (la) Luceval, 4 vol. in-12 ... [illegible]
Folie (la) espagnole, 4 vol. in-12 ... [illegible]
Garçon (le) sans souci, 2 vol. in-12 ... [illegible]
Homme (l') à projets, 4 vol. in-12 ... [illegible]
Jérôme, 4 vol. in-12 ... [illegible]
Macédoine, 4 vol. in-12 ... [illegible]
Mélanges littéraires et critiques, 2 vol. in-12 ... [illegible]
Mon oncle Thomas, 4 vol. in-12 ... [illegible]
Monsieur Botte, 4 vol. in-12 ... [illegible]
Monsieur de Roberville, 4 vol. in-12 ... [illegible]
Nous le sommes tous, ou l'égoïsme, 1 vol. in-12 ... [illegible]
Observateur (l') ou M. Martin, 2 vol. in-12 ... [illegible]
Officieux (l'), 2 vol. in-12 ... [illegible]
Tableaux de société, 4 vol. in-12 ... [illegible]
Théâtre, 6 vol. in-12 ... [illegible]
Œuvres complètes de Mad. de Souza, Paris 1822, 6 vol. in-8° ... [illegible]
Les mêmes, 12 vol. in-12 ... [illegible]
Œuvres de Walter Scott, 79 vol. in-12 ... [illegible]

On vend séparément les ouvrages suivans :

Lai (le) du dernier Ménestrel, et le Lord des Îles, 2 vol. ... [illegible]
Mathilde de Rokeby, et Harold l'intrépide, 2 vol. ... [illegible]
Marmion, 2 vol. ... [illegible]
Dame (la) du Lac et les fiançailles de Triermain, 2 vol. ... [illegible]
Vision (la) de Don Roderick, 1 vol. ... [illegible]
Waverley, 4 vol. ... [illegible]
Guy Mannering, 4 vol. ... [illegible]

Antiquaire (l'), 3 vol. ... [illegible]
Puritains (les) d'Écosse et le Nain mystérieux, 4 vol. ... 10 »
Rob Roy, 4 vol. ... 10 »
Prison (la) d'Edimbourg, 4 vol. ... 10 »
Officier (l') de fortune, 2 vol. ... 5 »
Fiancée (la) de Lammermoor, 3 vol. ... 7 50
Ivanhoé, 4 vol. ... 10 »
Monastère (le), 4 vol. ... 10 »
Abbé (l'), 4 vol. ... 10 »
Kenilworth, 4 vol. ... 10 »
Pirate (le), 4 vol. ... 10 »
Lettres de Paul à sa famille, 3 vol. ... 7 50
Halidon Hill, 1 vol. ... 2 »
Aventures (les) de Nigel, 4 vol. ... 10 »
Péveril du Pic, 5 vol. ... 12 50
Quentin Durward, 4 vol. ... 10 »
Les Eaux de St-Ronan, 4 vol. ... 10 »
Orgueil et prévention, traduit de l'anglais. Paris 1822, 3 vol. in-12 ... 7 50
Orpheline (l') anglaise, ou histoire de Charlotte Summers, imitée de l'anglais par de La Place. Bruxelles 1796, 4 vol. in-12, fig., p. p. ... 5 »
Orpheline (l') du château. Paris, 5 vol. in-18, fig. ... 12 »

Paysan (le) perverti, par Rétif de la Bretonne. Paris 1789, 4 vol. in-12 ... [illegible]
Palmyre, ou l'éducation de l'expérience, 3 vol. in-12, fig. ... 6 »
Paméla, ou la vertu récompensée, traduite de l'anglais de Richardson, par Prévost. Paris 1793, 12 vol. in-18, fig. ... 18 »
Parapilla et autres œuvres libres et galantes. Florence 1782, in-18, fig. ... [illegible]
Paul et Virginie, par Bernardin de Saint-Pierre. Paris 1819, in-18 ... [illegible]
Paysan (le) perverti, par Rétif de la Bretonne. Paris 1789, 4 vol. in-12 ... 6 »
Philosophe (le) anglais, ou histoire de M. Cleveland, par Prévost. Londres 1777, 6 vol. in-12, fig. ... 13 »
Princesse (la) de Clèves, suivie des lettres de mad. la comtesse de Tende. Paris 1807, 2 vol. in-12, fig. ... 5 »
Prison (la) d'État, traduit de l'allemand d'Auguste La Fontaine. Paris 1800, 4 vol. in-12 ... 10 »

Renégats (les), par Gilbert. Paris 1822, 2 vol. in-12, fig. ... 5 »
Roderick, le dernier des Goths, poëme, traduit de l'anglais de Robert Southey. Paris 1820, 3 vol. in-12 ... 7 50
Roland furieux. Paris, 4 vol. in-4°, gr. pap. ... 80 »
Roland furieux et amoureux, traduit par Tressan. Paris 1780, 6 vol. in-12 ... 22 50
Le même. Paris 1795, 8 vol. in-18, fig., pap. vél. ... 30 »
Le même. Paris 1818, 6 vol. in-18, fig. ... 9 »
Roland l'amoureux, par Tressan, 1 vol. in-18 ... 1 50
Roman (le) comique, par Scarron. Paris 1796, 3 vol. in-8°, gr. pap., avec les figures de Le Barbier ... 12 »
Romans et contes de Voisenon. Paris 1775, 2 vol. in-18, fig. ... 3 50
Romans, nouvelles et mélanges, par Ch. Nodier, 2° édition. Paris 1820, 8 vol. in-12 ... 20 »
Romans et contes de Voltaire. Kehl 1785, 2 vol. in-8° ... 12 »
Les mêmes, gr. pap. vél. ... 18 »

Romans héroïques d'Ambroise Marini, traduits de l'italien par Cohen. Lyon 1788, 2 vol. in-12 ... 8 »
Rose, ou la fille mendiante, par miss Bennett. Paris 1798, 10 vol. in-18, fig. ... 12 50

Sacrifices (les) de l'amour, ou lettres de madame de Sénanges et du chevalier Versenay, par Dorat. Avignon 1793, 3 vol. in-18 ... 3 »
Les mêmes. Paris 1796, 2 vol. in-18 ... 3 »
Schellsmdais (les), roman nouveau, traduit de l'anglais. Paris 1822, 2 vol. in-12 ... 5 »
Simple histoire et lady Mathilde, traduites de l'anglais de miss Inchbald, par Deschamps, 4° édition. Paris 1800, 4 vol. in-8° ... [illegible] 50
La même. Paris 1795, 4 vol. in-18, fig. ... 6 »
Soirées (les) de Windsor, ou les loisirs d'une famille anglaise, traduit de l'anglais, par Millon. Paris 1799, 2 vol. in-12, fig. ... 3 50
Solitaire (le), par M. le vicomte d'Arlincourt, dernière édition, 2 vol. in-12 ... 5 »
Souterrains (les) de Birmingham, ou Henriette Herefort, par Mad. Gomatil de Mère. Paris 1825, 4 vol. in-12 ... 6 »

Tanzaï et Zoké. Genève 1788, 6 vol. in-18 ... [illegible] 6
Télamon et Phaïné, ou les malheurs de la curiosité, par Delaunay. Paris 1821, in-18 ... [illegible]
Tom-Jones, ou l'enfant trouvé, par de La Place. Paris 1801, 4 vol. in-18, pap. vél., belles figures ... 12 »
Tom-Jones, ou l'enfant trouvé. Paris 1823, 4 vol. in-12, fig. ... [illegible]
Le même. Paris 1823, 4 vol. in-18, fig. ... 16 »
Tournemont, ou les confidences d'une jolie femme. Paris 1796, 2 vol. in-18 ... 2 50

Vampire et scélératesse, ou la fatalité, par M. G. Bocoux. Paris 1821, 2 vol. in-12 ... 5 »
Vicaire (le) de Wakefield, par Goldsmith, traduction nouv., par Gin. Paris 1797, in-8° ... [illegible]
Vicomte (le) de Barjac. Dublin 1784, 2 vol. in-18 ... [illegible]
Victor, ou l'enfant de la forêt, par Ducray-Duminil. Paris 1798, 4 vol. in-18, fig. ... 6 »
Vie du chevalier de Faublas, par Louvet de Couvray. Paris 1820, 8 vol. in-18, fig. ... 8 »
Vie (la) de Marianne, ou les aventures de Mad. la comtesse de***, par Marivaux. Londres 1778, 4 vol. in-12 ... 8 »
La même. Amsterdam 1778, 2 vol. in-12 ... 5 »
La même. Paris 1781, 3 vol. in-12 ... 8 »
Vierge (la) du mont Galaad, ou le retour de l'exile, par Mad. Desleys. Paris 1819, 4 vol. in-12 ... 10 »
Voyages de Gulliver. Paris 1822, 4 vol. in-18, fig. ... 6 »
Voyages imaginaires, songes, visions et romans cabalistiques, recueillis par Garnier. Paris 1787-89, 39 vol. in-8°, fig. ... 19[illegible]

Wallerode, ou les aéronautes, par Auguste La Fontaine, trad. par Élise Voïart. Paris 1821, 3 vol. in-12 ... 6 »
Werther, nouvelle traduction, par Sevelinges. Paris 1804, in-8°, avec portr. gravé par Bouilly ... 5 »
Le même, 2 vol. in-18 ... 2 50
Wertherie, par Perrin. Paris 1791, 2 vol. in-18, fig. ... 2 50
Woldemar, par Jacobi, traduit de l'allemand, par Vanderbourg. Paris 1796, 2 vol. in-12 ... 3 50

LIVRES ANGLAIS.

Addison's Spectator. New edition, with historical, biographical and explanatory notes, and the lives of the authors. London, 1819. 3 vol. grand in-8°, pap. vel. port. br. 33
Addison and Steele, the Spectator. 8 vol. in-8°, fig. 50
Le même. London, 8 vol. in-12, pap. velin jolie édit. 42
Le même. London, 10 vol. in-12, papier velin, jolie édition 30
Édition compacte, Dublin 1825, 1 vol. grand in-8°, relié en veau par Purgold 30
Æsop's Fables. London 1821, in-18, papier velin cartonné, jolie édition, ornée de 112 gravures sur bois très-bien exécutées [illegible]
Ainsworth's latin and english dictionary, nouv. édit. London [illegible], 1 gros vol. in-8° 28
Analysis (a Critical) of madame de Staël's Germany, by a German. London 1813, in-8° [illegible]
Anderson's Narrative of the British Embassy to China in the years 1792, 93 and 94. Basil 1795, 2 vol. in-8° [illegible]
Antiquities of Great Britain, illustrated with Views of Monasteries, Castles, and Churches, now existing, engraved by W. Byrne, from drawings made by Tho. Hearne, with descriptions in english and french, ouvrage magnifiquement exécuté et très-estimé. London 1807, 2 vol. in-folio, cartonnés 360
Antiquities of Magna-Græcia, etc. Cambridge 1807, grand in-fol., papier vélin cartonné à l'anglaise, avec un grand nombre de gravures, par W. Wilkins 300
Arabian Nights, translated by Forster, 5 vol. in-12, cartonnés, figures [illegible]
Le même, translated by Forster, with engravings from Pictures by Smirke. London 1802, 5 vol. grand in-8°, papier velin avec superbes gravures, belle reliure en veau [illegible] 180
Art (l') de la correspondance, en anglais et en français. Paris [illegible], 2 vol. in-12, br. [illegible]
Arundel, by the author of the observer. London [illegible], 2 vol. in-12 [illegible]
Asseen Akbery, or the institutes of the emperor Akber. London [illegible], 2 vol. in-8°, fig. [illegible]

Bacon's Essais. London, in-12, pap. vel. cart. [illegible]
Baretti's Dictionary of the Spanish and English Language. London [illegible], 2 vol. in-8°, relies en [illegible] [illegible]
Barrow's Italian Scenery, the views of Italy, gravées par les plus habiles artistes d'Angleterre, avec un texte explicatif. Londres [illegible], en livraisons, 1 vol. in-4°, pap. vel. [illegible] 150
Le même, relié en maroquin vert, dessous tranche et sur plat, magnifique reliure anglaise, par Hering 195
Beauties of Sterne. London [illegible], in-12, papier velin, fig. cartonné [illegible]
Bellegarde, on Politeness at Mauritius, translated from the french. Paris 1819, in-8°, rel. [illegible]
Berquin's Dramas and Tales, translated from l'ami des enfants. Paris [illegible], in-12 [illegible]

Berry, Méthode pour la langue anglaise. Rouen 1788, in-12 3
Bible (the Holy). London 1796, petit in-8°, imprimé sur pap. pelure d'oignon, relié en maroquin bleu, doré sur tranche et sur plat, doublé de moire, charnière de maroquin, reliure anglaise de toute beauté 85
Bible (the Holy), with Marginal references and notes, selected from the Bible of Dr. Dodd, and other eminent divines. London, 4 gros vol. in-4°, rel. en cuir de Russie glacé, tranche marbrée, belle reliure anglaise 100
Bible (the Holy), with Marginal references, etc. Oxford 1810, in-8°, relié en cuir de Russie, doré sur tranche [illegible]
Le même. Cambridge 1819, in-18, veau noir doré sur tranche, jolie édition [illegible]
Bibliotheca Americana, or a catalogue of Books, Pamphlets, etc., relative to America. London 1789, in-4°, cart. [illegible]
Blackstone's Commentaries on the Laws of England, 15th edition with notes and additions, by Ed. Christian. London 1809, 4 gros vol. in-8°, portr., cartonné [illegible]
Les mêmes. Dublin 1794, 4 vol. in-12 [illegible]
Blair's Sermons. London 1818, 5 vol. in-4°, portr. br. 35
Blair's Lectures on Rhetoric and Belles-lettres. London 1820, 3 vol. in-8°, pap. vél. cart. [illegible]
Class-book, or 365 reading lessons selected from the best authors. London 1816, 1 gros vol. in-12, relié [illegible]
Bloomfield's Rural poems. London 1802, in-8°, petit papier, figures [illegible]
Boldoni, Nouveau Manuel du Voyageur, or the Traveller's Pocket Companion, consisting of dialogues and familiar conversations, in French, and Italian, with a complete vocabulary, table of the relative value of the different coins, models of letters, notes, etc. 3d edition. Paris 1821, 1 vol. oblong, in-18 [illegible]
Bolingbroke's Letters on the Study of History. Basil 1791, in-8° [illegible]
Remarks on the history of England. Basil 1794, in-8° [illegible]
Bosset (Col. de), Parga and the Ionian islands. London 1821, grand in-8°, papier vélin, cartonné [illegible]
Boyer, Dictionnaire anglais-français et français-anglais, 26° édition, revue par Salmon. Paris 1821, 2 vol. in-8°, rel. 16
— French Master. Brussels 1816, in-8° [illegible]
Bowdich's Mission from Cape Coast Castle to Ashantee, with a statistical account of that kingdom. Londres 1819, in-4° avec cartes [illegible]
Bradford's Sketches of the country, character, and costume of Spain and Portugal. London 1809, 1 vol. in-fol., pap. vel. orné de 53 jolies grav. et enluminées [illegible]
British (the) gallery of engravings, from pictures of the Italian, flemish, and dutch schools, now in the possession of the king of England, and several noblemen and gentlemen of the United Kingdom, by Ed. Forster. London 1807, 1 vol. grand in-folio, cartonné.
Les gravures de cette galerie des tableaux du roi d'Angleterre, exécutées avec beaucoup de luxe, a été confiée aux premiers artistes de la Grande-Bretagne, tels que Heath, Fittler, etc.
Le texte est en français et en anglais 650
British (the) Theatrical Gallery, a collection of Whole Length [illegible]

portraits, with biographical notices, by Terry. Livraisons 1 à 3, coloriées. London 1822, grand in-4°, papier vélin. Chaque livraison ... 52 »

British classics, containing Johnson's Rambler, Lyttleton's Persian letters, Adison's Spectator, and the Adventurer. Dublin 1791, 1 vol. in-8°, relié en veau ... 48 »

British Poets. London 1822, 100 vol. in-12, papier vél., cart. très-belle édition.

Cette collection commence par Chaucer, Spencer, Cowley et Milton, et finit avec les derniers poètes modernes, Burns, Mason et Cowper; elle embrasse aussi les traductions des poètes grecs et latins, par Dryden, Pope, Francis, etc. C'est la plus jolie et la plus complète de toutes les collections des poètes publiées en Angleterre ... 625 »

Le même, 100 vol. in-12, élégamment reliés en 50, tranche marbrée ... 875 »

Le même, avec une suite de gravures publiées par le célèbre Sharp, relié en veau, belle reliure anglaise ... 1150 »

British poets. Cooke London 45 vol. in-18, fig ... 110 »

British Prose Writers (the), with biographical and critical prefaces. Paris, in-32; papier vélin satiné. Chaque ouvrage se vend séparément; savoir:

Goldsmith's Vicar of Wakefield, 1 vol. avec un portr. ... 3 50
Mackensie's Man of Feeling, 1 vol., dito ... 3 »
Bacon's Essays, 1 vol., dito ... 3 »
Sterne's Sentimental Journey, 1 vol., dito ... 3 »
Montague's Letters, 1 vol., dito ... 3 »
Swift's Gulliver's Travels, 2 vol., dito ... 7 »
Junius's Letters, 2 vol., dito ... 5 »
Sheridan's Dramatic Works, 4 vol., dito ... 12 »

Brooke's General Gazetteer; or, compendious Geographical Dictionary. London 1820, 1 gros vol. in-8°, avec cartes ... 15 »

Buchan's Domestic Medicine. London 1822, in-8°, cart. ... 12 »

Burney's Cecilia and Evelina. Dresden 1803, 4 vol. in-8°, pap. fig ... 38 »

Burney's (Miss), Evelina, Dresden 1790, 3 vol. in-12 ... 9 »

Bunyan's Pilgrim's Progress. Edinburgh 1799, in-12 ... 3 »

Butler's Hudibras. London, Walker, 1817, 1 vol. in-24, pap. vel., fig., cart. ... 6 »

Le même, Whittingham 1815, 2 vol. in-18, pap. vel., fig. en bois, jolie édition ... 10 »

Le même, avec la traduction en vers français. Paris 1819, 3 vol. in-12, fig., br. ... 15 »

Byron's (lord) Works. Paris 1822, 5 vol. in-12, br. ... 19 50

Londres 1821, 7 vol. in-8°, pap. vel., cart. ... 28 »

Les mêmes imprimées sur papier vélin, avec le portrait de l'auteur et une notice sur sa vie, contenant English Bards and Scotch Reviewers, Hours of Idleness, Curse of Minerva, suppressed Poems, et toutes ses œuvres publiées jusqu'à ce jour. Paris 1822, 11 vol. in-12 ... 51 »

On vend séparément:

Mazeppa, a Poem, 12mo, pap. vélin ... 3 »
Don Juan, a Poem, Cantos I. and II., 1 vol. in-12, pap. vélin ... 3 »
Cantos III, IV, and V, 1 vol. in-12, pap. vél. ... 3 »
Letter on the Reverend W. L. Bowles's Strictures on the Life and Writings of Pope, in-12, pap. vel. ... 3 »

Byron's Hours of Idleness, a series of juvenile poems, original and translated, in-12 ... 6 »

Sardanapalus, a Tragedy, in-12, vél. paper ... 6 »
The Two Foscari, a tragedy, in-12, pap. vél. ... 6 »
Beppo, a Venetian Story, in-12, pap vel. ... [illegible]
Waltz, an Apostrophic Hymn, in-12, pap. vel. ... 1 50
Marino Faliero, Doge of Venice, an Historical Tragedy, in 5 acts, with notes, in-12, pap. vel. ... 6 »
The Prophecy of Dante, a Poem, in-12, pap. vel. ... 2 50
Cain, a Mystery, in-12, pap. vel. ... 4 50
English Bards and Scotch Reviewers, a Satire, and other suppressed Poems, in-12 ... 6 »

Ce dernier ouvrage est très-rare en Angleterre.

CAMPAN (madame), Conversations d'une mère avec sa fille, en français et en anglais, in-8° ... 3 »

Campbell's Poetical Works; The Pleasures of Hope, Gertrude of Wyoming, and other Poems, 1822, 1 vol. in-12, pap. fin, jolie édition ... [illegible]

Castle (the) of Otranto. Berlin 1794, in-8°, fig. ... 1 50

Cervantes, Don Quixote, translated by Jarvis, 4 vol. in-18, fig., 1821 ... 13 »

Chambaud, nouveau Dictionnaire français-anglais, et anglais-français, nouv. édit. revue, corrigée et augmentée, par Descarrières, 2 forts vol. in-4°, dem. rel. à dos brisé ... 90 »

Le même, 4 gros vol. in-8°, demi-reliure ... 70 »

— French Grammar, 1820, in-8°, rel. ... 9 »

— French and English Exercises, ou thèmes français anglais. London 1793, in-8° ... 3 »

Chapone's Letters. Gregory's Legacy. Londres, Walker, 1 vol. in-24, cart., fig. ... 3 »

Chesterfield's Letters. London 1821, 4 vol. in-12, cart. ... 18 »

Le même. Londres, Walker, 3 vol. in-18, cart. ... 18 »

Chinese and Oriental Tales, 1 vol. in-24, cart. ... [illegible]

Circle of Anecdote and Wit. Londres 1821, 1 vol. in-18, cart. ... [illegible]

Clark's English Primer, or child's first book. London 1820, 1 vol. in-18, avec beaucoup de gravures, br. ... 1 20

— Little Spelling-book for young Children, 1818, 1 vol. in-16, br. ... 1 50

Clarkson's Portraiture of Quakerism. New-York, 3 vol. in-8°, veau ... 30 »

Classiques italiens et latins publiés à Londres, avec portraits, format in-48.

Petrarca, Sonetti e Canzoni. Londra 1822, 1 vol. ... 8 »
Tasso, Gerusalemme liberata. Londra 1822, 2 vol. ... 12 »
Cicero, de Officiis, Cato Major et Lelius. Londini 1821, 1 vol. ... [illegible]
Virgilii opera. Londini 1821, 1 vol. ... 10 »
Horatii opera. Londini 1820, 1 vol. ... 6 »
Terentii Comœdiæ. Londini 1820, 1 vol. ... 9 »

Ces éditions imprimées par Corall, avec des caractères dits « Diamant, » surpassent en perfection celles de Sedan, des Elzevirs, ou du Louvre. Ces ouvrages forment une très-jolie collection pour être donnés en cadeau. On en trouve toujours de reliés en maroquin, veau, et en cuir de Russie, par les plus habiles relieurs anglais.

Cobbett. Maître d'anglais, ou Grammaire complète de la langue anglaise, 5e édition, revue par Hamonière. Paris 1826, 1 gros vol. in-8°, br. ... [illegible]

Cockburn's Swiss Scenery. 60 Vues de la Suisse, gravées par les meilleurs artistes d'Angleterre. London 1820, 12 livraisons contenues en 1 vol. in-4°, pap. vel. satiné ... 160 »

Le même, rel. en maroq. vert, dor. sur tr. et sur plat, magnifique reliure anglaise, par Hering ... 190 »

*Collection des meilleurs écrivains en prose de la Grande-Bretagne, avec des préfaces critiques et biographiques, par J. W. Lake, 36 vol. in-32, imprimés sur grand raisin vélin satiné, par Firmin Didot, et ornés du portrait de chaque auteur.

The Vicar of Wakefield, 1 vol. ... 1 25
The man of feeling, 1 vol. ... [illegible]
Bacon's Essays, 1 vol. ... [illegible]
Sentimental journey, 1 vol. ... [illegible]
Gulliver's travels, 2 vol. ... [illegible]
Lady Montague's letters, 1 vol. ... [illegible]
Junius letters with a dissertation, 2 vol. ... 5 »
Sheridan's dramatic works, 4 vol. ... 12 »
The wandering Heroes, 3 vol. ... 9 »
The dramatic Works of Colman the younger, 4 vol. ... 12 »
Prix des 16 volumes déjà publiés ... 48 [illegible]

Common Prayer, in-12, mar. rouge dor. sur tr. Oxford 1820 ... 12 »

Le même, veau noir dor. sur tr. ... 9 »

Le même, in-18, mar. bleu dor. sur tr. ... 12 —
Le même, in-18, veau noir dor. sur tr. ... 9 —
Le même, in-24, mar. rouge dor. sur tr. ... 6 50
Le même, veau dor. sur tr. ... 6 50
Cook's Three Voyages round the World. Whittingham 1821, 2 vol. in-18, pap. vél., fig., cart. ... 10 —
Cottin (madame), Elizabeth, or the Exiles of Siberia, in-12, pap. vél., figures d'après Westall ... 10 —
Le même, relié en veau, tranche marbrée ... 14 50
Le même, mar. rouge ... 18 —
Cowper's Poems. London, Walker, 1815, 1 gros vol. in-24, fig., pap. vél., cart. ... 8 —
Le même. Whittingham 1820, 2 vol. in-18, pap. vél., vignettes ... 8 —
Le même, 2 vol. in-12, pap. vél., portr. ... 15 —
Le même. Dublin 1803, in-8° ... 8 —
Cumberland's Observer, being a collection of moral, literary and familiar essays. London 1798, 6 vol. in-12 ... 15 —

Defoe's History of Robinson Crusoe. Whittingham 1820, 2 vol. in-18, pap. vél., vign. en bois ... 10 —
Delolme's Constitution of England. London 1821, in-8°, portr. ... 12 —
Le même, 1822, 1 gros vol. in-18, cart. ... [illegible]
Don Quixote, embellished with 24 engravings, drawn by Westall, and engraved by Charles Heath. London 1821, 4 vol. in-12, cartonné ... 36 —
Dictionnaire de poche, anglais-français et français-anglais d'après Nugent, par Thompson. Paris 1815, 2 vol. in-16 ... [illegible] 50
Dictionnaire (nouveau) de poche, français-anglais et anglais-français, par T. Nugent, [illegible] édition, par L. F. Fain. Paris 1818, 2 vol. in-16 ... [illegible] 50
Dictionary (spelling and pronouncing), 181[illegible], in-8°, pet. p. ... [illegible]
Dodd's Beauties of Shakspeare. London, Walker, 1818, 1 vol. in-24, fig., pap. vél., cart. ... [illegible] 50
Le même. Whittingham 18[illegible], 1 vol. in-18, vignettes en bois, pap. vél., br. ... [illegible] 50
Dufief's (N. G.) Nature displayed in her Mode of Teaching Language to Man; being a new and infallible method of acquiring language with unparalleled rapidity, deduced from the analysis of the human mind, and consequently suited to every capacity, adapted to the French. London [illegible], [illegible] vol. in-8°, pap. vél. ... [illegible]
Dupont, an Original Method of conjugating the French Verbs. London 18[illegible], in-8° ... [illegible]

Edgeworth's (Maria) Early Lessons, with the continuation. London 18[illegible], 4 vol. in-18, demi-reliure ... [illegible]
Harrington and Ormond. London 181[illegible], 3 vol. pet. in-8° ... [illegible]
Patronage. London 18[illegible], 4 vol. petit in-8° ... [illegible]
Belinda, 3 vol. petit in-8° ... [illegible]
Leonora. London 1815, 2 vol. petit in-8° ... [illegible] 50
Modern Griselda. London 18[illegible], 1 vol. petit in-8° ... [illegible]
Little Rosamond. London 18[illegible], 2 vol. petit in-8° ... [illegible]
Moral Tales. London 18[illegible], 3 vol. petit in-8° ... [illegible]
Popular Tales. London 18[illegible], 3 vol. petit in-8° ... [illegible]
Tales of Fashionable Life. London 18[illegible], 6 vol. pet. in-8° ... [illegible]
Poetry Explained. London 18[illegible], petit in-8° ... [illegible] 50
Economy (the) of Human Life. London 18[illegible], petit in-8°, pap. vél., avec très-belles vignettes, rel. en mar. bleu, dor. sur tr., doublé de moire ... [illegible]
Elegant Extracts in prose. London, 1 très gros vol. in-8°, cart. ... [illegible]
Extracts in Poetry. London, 1 gros vol. in-8°, cart. ... [illegible]
Epistles, being a copious collection of familiar and amusing letters. London, 1 gros vol. in-8°, cart. ... [illegible]
Extracts, Prose, Poetry and Epistles. London, Sharpe, 18 vol. grand in-18, pap. vél., ornés de jolies vignettes, cart. ... [illegible]
Chaque ouvrage, composé de 6 vol., se vend séparément ... [illegible]

Le même, élégamment relié en veau fauve, tranche marbrée, jolie reliure anglaise ... [illegible]
Enfield's Speaker. London 1821, in-12, rel. ... 6 —
Englefield's (Sir H.) Vases, engraved by Moses. London 1819, 6 livraisons, cart. en 1 vol. gr. in-4°, pap. vél., 40 pl. ... 80 —
English Theatre, or a select collection of the best Tragedies, Comedies, Operas, and Farces. London 1821, 14 vol. in-18, avec 134 vignettes en bois ... 45 —
Evenings at Home, or, the juvenile budget opened, consisting of a variety of miscellaneous pieces; by Aikin and Mrs. Barbauld. London, [illegible] vol. in-18, demi-reliure ... [illegible]

Falconer, the Shipwreck, a Poem, in-18, pl. ... [illegible]
Fellows's History of the Bible, 2 vol. in-18, avec beaucoup de jolies figures en bois, 1811, fig. ... [illegible]
Fenelon's Adventures of Telemachus. London 1800, 2 vol. in-12, pap. vél., ornés de 24 planch. ... [illegible]
Le même. Paris 1803, in-12 ... [illegible]
Le même, anglais et français, 2 vol. in-12 ... [illegible]
Demonstration of the existence of God, 1811, in-18 ... [illegible]
Fielding's Adventures of Joseph Andrews. Dresden 1798, 2 v. in-8°, pap., fig. ... [illegible]
— Amelia. Dresden 1802, 2 vol. in-8° ... [illegible]
Fitz-Adam (A.), the World. London 1794, 4 vol. in-12, cart. ... [illegible]
Force (the) of Example, or History of Henry and Caroline. London 1797, in-12 ... [illegible]
Fox's Abridgement of the History of James the Second. London 1808, in-8°, p. vél. ... [illegible]
France, consisting of Views in Paris, its Environs, and other Picturesque parts of France, from drawings by Capt. Batty. Voyage pittoresque en France, exécuté par les premiers artistes d'Angleterre, accompagné d'un texte explicatif. Ouvrage complet, 12 livraisons, [illegible] in-8°, [illegible] pap. vél. ... [illegible]
Fulton and Knight's general Pronouncing and Explanatory Dictionary of the English Language. Edinburgh 1819, in-16 ... [illegible]

Gay and Moore's Fables. Paris, Renouard, 1 vol. in-18, br. ... [illegible]
Gay's Fables 1 vol. in-12, pap. vél., br. ... [illegible]
Les mêmes. London, in-8, pap. vél., très jolie édition, ornée de charmantes gravures en bois, cartonnée ... [illegible]
Genlis (Mad. de) Tales of the Castle. London, Walker, [illegible] vol. in-18, fig., pap. vél., cart. ... [illegible]
Gessner's Death of Abel. London 1816, in-12, jolie édition ... [illegible]
Le même, reliure anglaise ... [illegible]
Le même. London, Walker, 1818, 1 vol. in-24, fig., br. ... [illegible]
Gibbon's History of the Decline and Fall of the Roman Empire, new edition, with portraits and maps, and an original [illegible] of the Author, [illegible] vol. in-8°, pap. vél. [illegible] portr. ... [illegible]
Le même. London 18[illegible], [illegible] vol. grand in-8°, pap. vél., port., cart. ... [illegible]
Le même. London 1820, 12 vol. gr. in-8°, portr., belle reliure anglaise, tranche marbrée, par Hering ... [illegible]
Miscellaneous Works. Basil 1796, [illegible] vol. in-8°, demi-rel. ... [illegible]
Goldsmith's Citizen of the World. Whittingham [illegible], 2 vol. in-18, pap. vél., jolies vignettes, cartonnés ... [illegible]
Grammar of British Geography. London [illegible], [illegible] vol. in-18, fig. [illegible], rel. ... [illegible]
Vicar of Wakefield. Paris [illegible], in-8° ... [illegible]
Le même, 18[illegible], 1 vol. in-18, pap. vél., jolie fig. en bois, cart. ... [illegible]
Le Ministre de Wakefield, en anglais et en français, texte en regard. Paris 18[illegible], 2 vol. in-12, fig. ... [illegible]
The History of Greece, 18[illegible], [illegible] vol. in-8° ... [illegible]
The History of Rome, 18[illegible], [illegible] vol. in-8° ... [illegible]
History of Greece abridged, [illegible] vol. in-12 ... [illegible]
Roman History abridged, for the use of schools. Paris [illegible], 1 vol. in-12 ... [illegible]
Roman history abridged, [illegible] ... [illegible]

f. c.

Goldsmith and Lyttleton's History of England, in a series of letters from a nobleman to his son. London, 2 vol. in-12, broché ... 6 —
— History of England to the peace of 1815, 2 vol. in-18 ... 8 —
— Poetical Works. Whittingham 1818, 1 vol. in-18, pap. vél., fig. en bois, br. ... 3 50
— Poetical Works, Londres 1819, 1 vol. in-18, fig. ... 5 70
— Miscellaneous Works, 1821, 4 vol. in-8° ... 16 —
— History of the Earth and Animated Nature, 1822, 6 vol. in 8°, avec beaucoup de gravures ... 70 —
— History of Rome, 2 vol. — History of Greece, 2 vol. — History of the Earth and Animated Nature, illustrated with copper-plates, 6 vol., en tout 10 vol. in-8°, rel. en veau fauve, tranches marbrées, belle rel. ang. ... 165 —
— Le même ouvrage, cart. ... 100 —
Guercino, a collection of Prints, 156 engraved by Bartolozzi, etc., from the original drawings of Guercino, in the collection of his Majesty the King of England, after the most eminent master, in-fol. 2 vol. demi-rel. Ouvrage du plus grand mérite, et gravé par le célèbre Bartolozzi ... 300 —
Guide de la conversation française à l'usage des Anglais, par Mabire, 3° édit. Paris 1818, in-16 ... 2 —
Guide through France, chiefly compiled from Coxe, with additions from recent authors, 4° edit. 1 gros vol. in-18, br. ... 9 —
— Le même, rel. ... 10 —
— Holland and Belgium, 4° edition; compiled from Boyce, Reichard, Romberg, etc., 1 vol. in-18, br. ... 7 —
— Le même, rel. ... 8 —
— Italy, 3° edition, carefully compiled from the works of Coxe, Eustace, Forsyth, Villiers, Reichard, etc.; with a detail of its antiquities, soil, agriculture, manners, and customs, 1 gr. vol. in-18, rel. ... 10 —
— Switzerland, 3° edit., chiefly compiled from the works of Ebel and Coxe, with valuable additions from the observations of recent travellers containing plans of Tours through all the most interesting parts of that country, 1 vol. in-18, rel. ... 10 —
Graffigny. Lettres d'une Péruvienne, en anglais et en français, Paris 1822, 2 vol. in-8°, fig. ... 8 —
Gulliver's travels, by Swift. 1823, 2 vol. in-12, pap. vél., fig. ... 12 —

Hamel's Grammatical Exercises upon the French Language, 1822, in-12 ... 6 —
Hamonière. Dictionnaire de poche français-anglais et anglais-français. Paris, 2 vol. in-16, pap. vél., bien reliés en 1 vol. ... 7 —
Haussner's Phraseologia Anglo-germanica. Strasbourg 1798, in-8° ... 12 —
Hopkin's Vocabulary, Persian, Arabic and English, abridged from Richardson's Dictionary. London 1810, in-8°, pap. vél. ... 32 —
Houghton Gallery, a set of 133 Prints, engraved after the most capital Paintings (by Bartolozzi, Green, Sherwin, Ravenet, Sharpe, etc.), in the collection of the Emperor of Russia, formerly in the possession of the Earl of Orford, at Houghton Hall. London, 2 vol. in-fol. atlantique. Cette galerie de l'empereur de Russie est magnifiquement exécutée ... 1100 —
Hume and Smollett's History of England. London 1820, 13 vol. in-8°, pap. vél., cartonnés, portrait ... 160 —
— Le même, London, 10 vol. grand in-18 cart. ... 98 —
— Le même, London 1810, 3 vol. grand in-8°, ed. compacte. ... 65 —
— Le même, London, Walker 1811, 15 vol. in-18, pap. vél., reliés en cuir de Russie ... 150 —
— Le même, cartonné ... 90 —
Hume's Treatise on Human Nature, understanding, passions, morals. London 1820, 2 vol. in-8° ... 20 —
— Essays 1793, 2 vol. in-8°, demi-rel. très-soignée ... 34 —

Johnson (Dr.) Rasselas, avec les gravures de Westall, in-12, pap. vél. ... 12 —
— Rasselas, Whittingham 1818, 1 vol. in-18, fig. en bois. ... 3 50
Johnson's Dictionary of the English Language 1821, 2 gros vol. in-4°, demi rel. en veau ... 125 —
— Le même ouvrage, rel. en veau fauve, belle reliure anglaise. 136 —
— Le même, London 1755, 1 vol. in-fol., orné du portrait de Johnson, relié en veau fil. ... 150 —
— Dictionary of the English language, with numerous corrections, and with the addition of several thousand words, and history of the language, by the Rev. Mr. Todd. London 1818, 4 gros vol. in-4°, pap. vél., cart., portrait. 375 —
— Dictionary of the english language. Montrose, in-8° ... 12 —
— Abridged from the folio edition, to which is prefixed a Grammar of the english language 1821, gr. in-8°, portr. ... 15 —
— Grammar, abridged, 1 vol. in-18, jolie édition de poche reliée ... 6 —
— Lives of the English Poets. London, Walker 1820, 2 gros vol. in-24, pap. vél., fig., cart. ... 15 —
— Le même, 3 vol. in-8°, cart. ... 27 —
— Le même, London 1818, 4 vol. in-12, pap. vél. br. ... 20 —
— Le même, London 1820, 3 vol. in-8°, pap. vél., cart. ... 30 —
— Rambler. London, Walker 1820, 2 vol. in-24, pap. vél., fig., cart. ... 12 —
— Le même, London 1820, 3 vol. in-8°, pap. vél., cart. ... 30 —
— Works, a new edition, to which is prefixed an Essay on his Life and genius, by Murphy, 1820, 12 vol. in-8°, port., belle rel. anglaise en cuir de Russie. 325 —
— Life, by James Boswell, 4 vol. in-8°, portr. reliure uniforme ... 60 —
— Works. London 1820, 12 vol. in-8°, pap. vél., cart. ... 130 —
Journal of a tour and residence in Great Britain, during the years 1810 and 1811, by a French Traveller, Edinburgh 1815, 2 vol. grand in-8°, pap. vél., avec beaucoup de gravures, cartonnés ... 36 —
Junius's Letters. London, Walker 1820, 1 vol. in-24, fig., pap. vél., cart. ... 5 25
— Whittingham 1819, 1 vol. in-18, pap. vél. fig., cart. ... 3 —
— Londres 1820, petit in-12 ... 7 —
— Including Letters by the same writer under other signatures, now first collected, with notes and fac-similes, 1804, 3 vols in-8° ... 50 —

Kelsall's Classical Excursions from Rome to Arpino, Genève 1820, gr. in-8° ... 14 —
Knickerbocker, History of New York, from the beginning of the world to the end of the Dutch dynasty. 1821, 2 vol. pet. in-8°, cart. ... 14 —

Langhorn's (John) Poetical Works, London 1801, 2 vol. in-8°, pap. vél., fig. ... 16 —
La Peyrouse's Voyage round the World. Boston 1801, in-12. 3 50
Lavinia, or the Bard of Irwell's Lament. London 1821, in-12. 1 25
Le Comte, Rules for conjugating French Verbs. London 1819 ... 1 50
Legrand, Fabliaux or Tales, abridged from the French MSS. of the 12th and 13th centuries. London 1815, 3 vol. pet. in-8°, jolies fig. en bois ... 36 —
Lesage's Gil-Blas, by Smollet. London, Walker 1818, 2 gros vol. in-24, fig., vél. cart. ... 14 —
Lesage's History of Gil-Blas. Lyon 1815, 4 vol. in-12 ... 12 —
Levizac's Dictionary of the French and English languages, in conformity with the French Academy. Second edition, revised by Gros. London 1820, 1 gros vol. in-12, relié ... 16 —
— French Grammar, new edition, Paris 1820, in-12 ... 4 —
Liber Veritatis, a collection of 300 prints, after the original designs of Claude Lorrain; engraved by Richard Earlom, in the manner and taste of the drawings in the collection of the Duke of Devonshire, Earl Spencer, etc., with a description of the drawings from the hand-writing of

[illegible] Guide on the back of each. London, 3 vol. in-12, [illegible]. Collection très-estimée et peu commune.

Life (the) of Edward Earl of Clarendon. Basil, 1798, 3 vol. in-8.

Locke's two Treatises on Government, 1821, in-8, portrait.

Mackenzie's Works. London, Walker, 1 vol. in-24, pap. vel. fig., cart.

— Man of Feeling. Edinburgh, 1823, in-12, pap. vel.

Marmontel's Belisarius. London, 1800, in-8, pap. vel. fig.

— Le même, français et anglais. Bruxelles, 1824, 1 vol. in-18.

— Incas (the), or the Destruction of the Empire of Peru. London, 1808, 2 vol. in-18.

Martial Achievements of Great Britain and Allies, from 1793 to 1815, 1 vol. très-grand in-4, pap. vél., avec 51 fig., très-joliment exécutées et coloriées par les premiers artistes anglais. 580

Mavor and Pratt's Classical English Poetry, for the use of schools. London 1819, 1 gros vol. in-12, relié. 9

Mavor (William), a Father's Gift to his Children, consisting of [illegible] and Essays, Tales, Fables, Reflections, etc. London 1820, 2 vol. in-12, demi-rel. 15

Memoirs of the Life and Gallant Exploits of [illegible]. London, [illegible].

[illegible], a Treatise on the Valuation of Annuities and Assurances on Lives and Survivorships. London, [illegible], 1 vol. [illegible], en veau par Purgold.

Milton's Paradise Lost, with plates by Westall. London, 1817, 2 vol. in-8. 24

— Paradise Lost, 1821, 1 vol. in-12, [illegible].

— Paradise Lost. London, [illegible], in-18, pap. vel., [illegible].

— Paradise Regained, and other Poems. London, [illegible], 1 vol. in-12, avec jolies gravures.

— Paradise Lost. London, [illegible], 1 vol. in-12, pap. vel., fig., cart.

— Le même, [illegible], 1 vol. in-18, fig.

— Poetical Works. Paris, Didot, [illegible], 3 vol. in-8, grand papier vélin satiné, port., élégamment relié. 30

— Poetical Works. London, Walker, 1818, 1 gros vol. in-24, fig., pap. vel. cart. 9

Montagu's (Lady) Letters. London, [illegible], 1 vol. pet. in-8. 5

— Le même. Bordeaux, 1817, in-12.

Moore (Thomas), complete Works, with a Portrait and Sketch of his Life, containing Lalla Rookh, Odes and Epistles, Twopenny Post Bag; Irish Melodies, Sacred Melodies, National melodies, M. P., or the Blue Stocking, Fudge Family, odes of Anacreon, Little Poems, and a very great number of Canzonets, Songs, etc. Cette édition est la seule des œuvres de cet auteur qui ait été publiée uniformément. Paris, [illegible], 6 vol. in-12, pap. vel.

Moore (Thomas), the loves of the angels, [illegible], in-8, pap. vel., fig. en bois.

Morgan's (Lady) Italy, pap. fin. Paris, [illegible], 3 gros vol. in-12.

— Letter to the Reviewers of « Italy », [illegible].

[illegible] of [illegible]'s Zelmour, translated from the French. London [illegible], in-12.

Mungo Park's Travels in the Interior of Africa. London, 1816, 2 vol. in-12, pap. vel.

Murray's English Grammar. London, 1 vol. in-8.

— Le même. London 1822, 1 vol. in-12, relié.

— Exercises. London 1822, 1 vol. in-12, relié.

— Key to the Exercises, 1 vol. in-12, relié.

— English Reader, or pieces in prose and verse selected from the best Writers. London 1819, 1 vol. in-12, pap. vel., relié. 5

— Historical Recreations, or a collection of entertaining and instructive passages, selected from the best historians. London, 1822, 1 vol. in-12, [illegible].

Niebuhr's Travels through Arabia and other Countries in the East. Perth, [illegible], 2 vol. in-8, pap. vel., fig. 10

Nugent. Dictionnaire portatif des langues française et anglaise. Paris 1826, 2 vol. in-16, fig., reliés en 1 vol. 6

— Pocket Dictionary of the French and English Languages. London, [illegible], 1 vol. in-16, relié.

Orford (lord), a Catalogue of the Royal and Noble Authors of England, Scotland, and Ireland, with a list of their Works, enlarged and continued to the present time by Park. London, 5 vol. in-8, pap. vel., avec 150 portraits de la plus grande beauté. 300

Original Stories from Real Life, 1821, in-18, fig. en bois. 4

Ovid's Metamorphoses, by Garth. London, Walker, 1826, 1 vol. in-24, pap. vel., fig., cart.

Paley's Works. London, 1822, 4 vol. in-8, pap. vel., br. 40

— Principles of Moral and Political Philosophy. London, 1822, 2 vol. in-8, pap. vel., cart. 15

Paley's Natural Theology. London, 1822, 1 vol. in-8, pap. vel., br. 12

— View of the Evidences of Christianity. London 1822, 1 vol. in-8, pap. vel., br. 12

— Horæ Paulinæ. London, 1822, 1 vol. in-8, br. 12

Paris Guide (New), or Stranger's Companion through the French Metropolis, new edition, embellished with a Map and eight beautiful engravings; containing a full and accurate description of the churches, palaces, public buildings, and most remarkable private houses; the theatres and places of amusement, the museums, libraries and other repositories of the fine arts and all the public establishments and institutes, [illegible], and cemeteries, comprising also a Plan for Viewing Paris thoroughly in a Week, 1 gros vol. in-12, relié.

Paris (the) Monthly Review of British and Continental Literature; il en paraît un numéro tous les mois. 3

Perrin's Elements of English Conversation, with new Familiar [illegible] Dialogues. Bordeaux, [illegible]. 2

Percy's Anecdotes, [illegible] with a fine portrait to each volume. London, 1823, 33 vol. in-18, pap. vel.

Chaque volume se vend séparément 2 fr. 50 c. Savoir :

N° 1. Humanity, with a Portrait of Wilberforce.
2. Eloquence, Lord Erskine.
3. Youth, Son of Sir George Dallas.
4. Ge[illegible], Sir Isaac[illegible].
5. Enterprise, Mungo Park.
6. Captivity, Sir Sidney Smith.
7. Science, Sir Joseph Banks.
8. Heroism, Marquis of Anglesey.
9. Justice, Lord Eldon.
10. Instinct, The Ettrick Shepherd.
11. Humour, George Colman.
12. Imagination, Sir Walter Scott.
13. Fidelity, Marquis of Hastings.
14. Fine Arts, Thomas Lawrence.
15. Hospitality, Thomas William Coke.
16. The Bar, Denman.
17. Genius, Robert Southey.
18. Shipwreck, Captain Maxwell.
19. The Pulpit, Rev. Daniel Wilson.
20. Benevolence, Robert Owen.
21. Beneficence, Mrs Elizabeth Fry.
22. Exile, Napoleon Bonaparte.
23. War, Wellington.
24. Pastime, Earl of Darlington.
25. Patriotism, Earl of Fitzwilliam.

f. c.

26 *Commerce*. J. Angerstein Esq.
27 *The Stage*. Mrs Siddons.
28 *Crimes and Punishments*. Sir J. Mackintosh.
29 *Travelling*. Dr. Daniel Clarke.
30 *Literature*. John Nichols Esq.
31 *Women*. Mrs. H. Moore.
32 *Honour*. Duke of York.
33 *Fashion*. Marchioness of Stafford.

Perefixe's Life of Henry the Fourth, translated from the French by Lemoine. Paris 1785, in-8° ... 7 –

Peyton's Elements of the English Language. Brussels 1794, in-12 ... 2 50

Picture of London, being a correct Guide in the Metropolis of the British Empire. London 1822, 1 gros vol. in-18, avec beaucoup de gravures, rel. ... 15 –

Piozzi's British Synonimes. Dublin, in-8° ... 8 –

Pouqueville's Travels in Greece and Turkey, 1820, in-4°, fig. et cartes ... 48 –

Poems and Translations from the German of Schiller. London 1821, in-8°, pap. vél. ... 15 –

Pompeiana. The Topography, Edifices and Ornaments of Pompeii, by Sir W. Gell and J. P. Gandy. London 1821, 12 numéros grand in-8°, pap. vél., avec 77 gravures faites par les premiers artistes anglais ... 140 –

Le même, rel. en mar. vert dor. sur tranche, par le célèbre Lewis ... 184 –

Pope's Poetical Works. Paris 1822, 3 vol. in-12, pap. vél., Lefèvre ... 20 –

Poppleton, Guide pratique pour traduire le français en anglais, au moyen d'une traduction interlinéaire des idiotismes, et des mots difficiles; 4e édition, augmentée d'un Précis de syntaxe anglaise raisonnée, par Mariavel, 1820, 1 gros vol. in-8°, br. ... 4 50

Pursuits of Literature, a Satirical Poem. Philadelphia 1800, in-8°, gr. pap. ... 8 –

Ramsay. Les Voyages de Cyrus, en anglais et en français. Paris 1809, 2 vol. in-12 ... 6 –

Le même, en anglais. Paris 1817, in-12 ... 3 –

Reform from the Criminal Law of Tuscany, English and Italian. London 1789, in-8° ... 4 –

Reid (Professor), an Enquiry into the Human Mind 1822, in-12, portrait ... 7 –

Review (the Monthly) from the commencement of May, 1749 to 1789, with the Index by Ayscough, 84 vol. — Monthly Review. New Series, from 1790 to 1817, with the Index from 1790 to 1816, 75 vol., en tout 159 vol. in-8°, demi-reliure très-soignée, par Purgold ... 1350 –

Robertson (Dr.) complete Works, with his Life by Gleig. 1822, 12 vol. in-8°, portr., cart., belle édition ... 220 –

Le même ouvrage, relié en veau fauve, belle reliure anglaise ... 285 –

— History of Charles the V, 1821, 4 vol. in-8°, cart. ... 32 –

Robertson. History of America, 2 vol. in-8°, cartonné ... 35 –

— History of Scotland, 3 vol. in-8°, cartonné ... 27 –

— Historical Disquisition on India, in-fol., cart. ... 10 –

Robinson Crusoe, a new edition. London, 2 vol. in-12, belle édition ornée d'estampes charmantes, gravées sur bois, d'après les dessins de Clennel; papier vélin, cartonnés ... 18 –

Rogers (Samuel) Human Life, a poem, 1820, in-12, papier vélin ... 10 –

— Poems, in-12, papier vélin, figures en bois ... 15 –

Rousseau (J. J.) Social Contract. London 1794, in-8°, petit papier ... 1 –

Samuel Picturesque Tour of the Seine from Paris to the Sea, with particulars historical and descriptive, illustrated with 24 highly finished and coloured engravings by drawings, by Pugin and Gendall. 1821, grand in-4°, pap. vélin ... 120 –

f. c.

Schade's Pocket Dictionary of the english and german languages. Leipzig 1804, 2 vol. in-12 ... 10 –

Scott's (sir Walter) the Lady of the Lake, 1 vol. in-12 ... 5 50

— Kenilworth, romance, 3 vol. in-12 ... 9 –

Le même, 3 vol. in-12 ... 13 –

— Kenilworth. Paris 1821, 3 vol. in-12, jolie édit. ... 9 –

— The Monastery, 3 vol. in-12 ... 13 –

Le même. Paris 1822, 3 vol. in-12, jolie édition ... 10 –

— The Abbot, 3 vol. in-12 ... 13 –

— Ivanhoe, 3 vol. in-12 ... 13 –

Le même. Paris 1821, 3 vol. in-12, très-jolie édit. ... 10 –

Le même, 2 vol. in-8° ... 10 –

— Waverly, 3 vol. ... 13 –

— Guy Mannering, 3 vol. ... 13 –

— The Antiquary, 3 vol. ... 13 –

— Rob Roy, 3 vol. ... 13 –

— The Pirate, 3 vol. ... 13 –

— The Fortunes of Nigel, 3 vol. ... 13 –

— The Poetical Works complete, 7 vol. in-12, avec un portrait ... 39 –

— The Lay of the Last Minstrel, 1 vol. ... 5 –

Le même, grand papier vélin superfin ... 6 –

— Halidon Hill, 1822 ... 3 –

— Minstrelsy of the Scottish Border, 1821, 3 vol. gr. in-8° ... 48 –

Beauties of eminent Writers. Leith 1816, 2 vol. in-12 ... 5 50

Saint Pierre (Bernardin de), Paul and Virginia. Sharpe 1820, in-12, belles figures d'après Westall, élégamment relié en veau ... 18 –

Le même, relié en maroquin bleu, par Hering ... 24 –

Le même. Paris 1820, in-18, fig. ... 2 –

Le même, en anglais et français. Brussels 1803, 2 vol. in-18 ... 5 –

— Studies of Nature, translated by H. Hunter. Worcester 1797, 3 vol. in-8°, fig. ... 31 –

— Botanical Harmony delineated. 1797, in-8° ... 5 –

Seats (the) of the nobility and gentry, in a collection of the most interesting and picturesque views, engraved by W. Watts. London in-4°, cartonné ... 160 –

Ouvrage charmant, et contenant 84 gravures supérieurement exécutées, représentant les plus belles maisons de plaisance d'Angleterre.

Shakspeare's dramatic Works, revised by George Steevens, 18 tom. en 9 vol. grand in-fol. dos de maroquin rouge non rogné, avec 91 belles figures, gravées par les premiers artistes anglais, insérées dans le texte — plus 2 vol. in-fol. Atlantique, contenant une suite de 100 estampes, qui servent à embellir les ouvrages de cet auteur. Londres, Bulmer 1791-1802 ... 5000 –

Le même. London 1802, 9 vol. in-folio, et atlas sur grand Jésus vélin ... 2,100 –

Les mêmes. London 1820, 3 vol. in-12, pap. vél., cartonnés ... 24 –

From the correct edition of J. Reed, with copious annotations. London 1821, 12 vol. in-12, cart. ... 52 –

Le même. London 1821, 12 vol. in-8°, papier vél. satiné, cartonné ... 120 –

Le même. London, 12 tom. en 6 vol. in-8°, belle reliure anglaise ... 144 –

Le même. London, Walker 1811, 8 vol. in-24, pap. vélin, fig. cartonné ... 55 –

Le même, relié en maroquin lilas, doré sur tranche, belle reliure anglaise ... 130 –

Shakspeare's, 9 vol. in-18, avec beaucoup de jolies fig. en bois ... 40 –

Le même, relié en mar. cramoisi dor. s. tr. ... 110 –

Le même, 1821, 6 vol. in-18, cart. ... 32 –

Le même, rel. en mar. bleu, doré sur tr., superbe reliure anglaise ... 60 –

Les mêmes, rel. en cuir de Russie, dor. s. tr. ... 75 –

Le même, 8 vol. in-18, charmante édit., cart. ... 50 –

Le même, selected Plays, with brief explicatory notes. Avignon 1809, 6 vol. in-12 ... 15 »
— (Beauties of), London 18[illegible], in-12 ... 6 »
Sheridan's Speeches. London [illegible], 5 vol. in-8 ... [illegible]
— Traité de la prononciation anglaise. Paris 17[illegible], in-8 ... 2 50
Sharpe's classics. With plates, by Westall, in-12, mezz. pap. vel. sat. Chaque volume, orné de jolies vignettes, cartonné, se vend séparément; savoir :
Beattie's Minstrel, 1 vol. ... [illegible]
Cowper's Task, 1 vol. ... [illegible]
— Table Talk, 1 vol. ... [illegible]
— Minor Poems, 1 vol. ... [illegible]
Elizabeth, 1 vol. ... [illegible]
Falconer's Shipwreck, 1 vol. ... [illegible]
Gray's Poems, 1 vol. ... [illegible]
Goldsmith's Poems, 1 vol. ... [illegible]
Milton's Paradise Lost, 2 vol. ... [illegible]
— — Regained, Poems, 2 vol. ... [illegible]
Paul and Virginia, 1 vol. ... [illegible]
Rasselas, 1 vol. ... [illegible]
Thomson's Seasons, 1 vol. ... [illegible]
Young's Nights, 2 vol. ... [illegible]
Mrs. Chapone's Letters, in-12, fig. ... [illegible]

Sharpe's select edition of the British prose writers. London 1821, [illegible] vol. in-18, pap. vel. chaque volume orné d'un très beau portrait, [illegible] ... [illegible]
Chaque ouvrage de cette collection se vend séparément. Savoir :
Walpole's Reminiscences, 1 vol.
Walpoliana, 1 vol.
Boyle's Letters, 2 vol.
Goldsmith's Essays, 1 vol.
Goldsmith's Bee, 1 vol.
Gray's Letters, 2 vol.
Lord Bacon's Essays, 1 vol.
Lord Clarendon's Essays, 1 vol.
Lady Russel's Letters, 2 vol.
Cowley's Essays, 1 vol.
Shenstone's Essays, 1 vol.
Dr. Johnson's Sermons, 2 vol.
Lady Montague's Letters, 2 vol.
— France and Italy, 1 vol.
Reynolds's Discourses, 2 vol.
Talbot's Reflections, 1 vol.
Talbot's Essays, 1 vol.
Locke's Conduct, 1 vol.
Boyle's Reflections, 1 vol.
Junius's Letters, 2 vol.
Fitz Osborne's Letters, 1 vol.
Ollie Podrida, 1 vol.
[illegible] Letters, 1 vol.
Burke's Reflections on the French Revolution, 1 vol.
De Lolme on the English Constitution, 1 vol.
Dr. Franklin's Essays, 1 vol.
Johnsoniana, 2 vol.
Rev. W. Jones's Letters, 1 vol.
Sir W. Jones's Letters, 1 vol.
Mrs. Chapone's Letters, 1 vol.
Sir W. Temple's Essays, 1 vol.
Selden's Table-Talk, 1 vol.
Sir W. Blackstone's Analysis, 1 vol.

Sicile. Voyage Pittoresque en Sicile, dessiné par Dewint, et gravé par les premiers grav. de Londres, en anglais, in-4°, sur pap. vel., grand format impérial. L'ouvrage doit former 12 livraisons, dont neuf sont terminées, chaque livraison ... [illegible]
Siret. Élémens de la langue anglaise. Nouvelle édition, revue par Poppleton. Paris 18[illegible], 1 vol. in-8° ... [illegible]
Élémens de la langue anglaise. Paris 18[illegible], in-12 ... [illegible]
Smith's (Charlotte) Rural Walks, in dialogues, for the use of young persons. Leipzig 18[illegible], 2 vol. in-8°, p. p. ... [illegible]
Smith's Wealth of Nations, 18[illegible], 3 vol. in-8° ... [illegible]
Smollett's Continuation of Hume's History of England. London 18[illegible], 5 vol. in-8°, pap. vel. portr. ... [illegible]
— Miscellaneous Works, with memoirs of his life and writings, by Anderson. Edinburgh 18[illegible], 6 vol. gr. in-8° ... [illegible]
— Humphry Clinker. London, Walker, 1 vol. in-[illegible] ... [illegible]
— Roderick Random. London, Walker, 18[illegible], 2 gros vol. in-24, pap. vel. cart. fig. ... [illegible]
— Peregrine Pickle. London, Walker, 18[illegible], 2 gros volumes in-24, fig., pap. vél., cart. ... [illegible]
Spectator (the) with sketches of the lives of the authors. Edinburgh 18[illegible], 8 vol. in-[illegible] ... [illegible]
Même ouvrage, dem. rel. dos de mar. ... [illegible]
Sterne's Select Works. London 18[illegible], 4 vol. gr. in-[illegible], pap. vel., fig., cart. ... [illegible]
— Complete Works, with a life of the author. London 18[illegible], 4 vol. gr. in-8°, cart. ... [illegible]
— Sentimental Journey through France and Italy. Paris 17[illegible], in-12, p. p. ... [illegible]
Le même, Basil 17[illegible], in-8° ... [illegible]
— Beauties of, containing his Tales and Humorous Descriptions, 18[illegible], in-18, jolie éd. de Sharpe ... [illegible]
— Tristram Shandy. London, Walker 18[illegible], 1 gros vol. in-24, fig. pap. vélin cart. ... [illegible]
Stretch's Beauties of History. Paris 18[illegible], in-12 ... [illegible]
Stratton's Illustrations on the Works of [illegible]. London 18[illegible], 4 vol. grand in-8°, avec [illegible] fig. cartonné. ... [illegible]
Swift's Gulliver's Travels. London, Walker 18[illegible], 1 vol. in-[illegible], pap. vél. fig. cart. ... [illegible]
Le même. Dresden 18[illegible], in-8°, petit pap. ... [illegible]
— Tale of a Tub, written for the universal improvement of mankind. London 18[illegible], in-12, fig. ... [illegible]
Swiss Scenery, by Cockburn. Voyage pittoresque en Suisse, gravé d'après le major Cockburn, et exécuté par les premiers graveurs de Londres, format grand in-8°, en livraisons, ouvrage complet ... [illegible]
Synonymes English, or the difference between words esteemed synonymous in the english language, english and French. Paris 18[illegible], 1 vol. in-8° ... [illegible]
Syntax's (Dr.) Tour in Search of the Picturesque, 8th edition. London 18[illegible], 1 vol. grand in-8°, avec de [illegible] gravures coloriées ... [illegible]

Tarver's Explanatory Pronouncing Dictionary of the French language, in French and English. London 18[illegible], 1 vol. in-12, rel. ... [illegible]
Thames Scenery. Vues pittoresques de la Tamise, depuis Richmond jusqu'à Oxford, dessinées par M. Westall, sur pierre, in-fol. [illegible] livraisons, complet ... [illegible]
Thomson's Seasons, translated by Poulin. Paris 18[illegible], 1 vol. in-8°, fig. ... [illegible]
Le même. London 18[illegible], in-18, papier vélin, jolie édit. ... [illegible]
Le même, en français et anglais. Paris 18[illegible], 1 vol. in-[illegible] ... [illegible]
Le même, avec les belles gravures d'après les dessins de Westall. London 18[illegible], in-12, pap. vélin, satin., belle reliure anglaise ... [illegible]
Le même, relié en maroquin cramoisi ... [illegible]
Le même. London, Walker 18[illegible], 1 vol. in-[illegible], cartonné. ... [illegible]
Le même. Whittingham 18[illegible], 1 vol. in-[illegible], papier vélin, satiné, fig. en bois, cartonné, très-jolie édition ... [illegible]
Le même. London 18[illegible], in-8°, papier vélin, relié en veau, par Thurgood. ... [illegible]
Trial of Harry Hardheart, for ingratitude and cruelty to the brute creation. London, in-18 ... [illegible]
Vergani. Grammaire anglaise, 18[illegible], in-12 ... [illegible]
Volney's (C. F.) Meditation on the Revolutions of Empires, illustrated with a biographical notice, by Count Daru. Paris 18[illegible], in-18 ... [illegible]
Walker's critical pronouncing dictionary and expositor of the english language. London 18[illegible], 1 vol. gr. in-8°, ... [illegible]

Abridgement of a critical pronouncing dictionary, by Th. Smith. London 1821, 1 vol. format carré, relié.... 9 »
Elements of geography of natural and civil history. London 1800, in-8°, cartes.... 11 »
Ware. Tracts on Vaults and Bridges, containing observations on the various forms of Vaults, and on the principles of arches, illustrated by extensive Tables of Bridges. London 1822, gr. in-8°, gravures.... 30 »
Worlidge's select collection of drawings, from curious antique gems, most of them in the possession of the nobility and gentry of England. London 1768, cartonné, 2 tom. en 1 vol. in-4°, contenant 181 planches, parfaitement complet, ouvrage très-recherché et très-rare.... 180 »

Young's Nights, London, papier velin cartonné, jolie édition.... 8 50
Young's Works. London 1798, 3 vol. in-12.... 32 »
Le même. Philadelphia, 4 vol. in-18, rel.... 12 »
Le même. (Edward), the complaint, or night thoughts on Life Death and immortality. 1822, in-12, portr.... 7 »
Zimmerman's solitude. Dublin 1805, 2 vol. in-12.... 10 »
Walker's British Classics, format in-18.

Chaque ouvrage est orné d'un joli frontispice, et d'un titre gravé. Ces éditions d'un format élégant et commode ont toujours été recherchées par les amateurs. On en trouve des exemplaires reliés en maroquin, en cuir de Russie, et en veau, par les premiers relieurs de Londres.

Arabian Nights, 3 vol.... 18 »
Atala. Indian Cottage, Gessner's Idyls, etc.... 4 50
Arthur and the Knights of the Round Table, 2 vol.... 13 50
Beauties of Shakspeare.... 7 »
Beauties of Sterne.... 4 50
Belisarius and Numa Pompilius.... 6 »
Buccaneers of America.... 9 »
Bunyan's Pilgrim's Progress.... 7 »
Burn's Poetical Works.... 7 »
Chapone, Gregory, and Pennington's female advice.... 4 50
Chesterfield's letters, 3 vol.... 18 »
Chinese Tales.... 7 »
Cotton and Moore's Fables.... 4 »
Cowper's poems.... 7 50
—— Letters.... 10 50
Death of Abel.... 3 »
Devil on Two Sticks.... 5 50
Doddridge's Rise and Progress of Religion.... 5 25
Don Quixotte, 2 vol.... 13 »
Fairy Tales, 2 vol.... 12 »
Falconer's Shipwreck.... 2 50
Franklin's Works and Life.... 5 25
Goldsmith's Essays, Poems, etc.... 6 »
Gulliver's Travels.... 5 25
Gil Blas, 2 vol.... 12 »
Gray's poems.... 2 50
Horace, by Francis.... 6 »
Humphry Clinker.... 6 »
Hudibras.... 5 25
Hervey's Meditations.... 5 »
Horne on the psalms, 2 vol.... 13 50
Homer's Iliad.... 7 50
—— Odyssey.... 7 »
Humes History of England, and Smollett's Continuation, 13 vol.... 90 »
Johnson's Lives of the Poets.... 15 »
—— Rambler, 2 vol.... 13 50
Joseph Andrews.... 6 »
Junius's Letters.... 5 25
Locke on the Understanding, and lord Bacon's Essays.... 4 50

Mackenzie's Works, containing the Man of Feeling, Man of the World, and other Pieces.... 7 50
Marmontel's Moral Tales.... 7 50
Messiah, by Klopstock, 2 vol.... 10 50
Milton's Poetical Works.... 7 50
Mason on Self Knowledge, Melmoth's importance of Religion, and Dodsley's Economy of Human Life.... 4 50
Montague's (Lady) Works, 2 vol.... 10 »
Nourjahad, and Almoran and Hamet.... 4 50
Old Baron, and the Castle of Otranto.... 4 50
Ossian's Poems.... 4 50
Ovid's Metamorphoses.... 4 50
Paul and Virginia, and Elisabeth.... 4 50
Peregrine Pickle, 3 vol.... 13 50
Peruvian Tales.... 9 »
Persian and Turkish Tales, 2 vol.... 12 »
Peter Pindar, 5 vol.... 32 »
Practical Morality, containing Chesterfield's Advice, Blair's Advice, Burghley's Precepts.... 4 50
Pope's Works.... 4 50
Rasselas, and Dinarbas.... 9 »
Robinson Crusoe.... 7 50
Roderick Random.... 7 50
Sandford and Merton.... 7 60
Shakspeare, 8 vol.... 55 »
Somerville's Chase.... 2 25
Spiritual Quixote.... 7 50
Sterne's Journey.... 3 75
Sturm's Reflexions, 2 vol.... 13 »
Tales of the Castle.... 12 »
Tales of the Genii.... 7 »
Telemachus.... 6 »
Theodosius and Constantia.... 4 50
Thomson's Seasons, with the Castle of Indolence.... 4 »
Tristram Shandy, by Stern.... 9 »
Tom Jones, 3 vol.... 17 »
Virgil, by Dryden.... 6 »
Vicar of Wakefield.... 4 »
Voltaire's Charles the XII, and Peter the Great.... 6 »
Watts on the Mind.... 6 »
Young's Night Thoughts.... 4 50
Zimmerman on Solitude.... 6 »
Whittingham's cabinet library, in-18, cartonné.
Sterne's Sentimental Journey.... 3 »
Robinson Crusoe, 4 vol.... 10 »
Cook's Voyages, 2 vol.... 16 »
Junius's Letters.... 6 50
More's Essays.... 2 50
Dodd's Prison Thoughts.... 2 50
—— Reflections on Death.... 2 50
Vicar of Wakefield.... 4 50
Thomson's Seasons.... 3 »
Burn's Poems, 2 vol.... 10 »
Goldsmith's Poems.... 3 50
Homer's Odyssey, 2 vol.... 10 »
More's Sacred Dramas.... 3 50
Goldsmith's Citizen of the Word, 2 vol.... 12 »
Butler's Hudibras, 2 vol.... 10 »
Chesterfield's Advice to his Son.... 2 50
Paul and Virginia.... 3 »
More's Search after Happiness.... 2 »
Bacon's Essays.... 4 »
Homer's Iliad, 2 vol.... 10 »
Elizabeth.... 3 »
Beauties of Stern.... 3 »
Dodd's Beauties of Shakspeare.... 7 50

Nous nous chargeons de faire venir tous les livres imprimés en Angleterre dans le plus court délai, et à des prix très-modérés.

LIVRES ESPAGNOLS.

GRAMMAIRES.

Grammaire espagnole, à l'usage des Français, réduite à ses plus simples éléments, par Nuñez de Taboada. Paris 1823, un volume in-12.

Maître (le) d'Espagnol, ou Éléments de la langue espagnole, à l'usage des Français, par Cormon; troisième édition. Lyon 1820, 1 vol. in-8°.

Le même, cinquième édition. Lyon 1820, 1 vol. in-8°.

Maître (le) d'Espagnol, ou Éléments de la langue espagnole, à l'usage des Français, par Cormon. Paris 1823, 1 vol. in-8°, broché.

Grammaire espagnole, composée par l'Académie royale espagnole, traduite en français, augmentée de remarques sur la langue espagnole, et de traités de la prononciation, de l'orthographe et de l'accent espagnol, mise à l'usage des Français et des Anglais, par Chalumeau de Verneuil. Paris 1821, 1 vol. in-8°.

Nouveau (le nouveau), ou Grammaire de la langue espagnole, réduite à vingt-trois leçons, par don Francisco Martinez, troisième édit., revue, corrigée et augmentée. Paris 1818, 1 vol. in-8°.

Grammaire espagnole, divisée en quatre parties, suivie d'un cours de thèmes et d'un traité de versification, par Hamonière. Paris 1821, 1 vol. in-12.

Grammaire (nouvelle) espagnole, raisonnée, par Josse, nouvelle édition, revue par Hamonière. Paris 1818, 1 vol. in-12.

Grammaire espagnole-française élémentaire, où sont expliqués avec clarté les principes de l'orthographe et la prosodie de la langue espagnole, par Zacaleta. Paris 1820, 1 vol. in-8°.

Le Guide de la Conversation, en espagnol et en français, par Hamonière. Paris 1821, 1 vol. in-16.

Dialogues anglais, français et espagnols, extraits des comédies de Molière, 1 vol. in-8° br.

Vocabulaire français-espagnol, à l'usage des deux nations. Bordeaux 1821, 1 vol. in-16, br.

Chantreau. Arte de hablar bien francés, ó gramática completa. Nueva edicion. Leon 1820, 1 vol. in-8°.

Gramática francesa, al uso de los Españoles, por Cormon. Leon 1820, 1 vol. in-8°.

Gramática filosófica y literaria de la lengua francesa, ó arte de hablar, escribir y traducir el frances correctamente. Burdeos 1826, 1 vol. in-8°.

Gramática de la lengua castellana, compuesta por la real academia española. Paris 1822, 1 vol. in-12.

New easy and complete grammar of the spanish language, by Mordente. London 1813, 1 vol. in-12.

Exercises in the spanish language, adapted to the commercial and military spanish grammar, by Mordente. London 1813, 1 vol. in-12.

A New and improved spanish grammar designed for every class of learners by Mac Henry. London 1829, 1 volume in-12.

Exercises on the etymology, syntax, idioms and synonyms, of the spanish language, by Mac Henry. London 1823, 1 vol. in-12. 6 50

Nuevo Chantreau (el), ó gramática de la lengua francesa, sacada de los mejores gramáticos modernos, y arreglada al plan que ha seguido en la suya el señor Abate de Levizac; por un Literato individuo de la real academia. Burdeos 1825, in-8°.

Gramatica italiana e spagnuola, da Borroni, ad uso degli italiani. Milano 1812, 1 vol. in-8°.

DICTIONNAIRES.

Dictionnaire français-espagnol, et espagnol-français, par Nuñez de Taboada, troisième édition. Paris 1826, 2 vol. in-8°.

Dictionnaire français-espagnol, et espagnol-français, par Gattel, nouv. édit. Lyon 1803, 4 vol. in-4°.

Nouveau Dictionnaire de poche français-espagnol, rédigé d'après les dictionnaires de Gattel, Capmany et Nuñez de Taboada, édition augmentée d'une grande quantité de termes nouveaux et des principaux noms géographiques, etc. Paris 1823, 2 vol. in-16.

Nouveau Dictionnaire de poche français-espagnol, et espagnol-français, rédigé d'après les meilleurs lexicographes des deux nations. Avignon 1826, 1 vol. in-8° obl.

Nouveau Dictionnaire de poche français-espagnol et espagnol-français, par Hamonière. Paris 1820, 1 vol. in-16.

Diccionario español é inglés, nueva edicion, revista de la edicion de J. Baretti. Londres 1806, 2 vol. in-4°.

El mismo. Londres 1822, 2 vol. in-8°.

Diccionario nuevo de las dos lenguas española é inglesa, etc., por Newman. Londres 1827, 2 vol. in-8°.

Diccionario (nuevo) portátil, español-inglés, y inglés-español, por Gattel. Paris 1823, 2 vol. in-16.

Cormon y Manni. Diccionario de faltriquera italiano-español, y español-italiano. Leon 1823, 2 vol. in-16.

Acevedo. Reflexiones político-morales. Perpiñan 1822, 1 vol. in-12.

Agreda (Obras de sor Maria). Amberes 1736, 8 vol. in-folio, figuras.

Aleman. Vida y hechos del pícaro Guzman de Alfarache. Amberes 1736, 2 vol. in-8°.

Almacen de frutos literarios inéditos de los mejores autores. Leon de Francia, 2 vol. in-12, pap.

Amelia, ó los desgraciados efectos de una extremada sensibilidad. Valencia 1816, 1 vol. in-18.

Amistades (las) peligrosas. 3 vol. in-18, con láminas.

Amor y Virtud. Valencia 1819, 1 vol. in-12, con láminas.

Anales de la Juventud, coleccion de Cuentos y Novelas.

	fr.	c.
compuestos en frances, por Bouilly, Arnis, etc., traducidos al español, 1 vol. in-12, con laminas	5	»
Anastasia, ó la Recompensa de la hospitalidad. Valencia 1818, 1 vol. in-18	2	»
Antorcha (la) del franc-mason, 1 vol. in-18	2	50
Arnaud. Recreaciones y desahogos del hombre sensible. Madrid 1798, 2 vol. in-12	6	»
Arriaza. Coleccion de algunos versos. Paris 1805, 1 vol. in-12, pap. vel.	3	»
Arte de la correspondencia comercial. (Art de la correspondance commerciale, en espagnol et en français.) Bordeaux 1814, 1 vol. in-12	2	»
Beccaria. Delitos y Penas, nueva edicion, con un comentario de Voltaire, la respuesta de Beccaria á las notas y observaciones de Facchini, etc., 1 vol. in-12	4	»
Bentham. Tratados de legislacion civil y penal, traducidos al castellano con comentarios, por Ramon Salas, 8 vol. in-18	30	»
Bergier. Teologia portátil, ó Diccionario abreviado de la religion cristiana; traducido por Bellaco, filosófo epicureo, 1 vol. in-12	2	50
Biblioteca (la) americana. Londres 1823, 3 vol. in-8°, con laminas	[illegible]	»
Boves. Compendio de la Historia de Francia. Madrid 1822, 1 vol. in-12	3	»
Bouilly. Consejos a mi Hija. Paris, 2 vol. in-12, con 19 láminas	10	»
Bouilly. Cuentos a mi Hija. Madrid (Paris) 1821, 2 vol. in-12, con 31 láminas finas	12	»
Boulanger. El Cristianismo á descubierto, 1 vol. in-12	4	»
Broussais. Principios de la medecina fisiologica, y Examen de las doctrinas medicas, trad. por Lanuza, 1822, 3 partes, in-8°	15	»
Cadalso. Cartas marruecas, 1 vol. in-12, 1820	3	50
— Noches lúgubres, 1 vol. in-18, fig.	1	50
— El mismo. Burdeos, 1 vol. in-18	1	»
— Poesias, nueva edicion completa. Paris 1821, 1 vol. in-18	1	50
Camino. La Opinion, poema, 1820, 1 vol. in-18	2	»
Campe. El nuevo Robinson, Historia moral, reducida á dialogos; traducida por F. de Iriarte. Madrid 1820, 3 vol. in-18	6	»
Capmany. Filosofia de la Eloquencia, 2 vol. in-12	8	»
Carmina étics, 1795, in-12, papier velin	6	»
Cartas de Heloysa y Abelardo, en prosa y en verso. Madrid 1820, 1 vol. in-18	1	75
Cartas del conde de Cabarrus sobre los obstaculos que la naturaleza, la opinion y las leyes oponen á la felicidad publica. Madrid 1820, 1 vol. in-12	3	50
Cartas de Isabela Sofia de Valliere, 3 vol. in-18	7	»
Cartas a Eugenia, 2 vol. in-18	6	»
Cartas turcas, 1 vol. in-18	2	50
Celia y Roso, 2 vol. in-18, con 2 laminas finas	4	»
Cervantes. Don Quixote (El ingenioso Hidalgo) de la Mancha, nueva edicion, conforme en todo á la de la real academia española, hecha en Madrid en 1782. Ademas del Juicio critico ó Analisis del Quixote, el Plan cronológico de sus viages, la Vida de Cervantes y los documentos que la comprueban, comprehendidos en la dicha edicion de la academia; se han añadido á esta las notas criticas y curiosas al Don Quixote, escritas por el señor Pellicer, bibliotecario de S. M. etc., con hermosas laminas. En Paris 1814, 7 vol. in-8°, papier fin d'Auvergne	54	»
El mismo, 7 vol. in-8°, pap. vel., fig. avant la lettre	108	»
El mismo, 7 vol. in-8°, pap. vel., avec fig. color	140	»
El mismo, 7 vol. in-12, pap. fin d'Auvergne, fig.	36	»
El mismo, 7 vol. in-18, pap. vél., fig. avant la lettre	60	»
El mismo, 7 vol. in-18, pap. vél., avec fig. color	99	»
El mismo. Leipsig 1800, 6 vol. in-8°, p. pap., fig.	16	»
El mismo. Lyon 1811, 4 vol. in-12	12	»
Cervantes. Don Quixote de la Mancha. Burdeos 1815, 4 vol. in-12	12	»
Saavedra. El ingenioso hidalgo Don Quixote de la Mancha, vida y analisis. Paris, Londres 1814, 7 vol. in-8°, papier fin, fig.	28	»
Novelas exemplares, 2 vol. in-12, con laminas finas. Perpiñan 1816	5	»
Cervantes. Novelas exemplares. Perpiñan 1816, 4 vol. in-18, con láminas finas	7	»
Chantreau. Arte de hablar bien frances, ó Gramática completa, in-8°	6	»
Chateaubriand. Atala y Rene, 1 vol. in-18	1	50
Atala, 1 vol. in-18	1	50
Atala y Rene, Cabana indiana y Café de Surate, por Bernardin de Saint-Pierre, lam., in-18	3	50
Genio del Cristianismo, 4 vol. in-12	12	»
Cienfuegos. Poesias, nueva edicion completa. Paris 1821, 1 vol. in-18	2	25
Coleccion de los mejores poetas castellanos antiguos y modernos. Madrid 1821, 1822, 12 vol. en-18, con retratos	35	45
Coleccion (nueva) de piezas en prosa y en verso, sacadas de varios autores españoles. Madrid 1821, 2 vol. in-18	5	»
Compendio de las lecciones de retórica y bellas letras de Hugo Blair; por Munarriz, 1 vol. in-12	4	»
Condorcet. Bosquejo de una pintura historica de los progresos del entendimiento humano; traducido al español por Don C. Lanuza, 1 vol. in-12	4	50
Constant (Benjamin). Curso de politica constitucional, 1821, 3 vol. in-12	15	»
Constitucion politica de la monarquia española, promulgada en Cadix á 19 de marzo de 1812, in-24	1	20
Contagio (el) sagrado, ó Historia natural de la superesticion. Paris 1822, 1 vol. in-8°	3	50
Cottin (Señora). Clara de Alba. Madrid 1822, 1 vol. in-18, con una lámina	4	50
Elizabeth, ó los desterrados en Siberia, novela, 1 vol. en-18, lam., 1822	2	50
Isabel, ó los Desterrados de Siberia. Madrid 1822, 1 vol. in-18, con una lámina	2	50
Cornelia Bororquia, tercera edicion. Madrid 1821, 1 v. in-18	1	50
Cuentos Morales, 1 vol. in-18	3	50
D'Arlincourt. El Renegado, traducido de la quinta edicion francesa, 2 vol. en-18, láminas, 1823	[illegible]	
— El Solitario, con dos laminas. Madrid 1823, 2 vol. in-18	6	»
Destutt de Tracy. Comentario sobre el Espiritu de las leyes de Montesquieu, con las observaciones ineditas de Condorcet, 1821, 1 vol. in-12	4	»
— Tratado de Economia politica, 2 vol. in-12	6	»
Diccionario critico-burlesco, etc., 1 vol. in-18, grand papier	4	50
El mismo, 1826, 1 vol. in-18	2	»
Diderot. La Religiosa. Paris 1821, 1 vol. in-12, con laminas	4	
Doncella de Orleans, 1 vol. in-18	4	»
Ducray-Duminil. Alexo, ó la Casita en los bosques, 1821, 1 vol. in-18	3	»
Alexo, ó la Casita en las selvas, 3 vol. in-18	10	
Alejo, ó la Casita en los bosques, traducido por ***, 4 vol. in-12, laminas	9	»
Carlos y Fanny, ó aventuras de dos niños abandonados en una isla desierta, 2 vol. in-18	5	»
Dulaurens. El compadre Mateo. Madrid (Paris) 1821, 2 vol. in-12, con láminas	8	»
Dupuis. Compendio del origen de todos los cultos. Madrid 1822, 2 vol. in-18, con láminas	6	»
— El mismo, aumentado de una disertacion sobre el zodiaco de Denderah, 1 vol. in-12	5	»
Elementos de Astronomia al uso de la Juventud, 1 vol. in-18, con laminas	2	»
Elena y Virginia, ó Historia de una joven Rusa. Valencia 1818, 3 vol. in-18, con 3 láminas	10	»

	fr.	c.
Ensayo sobre las preocupaciones, 1 vol. in-12	4	»
Ercilla. La Araucana, Madrid 1821, 4 vol. in-18	10	»
Escobar. Romancero e Historia del Cid. Pamplona 1706, 1 vol. in-18	10	»
Estrada. Guerras de Flandres. Amberes 1701, 3 vol. in-8°, con mapas	10	»
Evangelio (el) en triumfo, ó historia de un filosofo desengañado, 4 vol. in-12, laminas	14	»
Evaristo y Theodora, 4 vol. in-18	10	»
Examen de los delitos de infidelidad á la patria, 1 vol. in-8°	7	»
Faber. Floresta de rimas antiguas Castellanas. Hamburgo 1821, 1 vol. in-8°	12	»
Fabulas, ó la Filosofia de Venus en fabulas, 1821, 1 vol. in-18	2	»
Fénelon. Aventuras de Telemaco, 1 vol. in-12	3	50
El mismo, español y frances, 2 vol. in-12	8	»
Fénelon. Las Aventuras de Telemaco, hijo de Ulises, español-ingles. Paris 1804, 2 vol. in-12	5	50
Florian. Estela, pastoral en prosa y en verso; traducida por Rodriguez. Madrid 1797, 1 vol. in-12, p. p.	3	50
Estela, pastoral en prosa y en verso; traducida por Rodriguez. Madrid 1820, 1 vol. in-18	1	50
— La Galatea de Miguel Cervantes, traducida por Pellicer. Madrid 1820, 1 vol. in-18	1	50
— Gonzalo de Cordoba, ó la Conquista de Granada, publicada en español por Lopez de Penalver. Perpinan 1811, 3 vol. in-18	3	»
— Guillermo Tell, Eliezer y Nephtaly. Paris 1822, 1 vol. in-18	3	»
— Novelas nuevas; traducidas libremente por Don Gaspar Zavala y Zamora. Madrid 1819, 1 vol. in-18	1	50
— Numa Pompilio, segundo rey de Roma, nueva edicion. Perpiñan 1800, 2 vol. in-18	5	»
El mismo. Burdeos, 2 vol. in-18	4	»
— Frayle (el) ó Historia del Padre Ambrosio y de la Bella Antonia hermana suya, 2 vol. in-12, con 2 laminas	4	»
Frayssinous. Examen critico de los apologistas de Cristianismo, 1822, 1 vol. in-12	1	»
Gallardo. Compendio de la historia critica de la inquisicion de España. Paris 1823, 2 vol. in-18	6	»
Garcilaso de la Vega. Obras, 1 vol. in-18	3	»
Las mismas. Madrid 1821, 1 vol. en-18	3	»
Garibay. Compendio historial de las crónicas y universal historia de todos los reinos d'España. Anvers 1571, 4 vol. in-folio	120	»
Genlis (Señora). El Sitio de la Rochela, 6 vol. in-12	18	»
Gerundio de Campazas. Historia del famoso predicador Fray Gerundio, por el licenciado don Franc. Lobon de Salazar, 3 vol. in-18	10	»
Goethe. Herman y Dorotea, 1 vol. in-12, con lam	3	»
Werther, traducido en español. Paris 1803, 2 vol. in-12	3	»
El mismo, español y frances. Paris 1803, 2 vol. in-12	3	»
Goldsmith. Compendio de la historia romana. Madrid (Paris) 1822, 2 vol. in-12, con laminas	6	»
Compendio de la historia de Grecia. Paris 1820, 2 vol. in-12, con laminas	6	»
Gorostiza (D. Manuel Eduardo). Teatro original: contiene *Indulgencia para Todos*; *Tal para cual*; *Costumbre de Antaño*; *Don Dieguito*, 1 vol. in-12	4	»
Graffigny (Señora). Cartas de una Peruviana, 1 vol. in-12	4	»
Guevara. El Diablo cojuelo, 1 vol. in-12	3	50
El mismo, 1 vol. in-18	1	50
Guia completa de masones, ó instruccion para todos los grados así simbolicos como altos, 1 vol. in-18	2	50
Hermenegildo de las Torres. Cuentos en versos castellanos. Madrid 1820, 1 vol. in-18	1	50
Holbach (Baron d'). El buen sentido, ó la Sensacion deducida de la naturaleza, 1 vol. in-18	2	50
— La Moral universal, ó los Deberes del hombre. Valladolid 1821, 3 vol. in-12, fig	13	50
— Sistema de la naturaleza, ó de las Leyes del mundo físico, y del mundo moral. Paris 1822, 4 vol. in-18	12	»
Huerta (Garcia de). Sus Obras poéticas. Madrid 1778, 2 vol. in-8°	18	»
Humboldt. Ensayo politico sobre el reyno de nueva España, 4 vol. in-8°, con map. y lam	36	»
Iglesias de la Casa. Poesias, nueva edicion completa. Paris 1821, 2 vol. in-18	5	»
Imitacion de Christo. Paris 1822, 1 vol. in-18, con 4 laminas finas y frontispicio gravado	4	50
Impostores (los tres), 1 vol. in-18	3	50
Inchbald. La Abadesa, 2 vol. in-12, con laminas	6	»
Isla (Francisco de). Historia del famoso predicador fray Gerundio de Campazas. Leon 1820, 3 vol. in-18	10	»
Triumpho del amor y de lealtad dia grande de Navarra, 1 vol. in-4°	3	50
Jovellanos. El Delinquente honrado, drama en prosa. Burdeos 1818, 1 vol. in-18	2	50
— Informe en el expediente de la ley agraria. Burdeos 1820, 1 vol. in-12	3	50
Juanita (la), ó la huérfana generosa, 2 vol. in-12, con 2 laminas	4	»
Laclos (de). Las Amistades peligrosas, traducidas al castellano, por la primera vez, por C. C***. Paris, 2 vol. in-12, con laminas	10	50
Las Amistades peligrosas, cartas recogidas en una sociedad y publicadas por la instruccion de algunas otras, trad. por M***, 3 vol. in-18	9	»
Lafontaine (Aug.). El Heroe de opinion, ó Anita, 2 vol. in-12, con laminas	7	»
Lantier. Viages de Antenor, 3 vol. in-12, con laminas	18	»
Las Casas (Don Bartholome) venerable obispo de Chiapa. Obras con su retrato, su vida y varias ilustraciones, notas criticas y apendices; por Llorente, 2 vol. in-8°	26	»
Le Tourneur. El Mentor de los mugeres, los recuerdos, la sepultura y la melancolia, 1822, 1 vol. in-18, pap. velin	3	»
Lesage. Aventuras de Gil Blas de Santillana. Madrid 1807, 4 vol. in-12	12	»
Aventuras de Gil Blas de Santillana, nueva edicion corregida. Madrid 1819, 6 vol. in-18	10	»
Bachiller (el) de Salamanca, ó Aventuras de don Querubin de la Ronda, traducido por ***. 1822, 2 vol. in-18	4	50
Bachiller de Salamanca. Leon 1819, 2 vol. in-18, con laminas	6	»
— Diablo cojuelo (el), ó el observador nocturno, 1 vol. in-18	2	»
El mismo, in-18, p. p.	1	»
El Observator nocturno, nueva edicion. Madrid 1821, 2 vol. in-18	4	»
Llorente. Historia critica de la inquisicion de España, obra original conforme á lo que resulta de los archivos del consejo de la suprema, y de los tribunales de provincias. Madrid 1822, 10 vol. in-18, con retrato	30	»
— Compendio de la historia de la inquisicion, 2 vol. in-18	8	»
Lope de Vega Carpio. Poesias selectas, 1 vol. in-18	2	50
Louvet. Aventuras del baroncito de Faublas, traducidas al español por don S. A. Llorente, 4 vol. in-12, con laminas	18	»
Luisa, ó la cabaña en el valle, 1 vol. in-18	1	50

f. c.

MARCHENA. Lecciones de filosofia moral y elocuencia, ó coleccion de los trozos mas selectos de poesia, elocuencia, historia, etc., de los mejores autores castellanos. Burdeos 1820, 2 vol. in-8°. 18 —
Manual de Inquisidores, 1 vol. in-8°. 3 50
MARIA DE JESUS. Mystica ciudad de Dios, milagro de su omnipotencia y abismo de la gracia, historia divina y vida de la Virgen madre de Dios. Amberes 1736, 3 vol. in-folio. 42 —
MARIANA. Historia de rebus Hispaniæ, libri triginta; accedunt Josephi Emmanuelis Minianæ continuationis novæ libri decem, cum iconibus regum. Hagæ Comitum et Francofurti ad Mœnum 1733, 4 vol. in-folio. 96 —
MARMONTEL. Belisario. Avignon 1820, 1 vol. in-18. 2 50
Los Incas, traducidos por la primera vez al castellano por don J. Cabello. Paris 1822, 2 vol. in-12, con láminas. 10 50
Los mismos, 2 vol. in-18, con láminas. 8 —
MELENDEZ VALDES. Poesias, nueva edicion completa, 1821, 3 vol. in-18. 5 —
Las mismas, 1821, 3 vol. in-18. 6 —
MENDIBIL Y SILVELA. Biblioteca selecta de literatura española, 4 vol. in-8°. 35 —
MENDOZA (Hurtado). La Vida de Lazarillo de Tormes. Burdeos, 1816, 1 vol. in-18. 1 50
MILTON. Paraiso perdido, poema traducido en verso castellano por D. J. de Escoiquiz. Burgos, 3 vol. in-4° gr. papier. 21 —
Mytologia de la Juventud, ó Historia fabulosa para la inteligencia de los poetas y autores antiguos, 1 vol. in-18, con muchas láminas. 2 —
MONTENGON. El Antenor. Madrid 1788, 2 vol. in-8°. 12 —
Eudoxia. Zaragoza, 1 vol. in-12. 4 —
Eusebio. Isla de Leon, 1819, 4 vol. in-12. 13 50
MONTESQUIEU. Cartas persianas, 1 vol. in-12. 4 —
Cartas persianas, trad. por Marchena. Madrid 1821, 2 vol. in-12. 4 —
El Espiritu de las leyes, 1822, 4 vol. in-12, con retrato. 18 —
El mismo. Madrid 1822, 3 vol. in-12. 12 —
MONTOLIEU (Señora). Carolina de Lichtfield. Valencia 1817, 1 vol. in-18. 2 —
Moral (la) en accion, ó lo mas selecto de hechos y anecdotas instructivas, etc., 1 vol in-18, con láminas finas. 3 —
MORATIN. Comedias publicadas, con el nombre de Inarco Celenio. Madrid 1821, 3 vol. in-18. 7 50
Las mismas, nueva edicion, 2 vol. in-12. 7 50

NUEVO (el) Testamento, traducido al español de la Vulgata latina, 1 vol. in-8°. 2 50
Noticias curiosas sobre el espectáculo de M. Robertson, etc., 1 vol. in-12, con láminas. 2 —

OBSERVADOR nocturno (el), por el autor de Gil-Blas. 1821, 2 vol. in-18. 5 —
Ordinario de la Santa Misa, 1 vol. in-18, con láminas y frontispicio gravado. 3 —
El mismo, 1 vol. in-12 con 33 láminas. 4 —
El mismo, 4 láminas en color. 6 —
OVIDIO NASON. El Arte de Amar, seguido del Aminta de Torquato Tasso, traducido en castellano por don Juan de Jauregui, 1823, 1 vol. in-18, con láminas. 3 —

PASTORET. Moises considerado como legislador moralista. Madrid 1798, 1 vol in-8°. 7 50
Pequeña Biografia clasica, 1 vol. in-18, con muchas láminas. 2 —
PIGAULT-LEBRUN. Barones (los) de Felsheim. Madrid 1823, 4 vol. in-18. 10 —
El Citador, 1 vol. in-18. 4 50
Locura (la) española, 1824, 3 vol. in-18. 6 —
Mi Tio Tomas. Paris 1822, 4 vol. in-18. 7 —
El Hijo del Carnaval, historia singular y sobre todo verdadera, 1822, 4 vol. in-18. 8 —

f. c.

El mismo, 2 vol. in-18. 6 —
El Hombre de buen humor que no pena por nada, 1821, 2 vol. in-18, con láminas. 5 —
PLUTARCO. Vida de Cesar, traducida al castellano por Marchena, 1821, 1 vol. in-18. 1 25
Poesias escogidas de Luis de Leon, Francisco de la Torre, Bernardo de Balbuena, y otros varios. Madrid 1822, 1 vol. in-18, con retrato. 3 50
Poesias escogidas de Fernando de Herrera, Francisco de Rioja, Bartolomé y Lupercio de Argensola, y Esteban de Villegas. Madrid 1822, 1 vol. in-18, con retrato. 3 50
Procès d'Alexandre Suarez de Mesquita, accusé de judaïsme, et condamné à mort en 1718, par la Sainte Inquisition de Valladolid, in-fol., demi-reliure, dos de cuir de Russie. 600 —
(Manuscrit extrêmement curieux, la seule pièce peut-être qui ait échappé à la prévoyance de l'Inquisition. Chaque aveu arraché au malheureux accusé au milieu des tortures les plus épouvantables, est revêtu de sa signature, et l'on peut juger des tourments qu'il a endurés par l'affaiblissement graduel de son écriture.)
PRADT (de). La Europa y la America en 1821. Burdeos 1822, 2 vol. in-12. 10 50
La Europa despues del congreso de Aquisgran, traducida por don J. Marchena. Montpellier 1820, 1 vol. in-8°. 4 —
Examen del plan presentado á las Cortes para la independencia de la America española, 1822, 1 vol. in-12. 2 50

QUEVEDO. Obras. Amberes 1726, 4 vol. in-4°. 27 —
Obras poeticas. Madrid 1821, 4 vol. in-18. 8 —
FRANCISCO DE QUEVEDO. Poesias escogidas con las de Luis de Gongora. Madrid 1821, 1 vol. in-18, con retrato. 3 —
QUEVEDO Y TORRES. Sueños morales, visiones, etc. Madrid 1821, 1 vol. in-18. 1 50
QUINTANA. El Tesoro del Parnaso español. Perpinan 1818, 4 vol. in-18. 12 —
Poesias castellanas, selectas desde el tiempo de Juan de Mena hasta nuestros dias, recogidas y ordenadas, 4 vol. in-18. 14 —

RABBE. Compendio de la Historia de España desde la conquista de los Romanos hasta la revolucion de la isla de Leon, con una introduccion de F. Bodin, 2 vol. in-12. 6 —
REGNAULT-WARIN. El Cementerio de la Magdalena, 4 vol. in-12, con láminas. 14 —
Ricardo y Sofia, ó las Penas del Amor. Valencia 1818, 2 vol. in-12, con láminas. 7 —
ROUSSEAU (J.-J.). El Contrato social, ó Principios del derecho politico. Leon 1819, in-18. 2 —
El mismo. Madrid 1822, 1 vol. in-18. 2 —
Discurso sobre el origen de la desigualdad de condiciones entre los hombres, 1 vol. in-18. 2 —
Emilio, 3 vol. in-12. 12 —
El mismo, con 15 láminas. 16 —
Julia, ó la Nueva Heloysa, cartas de dos amantes, traducidas por Marchena. Perpinan 1820, 4 vol. in-12. 12 —
Julia, ó la Nueva Heloysa. Burdeos 1820, 4 vol. in-12. 14 —
La misma, con 12 láminas. 18 —

SAINT-PIERRE (B. de). Pablo y Virginia, traducido por J. M. Alea. Madrid 1820, 1 vol. in-18. 1 60
Pablo y Virginia, traducida por Alea. Perpinan 1816, 1 vol. in-18. 1 50
La Cabaña Indiana, y el Cafe de Surate. Madrid 1820, 1 vol. in-18. 1 50
Los Votos de un Solitario, 2 vol. in-18, con láminas. Valencia 1820. 6 —
SAMANIEGO. Fabulas en verso castellano. Valencia 1817, 1 v. in-8°. 2 50
SAY. Catecismo de Economia politica, ó Instruccion familiar,

que muestra de que modo se producen, distribuyen, y consumen las riquezas en la sociedad, 1 vol. in-12 .... 3 »
SAY. Tratado de Economia politica, 3 vol. in-12 .... 12 »
SOLIS. Historia de la Conquista de Mexico, poblacion y progresos de la America Septentrional, conocida por el nombre de Nueva España. Madrid 1829, 5 vol. in-18 .... 10 »
STAEL (Señora). Corina, o Italia, con 4 laminas, 4 vol. in-12 .... 13 »

TEATRO español, ó Coleccion de dramas escogidos de Lope de Vega, Calderon, Moreto, Rosas, Solis, Moratin y otros. Precedida de una breve noticia de la escena española. Londres, en 4 tom. in-8°, br. .... 55 »
Teatro moral de la Vida Humana, en cien Emblemas, con el Enchiridion de Epicteto, y la tabla de Cebes filosofo platonico. Amberes, 1733, 1 vol. in-fol. .... 18 »

VATEL. Derecho de Gentes, 2 vol. in-12 .... 16 »
Vida Critica de J. C., 2 vol. in-12 .... 7 »
VOLNEY. Historia de Samuel, inventor de la uncion de los reyes, 1823, 1 vol. in-18 .... 2 50

Las Ruinas, traducidas conforme a la quinta edicion de Paris; con tres laminas, y con el Catequismo de la Ley Natural. New York, 1822, 1 vol. in-12 .... [illegible]
Las Ruinas, ó Meditacion sobre las Revoluciones de los Imperios, precedidas de una Noticia necrologica, por el señor Daru. Madrid 1822, 1 vol. in-18 .... [illegible]
Las Ruinas, ó meditacion sobre las Revoluciones de los Imperios, trad. por Marchena. Burdeos 1820, 1 vol. in-8°, pap. vel. .... [illegible]
VOLTAIRE. Novelas, 3 vol. in-12 .... [illegible]
— Filosofia. Madrid 1822, 1 vol. in-18 .... 3 »
— La Henriada, 1 vol. in-8° .... 6 »
VOZ (la) de la Naturaleza, 4 vol. in-12, con 4 laminas .... [illegible]
YRIARTE. Coleccion de sus Obras, en verso y prosa. Madrid 1805, 8 vol. in-8°, con retrato .... 48 »
Fabulas literarias. Perpiñan 1816, 1 vol. in-18 .... 1 75
Las mismas, español y frances. Paris 1801, 1 vol. in-12 .... [illegible]
La Musica, poema, cuarta edicion. Burdeos 1829, 1 vol. in-18 .... [illegible]

LIVRES PORTUGAIS.

Grammaire portugaise, suivie d'un Cours de Thèmes, par Hamonière. Paris 1820, 1 vol. in-12 .... 4 50
Le Nouveau guide de la conversation, en portugais et en français, par Hamonière. Paris 1827, 1 vol. in-16 .... 3 »
Grammatica franceza, dividida em quatro partes, par Hamonière. Paris 1820, 1 vol. in-12 .... 6 »
A New portuguese Grammar by Vieyra. London, 1 vol. in-8° .... [illegible]
Diccionario (Novo) portatil das linguas franceza e portugueza, par J. S. Constancio, 2ᵉ edition. Paris 1820, 2 vol. in-16 .... 20 »
A Dictionary of the portuguese and english languages, by Vieyra; new edition, improved by Aillaud. London, 2 vol. large in-8°, bound in calf by Puzgold .... 58 »
ANDRADE. Vida de D. Joao de Castro, quarto Viso-Rey da India, 1818, 1 vol. in-12 .... 5 »
CAMOENS. Os Lusiadas. Amburgo 1818, 2 vol. in-18 .... 6 »
Lusiadas. Paris, Didot, 1819, 1 vol. in-8°, port. .... 20 »
Le même, pap. vél., relière en maroquin cramoisi .... 50 »
Le même. Paris 1823, 1 vol. in-32, papier vélin .... [illegible]
CASTELLO-BRANCO. Atala, ou os Amantes do Deserto. Paris 1818, 1 vol. in-18 .... 5 »
Os Martyres, em versos portuguezes, por Francisco Manoel, 1816, 2 vol. in-12 .... 10 »

Collecçaõ de Pedaços em prosa, extrahidos dos melhores autores Francezes e Portuguezes, como Fenelon, Le Sage, Florian, Berquin, Joao de Barros, Andrada, e precedidos de huma escolha de anecdotas, etc., em portuguez e francez. Paris 1820, 1 vol. in-12 .... 6 »
DAMIAO. Historia de Portugal. Londres 1809, 3 vol. in-12 .... [illegible]
Imitaçaõ de Christo, nova ediçaõ, revista e emendada. Paris 1819, 1 vol. in-18 .... [illegible]
Le SAGE. Historia de Gilblaz de Santilhana, traducida portugueza; nova ediçaõ, revista e emendada, com estampas finas. Paris 1819, 4 vol. in-12 .... [illegible]
MARMONTEL. Belizario. Paris 1800, 1 vol. in-18 .... [illegible]
Novelas escolhidas de diversos autores. Paris 1820, 2 vol. in-18 .... [illegible]
Novo Alfabeto portuguez. Paris, 1 vol. in-18 .... [illegible]
Novo Testamento. Londres 1815, 1 vol. in-12 .... [illegible]
Officio da Santa Missa, juntamente com officio de N. Senhora, exercicios quotidianos, etc., etc., 1 vol. in-18 .... [illegible]
Poesie lyrique portugaise, ou Choix des Odes de Francisco Manoel, en portugais et en français. Paris, 1 vol. in-8° .... [illegible]
SAINT-PIERRE (B. de). Paulo e Virginia. Paris 1828, 1 vol. in-18 .... [illegible]

NOTA. Messieurs les Armateurs et Commissionnaires qui font des expéditions dans les Colonies, trouveront dans notre Librairie un grand nombre d'Ouvrages espagnols reliés. Nous leur procurerons tous les avantages et toutes les facilités qu'ils pourraient désirer.

LIVRES ALLEMANDS.

Grammaires à l'usage des Français.

	f.	c.
GRAMMAIRE allemande, à l'usage des Français, par *Meidinger*, nouvelle édit. Metz 1824, in-8°	4	»
Méthode nouvelle et amusante pour apprendre l'allemand, ou grammaire allemande pratique, par *Meidinger*. Francfort, 1821, in-8°	3	75
Grammaire (nouvelle) allemande, à l'usage des Français, par *Ch. F. Schade*, 9e édition. Leipzig 1821, in-8°	4	25
Précis de grammaire générale servant d'introduction à la grammaire allemande de *Simon*. Paris 1819, in-8°	2	50
Grammaire allemande, par *Simon*. Paris 1821, in-8°	6	»
Grammaire allemande élémentaire pour les Français. Paris 1821, in-8°	4	»
Notions élémentaires de la grammaire allemande, à l'usage des Français qui ont fait quelques études, et qui veulent apprendre l'allemand, par *M. Simon*, 2e édition. Strasbourg, in-12	2	60
Grammaire abrégée de la langue allemande, extraite de celle de *Gottsched*, *Junker* et *Adelung*, 3e édition. Strasbourg, 1 vol. in-8°	1	50
Maître (le) de la langue allemande, ou nouvelle grammaire allemande, méthodique et raisonnée, composée sur le modèle des meilleurs auteurs et grammairiens de nos jours, 18e éd. Strasbourg 1821, in-12	2	50
Instructions pratiques de grammaire allemande. Lausanne 1796, in-8°	1	75
Grammaire (nouvelle) allemande, à l'usage des Français. Metz 1797, 1 vol. in-12	2	50
Principes (nouveaux) de la langue allemande, par *Junker*. Paris 1802, 1 gros vol. in-8°	5	»
Choix d'entretiens allemands et français, précédé d'un recueil des mots les plus nécessaires, par *Mozin*. Stuttgard 1813, gr. in-8°	1	50
Dialogues français-allemands, à l'usage des deux nations. Strasbourg 1822, in-8°	1	25
Collection de 67 modèles d'écritures allemande, anglaise, française, russe et grecque moderne, par *C. F. Lemeier*, in-fol. cart.	8	»

Grammaires à l'usage des Allemands.

	f.	c.
Meidinger's französische Grammatik. Frankfurt 1821, in-8°	3	13
Le même, erster Unterricht in der französischen Sprache. Leipzig 1820, in-8°	1	25
Mozin's französische Sprachlehre. Stuttgart 1821, gr. in-8°	3	75
Le même, vollständiger Auszug der französischen Sprachlehre. Stuttgart 1819, gr. in-8°	3	»
Meidinger's neues französisches Lesebuch. Frankfurt 1821, in-8°	3	»
Mozin's Auswahl französischer und deutscher Uebungsstücke. Stuttgard 1821, gr. in-8°	4	13
Handbuch der französischen Sprache und Litteratur, von *Ideler* und *Nolte*. Berlin 1820, 2 Bände, gr. in-8°	16	»
Magazin (historisches) für Verstand und Herz, 7e Auflage mit einem kleinen Wörterbuch der schwer zu erklärenden Wörter und Phrasen. Strasburg 1819, 3 B. in-8°	3	50
Engelmann's (*J. B.*) französische und deutsche Gespräche über Gegenstände des häuslichen Lebens. Frankfurt 1818, in-8°	1	50
Mozin's neue Sammlung französischer und deutscher Handlungs-Briefe. Stuttgart 1810, gr. in-8°	4	»

Dictionnaires français-allemands et allemands-français.

	f.	c.
DICTIONNAIRE français-allemand et allemand-français, de *Schwan*. Mannheim 1782, 7 vol. in-4°	60	»
Dictionnaire français-allemand et allemand-français, à l'usage des deux nations. Strasbourg 1811, 2 vol. in-4°	24	»
Le même. Strasbourg 1812, 2 vol. in-8°	25	»
Dictionnaire de poche, français-allemand et allemand-français, à l'usage des deux nations. Strasbourg 1821, 2 vol. in-16	10	»
Dictionnaire (nouveau) de poche français-allemand et allemand-français, par *Martin*. Leipzig, in-16	7	25
Dictionnaire (nouveau) de poche, français-allemand et allemand-français, par l'abbé *Mozin*. Stuttgart 1817, 2 vol. gr. in-16	15	»
Dictionnaire (nouveau) de poche français-allemand et allemand-français, par *Rabenhorst*. Leipzig 1822, in-16	8	50
Dictionnaire (nouveau) de poche français-allemand et allemand-français, par *M. A. Thibaut*. Leipzig 1821, gr. in-8°	8	50

Grammaires et Dictionnaires anglais et allemands.

	f.	c.
Holder's english and german spelling book. London, 1 vol. in-12	5	»
Crabb's introduction to the german language. London, 1 vol. in-12	8	25
Schade's new grammar of the german language. Leipzig 1822, in-8°	4	»
Render's Analysis of the german language. London, 1 vol. in-8°	8	»
Le même, german grammar. London, 1 vol. in-12	9	»
Noehden's german grammar for Englishmen. London, 1 vol. in-12	18	25
Lanzedel's german grammar. London, 1 vol. in-12	7	»
Crabb's german grammar for Englishmen. London, 1 vol. in-12	5	25
Schroeder's german grammar. London, 1 vol. in-8°	10	50
Wendeborn's german grammar, with exercises. London, 1 vol. in-12	9	»
Arnold's (*Th.*) englische Grammatik, mit vielen Uebungsstücken, umgearbeitet von *Fahrenkrüger*. Iena 1823, in-8°	4	75
Crabb's english grammar of Germans. London, 1 vol. in-12	5	75
Noehden's Elements of German. London, 1 vol. in-12	6	25
Render's german exercises. London, 1 vol. in-12	6	38
Noehden's german exercises. London, 1 vol. in-12	10	50

Crabb's german extracts with a dictionary. London, 1 vol. in-12 … 9 75

Render's recreations english and german. London, 1 vol. in-12 … 8 [illegible]

Crabb's german and english conversations. London, 1 vol. in-12 … 5 —

English and german dialogues, a guide to conversation in both languages, by Lloyd. Hamburg 1817, in-12 … [illegible] 50

Render's sketches english, german and french. London, 1 vol. in-8° … 8 25

Brunner's (E. H.) Phraseologia anglo-germanica, oder Sammlung von mehr als funfzig tausend englischen Redensarten aus den besten englischen Schriftstellern gezogen, in alphabetische Ordnung gebracht und ins Deutsche übersetzt. Strasburg 1798, gr. in-8° … 1[illegible] —

Ebers (J.) vollständiges Wœrterbuch der englischen Sprache. Leipzig 1793—96, 5 Bde. in-8° … 8[illegible] —

Hilpert's (Mrs.) englisch-deutsches und deutsch-englisches Wœrterbuch, 11te Ausgabe, verbessert von Fahrenkrüger. Leipzig 1810, 2 Bde. gr. in-8° … 16 80

Dictionary (the new pocket) of the english and german languages. Leipzig, Brockhaus, 1822, in-16 … 9 [illegible]

Turner's dictionary of the german and english languages. Leipzig, in-16 … [illegible] [illegible]

Rabenhorst's german and english dictionary. London, 1 vol. in-8° … 1[illegible] —

Nöhden's german and english dictionary. London, 1 vol. in-16 … [illegible] 50

Grammaires et Dictionnaires allemands et italiens.

Lippe's (R. A.) Italienisch, praktische und theoretische Sprachlehre, 4te Auflage, verbessert von Berrus. Nürnberg 1819, in-8° … [illegible] [illegible]

Hermanni's (J. F.) neues italienisches Lesebuch. Frankfurt 1816, in-8° … [illegible] 60

Dialoghi italiani e tedeschi ad uso delle due nazioni. Strasbourg 1819, 1 vol. in-8 … [illegible] [illegible]

Handwœrterbuch (italienisch-deutsches und deutsch-italienisches). Leipzig, Brockhaus 1819, in-16 … 9 25

Grammaires et Dictionnaires allemands.

Adelung's vollständige Anweisung zur deutschen Orthographie, nebst einem kleinen Wœrterbuch. Leipzig 1820, 2 Bde. in-8° … [illegible]

— Anfangsgründe der deutschen Sprachlehre für Schulen. Berlin 1810, in-8° … [illegible]

— Auszug aus dem grammatisch-kritischen Wœrterbuch der hochdeutschen Mundart. Leipzig, 4 Bde. in-8° … 3[illegible] —

— Mithridates, oder allgemeine Sprachkunde. Berlin 1806, [illegible] Thle. in 5 Bden. gr. in-8° … [illegible]

— Deutsche Sprachlehre für Schulen. Berlin 1816, in-8° … [illegible] 25

— Ueber den deutschen Styl, 4te Auflage von Heinsius. Berlin 1824, in-8° … [illegible] [illegible]

Campe's Wœrterbuch der deutschen Sprache, nebst einem Wœrterbuch der zur Erklärung der fremden Ausdrücke. Braunschweig 1807—1813, 7 Bde. in-4° … [illegible]

Eberhard's synonymisches Handwœrterbuch der deutschen Sprache. Berlin 1821, in-8° geb … 1[illegible] —

— Dasselbe. Reutlingen 1818, in-8° … 6 50

Heinsius (Th.) neue deutsche Sprachlehre, 4te Auflage, [illegible] Bde. in-8° … [illegible] 50

— H.) Teut oder theoretisch-praktisch Lehrbuch zum gesammten deutschen Sprachunterricht, 3te Ausgabe. Berlin 1817—1819, 5 Bde. gr. in-8° … 18 —

Voss (J. H.) Versuch einer deutschen Prosodie. Berlin 1812, in-8° … [illegible] [illegible]

Taschenwœrterbuch der deutschen Sprache. Leipzig 1807, in-16 … [illegible] 75

Schüler's (J. F.) lateinisch-deutsches und deutsch-lateinisches Handlexicon, durchgesehen von Lünemann, 3te aufl. Leipzig, 1822, 3 Bde. gr. in-8° … 20 50

A. B. C. Buch (kleines Leipziger) für Schulen. Leipzig, in-8°, geb. illum. Kupf. … — 80

A. B. C. (wohlfeiles) und Lesebuch mit 24 Abbildungen aus der Naturgeschichte. Sondershausen, in-8°, geb … [illegible] 25

Aktenstücke (nachträgliche) der deutschen Bundesversammlung, als Anhang zu den Protokollen der Bundesversammlung. Frankfurt 1820—21, 5 Bde. in-4° … 45 —

Archenholz (J. W. von) Geschichte des siebenjährigen Kriegs in Deutschland, von 1756 bis 1763. Berlin, 2 Bde. in-8°, mit Kupf. und Kart … [illegible] —

Auswahl der beliebtesten Arien und Gesængen. Berlin 1821, in-8° … [illegible] 25

Baggesen's Gedichte. Hamburg 1803, 2 Bde. in-8° … [illegible] 75

Baumgærtner's Gedichte. Amberg 1821, gr. in-8° … [illegible]

Becker's Erzæhlungen. Leipzig 1815, 4 Bde. in-8° … 1[illegible] —

Bæhmer's Gedichte. Kœnigsberg 1816, in-8° … [illegible]

— Sæmmtliche Werke. Kœnigsberg 1802, 8 Bde. in-8°, mit Kupf. … 19 25

Bachmann (Louise) Gedichte. Leipzig 1808, in-8° … [illegible]

Bredow's Hauptbegebenheiten der Weltgeschichte in drei Tabellen, 3te Ausgabe, durchgesehen von Menzel. Altona 1821, in-fol. … [illegible] [illegible]

— (G. G.) Merkwürdige Begebenheiten der allgemeinen Weltgeschichte. Reutlingen 1819, in-8° … [illegible]

— (G. G.) Umstændliche Erzæhlung der merkwürdigen Begebenheiten aus der allgemeinen Weltgeschichte, 7te Ausgabe. Reutlingen 1821, gr. in-8° … 5

— (G. G.) Handbuch der alten Geschichte, Geographie und Chronologie, 3te Ausgabe. Altona 1820, gr. in-8° … [illegible] 25

— (G. G.) Weltgeschichte in Tabellen, nebst einer tabellarischen Uebersicht der Litteraturgeschichte, 5te Ausgabe. Altona 1821, in-fol. … [illegible]

Bredow und Venturini's Chronik des XIXten Jahrhunderts. Altona 1808—22, 17 Bde. gr. in-8 … [illegible]

Bürger's Gedichte. Karlsruhe 1818, 2 Bde. in-8° … 6 —

— (G. A.) Sæmmtliche Schriften, herausgegeben von Reinhard. Gœttingen 1819, 4 Bde. in-8° … [illegible]

Campe's (J. H.) kleine Kinderbibliothek, 11te Auflage. Stuttgart 1821, [illegible] Bde. in-18 … [illegible] [illegible]

— Geschichtliches Bilderbüchlein. Braunschweig 1810, in-12, 18 Kupfer … [illegible]

— Entdeckung von Amerika 1817, 3 Bde. in-12 … [illegible] 25

— Dasselbe mit Fells Ferdinand von Soto, 4 Bde. in-12 … 9 [illegible]

— Dasselbe. Reutl. 1800, 3 Bde. in-8°, mit Kart … [illegible]

— Væterlicher Rath an meine Tochter. Braunschweig 1819, in-12, mit Kupf. … [illegible] [illegible]

— Dasselbe auf Schreibpapier … [illegible]

— Robinson der jüngere. Braunschweig 1821, in-12, mit Kupf. … [illegible] [illegible]

— Dasselbe. Reutlingen 1821, in-8° … [illegible]

— Erste Sammlung merkwürdiger Reisebeschreibungen für die Jugend. Braunschweig 1810, 12 Bde. in-12, mit Kupf. … 14 —

— Neue Sammlung merkwürdiger Reisebeschreibungen für die Jugend. Braunschweig 1812, [illegible] Bde. in-8°, mit Kupf. … [illegible]

— Kleine Seelenlehre. Reutlingen 1810, in-8°, mit [illegible] Kupf. … 1 —

— Theophron, oder der erfahrne Rathgeber für die Jugend. Braunschweig 1819, in-12 … [illegible]

Cannabich's (J. G. F.) Lehrbuch der Geographie nach den neuesten Friedensbestimmungen, 8te Auflage. Sondershausen 1821, gr. in-8° … [illegible]

Cœsar, der allgemeiner Briefsteller. Leipzig 1821, in-8° … [illegible] [illegible]

Collin's dramatische Dichtungen. Leipzig 1815, 2 Bde. in-12 … [illegible] [illegible]

— Sæmmtliche Werke. Berlin 1812, 6 Bde. in-8° … 15 —

Conversations-Lexicon. Leipzig 1818, 10 Bde. in-8. Kasten papier … [illegible]

fr. c.

Curths (K.) Der niederländische Revolutions Krieg im XVIten und XVIIten Jahrhundert. Leipzig 1808-10, 3 Bde. in-8°.... 23 50
Darwin's Anleitung zur physischen und moralischen Erziehung des weiblichen Geschlechts, mit Zusätzen versehen, von *C. W. Hufeland*. Leipzig 1822, in-8°.......... 2 »
Dyck's Theater. Leipzig 7 Bde. in-8°.......... 27 75
Eberhardt's Mærchen-Sammlung. Berlin 1821, in-16, mit illum. Kupf. geb.......... 3 25
Ehrenberg's Bilder des Lebens. Elberfeld 1815, 3 Bde. in-8°. 16 25
Ersch's (J. S.) Handbuch der deutschen Litteratur seit der Mitte des XVIIIten Jahrhunderts, bis auf die neueste Zeit. Leipzig 1822, 8 Bde. in-8°.......... 64 »
Eschenburg's Handbuch der klass. Litteratur, Alterthumskunde und Mythologie, 6te Auflage, 1816 in-8°.......... 8 50
[illegible] Bibliothek der deutschen Klassiker. Aachen 1816-22, 63 Bde. in-16, mit Kupf., geh. in marog. pap. mit Schachtel. 150 »
Jedes Werk wird einzeln verkauft; der preis jedes Bandes ist 3 fr. gebunden.
Die Sammlung enthælt:
Abbt vom Verdienste, 1 Bd.
Alxinger's Gedichte, 1 Bd.
Blumauer's Gedichte, 1 Bd.
Boner's Edelstein. — Der arme Heinrich, 1 Bd.
Brant's Narrenschiff. — *Murner's* Schelmenzunft, 1 Bd.
Bürger's Gedichte, 1 Bd.
Collin's Regulus, 1 Bd.
—— Gedichte, 1 Bd.
Dalberg's Schriften, 1 Bd.
Engel's Philosoph für die Welt, 1 Bd.
Fichte's Vorlesungen und Reden, 1 Bd.
Gessner's Idillen, 1 Bd.
Gleim's Gedichte, 1 Bd.
Götz's Gedichte, 1 Bd.
Gotters Gedichte, 1 Bd.
Hans Sachs (Auszüge aus), 1 Bd.
Heinse's Ardinghello, 2 Bde.
Herder Poesien, 1 Bd.
Hirschfelds Landleben, 1 Bd.
Höltys Gedichte, 1 Bd.
Jacobis Dichtungen, 1 Bd.
Kästners Epigramme, 1 Bd.
Kleist's Gedichte, 1 Bd.
Klopstocks Oden, 1 Bd.
Klopstocks Messias, 2 Bde.
Körners Gedichte, 1 Bd.
Kosegartens Gedichte, 1 Bd.
Lessings Emilia Galotti, 1 Bd.
Lichtenbergs humoristische Schriften, 1 Bd.
Meissners Skizzen, 1 Bd.
Mendelsohn's Phædon, 1 Bd.
Minnesænger, 1 Bd.
Musæus Volksmæhrchen, 1 Bd.
Niebelungenlied, 1 Bd.
Novalis Schriften, 2 Bde.
Pfeffels Gedichte, 2 Bde.
Rabeners Satiren, 1 Bd.
Reineke's Fuchs, 1 Bd.
Schillers Gedichte, 1 Bd.
— Maria Stuart, 1 Bd.
— Wallenstein, 2 Bde.
— Jungfrau von Orleans, 1 Bd.
— Braut von Messina, 1 Bd.
— Wilhelm Tell, 1 Bd.
— Ræuber, 1 Bd.
— Fiesko, 1 Bd.
— Kabale und Liebe, 1 Bd.
Schubarts Gedichte, 1 Bd.
Seumes Gedichte, 1 Bd.
Sonnenbergs Gedichte, 1 Bd.
Stolbergs Gedichte, 1 Bd.
Thümmels Gedichte, 1 Bd.
Uz Gedichte, 1 Bd.
Wielands Oberon, 2 Bde.
Zetischoren Lancelot du Lac, 1 Bd.
Zimmermann's Einsamkeit, 1 Bd.
Ewald. Der gute Jüngling, Gatte und Vater. Frankfurt 1804, 2 Bde. in-8°, mit Kupf.......... 15 »
Kunst ein gutes Mædchen, eine gute Mutter, Gattin und Hausfrau zu werden. Frankfurt 1807, 3 Bde. in-8° mit Kupf.......... 12 75
Fessler's Mark Aurel. Breslau 1799, 4 Thle. in-8°.......... 25 50
Fouqué. Kleine Erzæhlungen. Berlin 1817, in-8°.......... 4 25
Fouqué (de la Motte). Undine. Berlin, in-12.......... 6 75
Friedrich's (T. H.) Satyrische Feldzüge. Berlin 1815, 3 Bde. in-12.......... 17 »
Gedichte. Berlin 1816, in-12.......... 1 50
Gallerie der Nationen. Bilderbuch zur Erweiterung der Kenntnisse über Lænder und Vœlker. Pesth 1816, 2 Bde. in-8°, mit 40 illum. Kupfertaf. geb.......... 21 »
Gellerts sæmmtliche Fabeln und Erzæhlungen. Leipzig 1812, in-8°.......... 3 50
Dieselben. Reutlingen 1821, in-8°.......... 2 75
Sæmmtliche Werke. Karlsruhe 1818, 10 Bde. in-8°.... 27 50
Gessners Schriften. Zürich 1818, 3 Bde. in-18, mit Kupf.... 8 50
Gessners Schriften. Zürich 1815, 2 Bde in-8°.......... 4 75
Tod Abels in 5 Gesængen. Zürich in-8°.......... 1 50
Glatz. Die frohen Abende, oder Erzæhlungen eines Vaters im Kreise seiner Kinder. Leipzig, 3 Bde. long 4, mit illumin. Kupf. geb.......... 55 50
Neues Erzæhlungsbüchlein für Kinder. Berlin, in-8°, mit illum Kupf. geb.......... 11 75
Die Familie von Karlsberg, neue Auflage. Leipzig 1816, 2 Bde. in-8°.......... 7 25
Rosabens Vermæchtniss. Reutlingen 1818, in-8° mit Kupf.......... 5 »
dasselbe auf fein papier.......... 6 50
Kleines Sittenbüchlein. Reutlingen 1819, in-8°.......... 1 25
Gleim's sæmmtliche Werke, herausgegeben von *Kœrte*. Zürich 1811—13, 7 Bde. in-8°.......... 51 »
dieselben, Karlsruhe 1820, 4 Bde. in-8°.......... 16 25
Gœthe. Aus meinem Leben. Tübingen 1819, 8 Bde. in-8°.... 45 »
Faust. Stuttgart 1821, in-16, geb.......... 7 »
Herrmann und Dorothea. Braunschweig, in-12, velin papier, mit Holzschnitten, Kart. mit Goldschnitt.... 4 25
dasselbe. Braunschweig, in-8°.......... 2 25
Leiden des jungen Werthers. Leipzig 1787, in-8°.......... 3 »
Wilhelm Meisters Lehrjahre. Berlin 1795, 4 Bde. in-8°.. 13 »
Werke. Stuttgart 1815, 20 Bde. in-8°.......... 120 »
Gœtz (J. N.) vermischte Gedichte. Mannheim 1807, 3 Bde. in-8°.......... 5 75
Grævell's (M. C. F. W.) Briefe an Emilien über die Fortdauer unsrer Gefühle nach dem Tode. Leipzig 1821, in 8°.......... 7 50
Der Mensch, eine Untersuchung für gebildete Leser. 3te Aufl. Reutlingen 1819, in-8°.......... 6 25
Grævell (M. C. F. W.) Das Wiedersehen nach dem Tode. Leipzig 1810, in-8°.......... 2 »
Grillparzer's (F.) Ahnfrau. Stuttgart 1822, in-8°.......... 3 75
Sappho, Trauerspiel in 5 Aufz. Stuttgart 1822, in-8°.... 3 75
Das goldene Vliess. Stuttgart 1823, in-12.......... 3 75
Hagedorn's (F. von) poetische Werke, herausgegeben von *J. Eschenburg*. Weissenfels 1800, 5 Th. in-8°.......... 15 75
Handbuch für Reisende in der Schweiz, mit Karte. Zürich 1818, 2 Bd. in-8°.......... 8 »
Hell's (Th.) Lustspiele. Leipzig 1810—11, 4 Bde. in-8°.... 25 50
Herder (J. G. von). Der Cid. Stuttgart 1820, in-8°.......... 3 75
Ideen zur Philosophie der Geschichte der Menschheit, mit einer Einleitung von *H. Luden*. Leipzig 1812, 2 Bde. in-8°.......... 14 »
Werke, Abtheilung der Philosophie und Geschichte. Karlsruhe 1822, 16 Bde. in-8°.......... 41 75

Einzeln werden verkauft :

Die Vorwelt, 1 Bd. ... 3 —

Propyläen der Geschichte der Menschheit, 1 Bd. ... 3 —

Ideen zur Geschichte der Menschheit, 4 Bde. ... 12 —

Postscenien zur Geschichte der Menschheit, 1 Bd. ... 3 —

Seele und Gott, 1 Bd. ... 3 —

Adrastea. Begebenheiten und Charaktere des XVIIIten Jahrhunderts, 3 Bde. ... 6 —

Sophron, 1 Bd. ... 3 —

Nachlese historischer Schriften, 1 Bd. ... 3 —

Verstand und Erfahrung, Vernunft und Sprache, 1 Bd. ... 3 —

Kalligone, 1 Bd. ... 3 —

Herders Leben, 1 Bd. ... 4 50

Werke, Abtheilung für schöne Litteratur und Kunst. Karlsruhe 1820, 16 Bde. in-8° ... 40 —

Einzeln werden verkauft :

Fragmente zur deutschen Litteratur, 2 Bde. ... 6 —

Der Cid, 1 Bd. ... 3 —

Kritische Wälder, 2 Bde. ... 6 —

Dramatische Stücke und Dichtungen, 1 Bd. ... 3 —

Abhandlungen und Briefe über schöne Litteratur und Kunst, 1 Bd. ... 3 —

Stimmen der Völker in Liedern, 1 Bd. ... 3 —

Blumenlese aus morgenländischen Dichtern, 1 Bd. ... 3 —

Schriften zur griechischen Litteratur, 1 Bd. ... 3 —

Schriften zur römischen Litteratur. — Antiquarische Aufsätze, 1 Bd. ... 3 —

Gedichte aus den sogenannt goldenen Zeiten, 1 Bd. ... 3 —

Nachlese zur schönen Litteratur und Kunst, 1 Bd. ... 3 —

Terpsichore, 1 Bd. ... 3 —

Gedichte, 2 Bde. ... 6 —

Hermbstädt (S. F.) Anleitung zur praktisch-ökonomischen Fabrikation des Zuckers, 2te Aufl. Berlin [illegible], in-8° mit Kupf.

Anleitung zum Etablissement einer Fabrik von ächtem Weinessig, 2te Aufl. Leipzig [illegible], in-8°

Le même, gründliche Anleitung zur Kultur der Tabackspflanzen und der Fabrikation des Rauch- und Schnupftabaks. Berlin [illegible], in-8°

Grundriss der Färbekunst, 3te Aufl. Berlin [illegible], 2 Bde. in-8°

Grundriss der Technologie. Berlin [illegible], in-8°

Le même, chemische Grundsätze der Kunst Branntwein zu brennen. Berlin [illegible], 2 Bde. in-8° mit Kupf.

Le même, chemische Grundsätze der Kunst Bier zu brauen, 3te Aufl. Berlin [illegible], in-8° mit Kupf.

Le même, allgemeine Grundsätze der Bleichkunst. Berlin [illegible], in-8° mit Kupf.

Le même, chemische Grundsätze der Destillirkunst und Liqueur-Fabrikation. Berlin [illegible], in-8° mit Kupf.

Le même, chemisch-technologische Grundsätze der gesammten Ledergerberei. Berlin [illegible], 2 Bde. in-8° mit Kupf.

Le même, kleiner Katechismus der [illegible]. Leipzig [illegible], in-8°

Le même, gemeinnützlicher Rathgeber für den Bürger und Landmann. Berlin [illegible], 3 Bde. in-8°

[illegible] (S. F.) Wissenschaft des Seifensiedens. Berlin 1808, in-8°

[illegible] Gedichte. Karlsruhe [illegible], in-8°

[illegible] erstes Buch für Kinder, oder ABC und Lesebuch. Leipzig, gr. in-8° mit [illegible] illum. Kupf.

Le même, neues Buch für Kinder, oder ABC und Lesebuch. Leipzig [illegible], mit [illegible] schw. und color. Kupf.

Homer, Werke von J. H. Voss, 3te Aufl. Stuttgart [illegible], 4 Bde. gr. in-8°, mit Karten.

Horazens Oden, übersetzt von K. W. Ramler. Berlin [illegible]

Huber's (F.) Gedichte. St. Gallen [illegible], in-8°

[illegible] Theorie der Schauspielkunst. Berlin [illegible], 2 Bde. in-8°, mit Kupf.

Le même, dramatische Werke. Leipzig [illegible], 16 Bde. in-8° mit Kupf.

Le même, neue dramatische Werke. Berlin [illegible], in-8°

Jacob (F.) Rosaliens Nachlass, 2te Aufl. Leipzig [illegible], in-8°

Jacobi's (J. G.) sämmtliche Werke, 3te Aufl. Zürich [illegible], 8 Bde. in-12

Kant (Im.) Anthropologie in pragmatischer Hinsicht, 3te Aufl. Königsberg [illegible], in-8°

Kritik der Urtheilskraft, 3te Aufl. Berlin 1799, in-8°

Kritik der praktischen Vernunft, 5te Aufl. Leipzig 1818, in-8°

Kritik der reinen Vernunft, 6te Aufl. Leipzig 1818, in-8°

Kleist's Gedichte. Karlsruhe [illegible], in-8°

Kätchen von Heilbronn. Berlin [illegible], in-8°

Le même, sämmtliche Werke, herausgegeben von *L. Tieck*. Berlin [illegible], 3 Bde. in-8° mit Kupf.

Klopstock's Messias. Leipzig [illegible], 2 Bde. in-18

Werke. Carlsruhe [illegible], 12 Bde. in-8°

Davon werden einzeln verkauft :

Messias, 4 Bde.

Oden, 2 Bde.

Geistliche Lieder und Epigrammen, 1 Bd.

[illegible] — Hermanns Schlacht, 1 Bd.

Salomo. — Hermann und die Fürsten, 1 Bd.

David. — Hermanns Tod, 1 Bd.

Hinterlassene Schriften von *Margaretha Klopstock*, 1 Bd.

Die deutsche Gelehrten-Republik, 1 Bd.

Klüber, (Dr. J. L.) öffentliches Recht des deutschen Bundes und der Bundesstaaten. Frankfurt [illegible], in-8°

Uebersicht der diplomatischen Verhandlungen des Wiener Congresses überhaupt und insonderheit über die wichtigen Angelegenheiten des deutschen Bundes. Frankfurt [illegible], 3 Bde. in-8°

Körner's (Th.) Leyer und Schwert. Reutlingen [illegible], in-8°

Werke. Karlsruhe [illegible], 4 Bde. in-8°

Kosegarten (L. T.) Dichtungen. Leipzig [illegible], 8 Bde. in-8°

Kotzebue (A. von) Das merkwürdigste Jahr meines Lebens, 2te Aufl. mit Kupf. Berlin [illegible], in-8°

Menschenhass und Reue, Schauspiel in 5 Aufzügen. Leipzig [illegible], in-8°

Schauspiele. Leipzig, 5 Bde. in-8°

Le même, neue Schauspiele. Leipzig [illegible], 23 Bde. in-8°

Alle Stücke können einzeln verschafft werden.

Der Schutzgeist. Leipzig [illegible], in-8°

[illegible] kleines Taschenbuch [illegible], in-12

Krummacher (F. A.) Parabeln. Reutlingen [illegible], 3 Bde. in-8°

Lafontaine (A. H.) Aristomenes und Gorgus, oder Rache und Menschlichkeit. Berlin [illegible], in-12, mit Kupf.

Familie von Halden. Berlin [illegible], 2 Bde. in-8°

[illegible]. Berlin, 3 Bde. in-8°

Langbein (A. F. E.) Gedichte, 4te Ausgabe. Stuttgart [illegible], 2 Bde. in-8°

Le même, deutscher Liederkranz. Berlin [illegible], in-8° mit Kupf.

Schwänke, 3te Aufl. Berlin [illegible], 4 Bde. in-8° mit Kupf.

[illegible] praktisches Rechenbuch. Strasbourg [illegible], in-8°

[illegible] Erzählungen. Berlin [illegible], 2 Bde. in-8°

Schauspiele. Dresden, in-8°

Lessing's Emilia Galotti, Trauerspiel in 5 Aufz. Berlin [illegible], in-8°

Fabeln, 3te Aufl. Berlin [illegible], in-8°

Lustspiele. Berlin [illegible], 2 Bde. in-8°

Minna von Barnhelm, oder das Soldatenglück, Lustspiel, 3te Aufl. Berlin [illegible], in-8°

Miss Sara Sampson, Trauerspiel in 5 Aufz. Berlin, in-8°

Nathan der Weise, 6te Aufl. Berlin [illegible], in-8°

fr. c.

Le même, sämmtliche Schriften. Berlin 1796—1808, 30 Bd. in-8° ... 153 —

Lohr's A B C und Bilderbuch. Leipzig, in-8° mit illum. Kupf. geb. ... 3 75

Le même, wohlfeiles A B C und Lesebuch. Leipzig 1819, in-8° mit Kupf. geb. ... 1 25

Buch der Bilder, Geschichten und Lehren für Kindheit u. Jugend. Leipzig, in-8° mit 12 illum. Kupf. geb. ... 8 50

Buch der Mährchen für Kindheit und Jugend. Leipzig, 2 Bde. in-8° mit 20 illum. Kupf. geb. ... 30 —

Die ernsten und lustigen Dinge in der Familie Ehrthal. Leipzig, in-8° mit 30 illum. Kupf. geb. ... 8 50

Erzählungen und Geschichten für Herz und Gemüth der Kindheit und Jugend. Leipzig, 2 Bde. in-8° mit Kupf. geb. ... 8 50

Lohr's Familie Oswald, oder Erweckungen des religiösen Sinnes der Kindheit. Leipzig 1819, 4 Bde. in-8° mit Kupf. geb. ... 18 —

Menschenleben in mancherley freudigen und traurigen Begebenheiten für Kindheit und Jugend. Leipzig, in-8° mit 10 illum. Kupf. geb. ... 8 50

Tändeleyen und Scherze für unsre Kinder. Leipzig, 2 Bde. in-4° mit 16 Kupf. geb. ... 18 50

Lotther (*K. F.*) Gustav und Lina. Reutlingen 1818, 3 Bde. in-8° ... 7 —

Matthisson (*F. von*) Gedichte. Stuttgart, 2 Bde. gr. in-8° mit Kupf. ... 17 —

Meier Hirsch's Integraltafeln. Berlin 1810, in-4° ... 15 —

Meiners Briefe über die Schweiz. Berlin 1783, 4 Bde. in-8° ... 10 50

Meissner's Alcibiades. Leipzig 1785—88, 4 Bde. in-4° mit Kupf. ... 11 25

Mendelssohn's (*M.*) Abhandlungen über die Evidenz in metaphysischen Wissenschaften. Berlin 1786, in-8° ... 2 75

Abhandlung über das Kommerz zwischen Seele und Körper. Berlin 1788, in-8° ... 1 75

Le même, kurze Abhandlung von der Unsterblichkeit der Seele. Berlin 1787, in-8° ... — 75

Aufsätze über jüdische Gebete und Festfeiern. Königsberg 1791, in-8° ... 1 75

Die fünf Bücher Moses, übersetzt für Bibelfreunde, herausgegeben von *D. Fraenkel* und *M. H. Bock*. Dessau 1815, in-8° ... 5 —

An die Freunde Lessings. Berlin, in-8° ... — 50

Jerusalem, oder über religiöse Macht und Judenthum. Berlin 1783, in-8° ... 2 75

Morgenstunden, oder Vorlesungen über das Daseyn Gottes. Berlin 1786, in-8° ... 4 75

Phaedon, oder über die Unsterblichkeit der Seele; 6te Auflage, herausgegeben von *D. Friedlaender*. Berlin 1821, in-8° ... 5 —

Mendelssohn's (*M.*) Prediger Salomo. Anspach 1771, in-4° ... 2 50

Psalmen; 3te Auflage. Berlin 1788, in-8° ... 3 25

Ritualgesetze der Juden; 4te Auflage. Berlin 1799, in-8° ... 1 —

Le même, philosophische Schriften, 2 Bde. in-8° ... 5 50

Uebersetzung des 1sten Psalms, sammt Friedlanders Kommentar. Berlin 1788, in-8° ... 1 75

Moritz's (*K. Ph.*) Götterlehre, oder mythologische Dichtungen der Alten; 5te Auflage. Berlin 1819, in-8° mit 65 Abbild. ... 4 75

Müchler's (*K.*) Anekdotenalmanach auf das Jahr 1823. Berlin, in-12, mit Kupf. ... 8 50

Die vollständige Sammlung dieses Almanachs, 14 Bde. nebst Inhaltsverzeichniss ... 91 —

Müller (*G. H.*) Vom Glauben der Christen; 2te Auflage. Winterthur 1823, 3 Bde. in-8° ... 16 —

Müllner's (*A.*) Albaneserin. Stuttgart 1820, in-18 ... 4 50

Die Schuld; 3te Aufl. Reutlingen 1819, in-8° ... 2 50

König Yngurd. Stuttgart 1819, in-8° ... 3 50

Theater. Stuttgart 1820, 4 Bde. in-8° ... 10 —

Musæus (*J. A.*) Volksmährchen der Deutschen. Mannheim 1815, 5 Bde. in-8° ... 15 —

Novalis Schriften, herausgegeben von *F. Schlegel* und *Tieck*. 3te Aufl. Berlin 1815 ... 12 75

Pichler's (*Car.*) Agathokles. Leipzig 1818, 3 Bde. gr. in-8° ... 15 —

Frauenwürde. Wien, 4 Bde. in-8° ... 30 —

Pölitz's (*K. H. L.*) Handbuch zur Lectüre der deutschen Klassiker. Leipzig 1804—6, 4 Bde. in-8° ... 14 50

Pohl's Ferdinand von Soto. Prag 1815, in-12 ... 2 —

Protokolle der deutschen Bundesversammlung. Frankfurt 1817, 1822, Bde. 1—12, in-4° ... 145 —

Ramler's (*K. W.*) poetische Werke. Berlin 1801, 2 Bde. in-8° mit Kupf. ... 11 50

Schachert's Peter von Amiens, und Gottfried von Bouillon, oder Geschichte der Eroberung des heiligen Grabes. Berlin 1819, in-8° geb. ... 6 50

Schiller's (*F. von*) Gedichte. Leipzig 1818, 2 Bde. in-12. Stereot. Ausg. mit Kupf. ... 5 75

Maria Stuart, Trauerspiel. Tübingen 1815, in-8° ... 3 —

Sämmtliche Werke. Stuttgart, 12 Thle. in 14 Bden. in-8° ... 75 —

Sämmtliche Werke. Stuttgart 1817, 18 Bde. in-12, auf Druckpap. ... 40 —

Dieselbe Ausgabe auf velin Pap. ... 67 50

Werke. Karlsruhe 1820, 18 Bde. gr. in-8° ... 40 —

Einzeln werden verkauft:

Geschichte des Abfalls der Niederlanden, 1 Bd. ... 3 —

Geschichte des dreissigjährigen Krieges, 2 Bde. ... 5 —

Don Karlos, 1 Bd. ... 2 50

Gedichte, 2 Bde. ... 4 —

Räuber. — Fiesko, 1 Bd. ... 2 50

Kabale und Liebe. — Parasit, 1 Bd. ... 2 25

Wilhelm Tell. — Neffe als Onkel, 1 Bd. ... 2 25

Wallensteins Lager. — Piccolomini. — Wallensteins Tod, 1 Bd. ... 2 75

Maria Stuart. — Macbeth, 1 Bd. ... 2 50

Jungfrau von Orleans. — Braut von Messina, 1 Bd. ... 2 25

Kleinere Theaterstücke, 1 Bd. ... 2 25

Vermischte Aufsätze, 1 Bd. ... 2 25

Kleinere prosaische Schriften, 3 Bde. ... 7 —

Historische Abhandlungen, 1 Bd. ... 2 50

Schilling. Der Mann wie er ist. Dresden 1819, in-8° ... 6 50

Das Weib wie es ist. Dresden 1819, in-8° ... 5 75

Schlegel (*A. W.*). Ueber dramatische Kunst und Litteratur. Heidelberg 1811, 3 Bde. in-8° ... 18 50

Poetische Werke. Heidelberg 1811, 3 Bde. in-8° ... 15 25

Schulze's (*E.*) Cäcilie. Reutlingen, 2 Bde. in-16 ... — 50

Bezauberte Rose. 3te Aufl. Reutl. 1821, in-16 ... 2 —

Sämmtliche poetische Schriften, herausgegeben von Bouterwek. Leipzig 1819—20, 4 Bde. in-8° ... 33 —

Sieberts (*A.*) Seelenlehre für Kinder. Leipzig 1822, in-8°, mit Kupf. ... 3 25

Sintenis (*C. F.*) Oswald; 2te Aufl. Leipzig 1816, in-8° ... 3 —

Spittlers Entwurf der Geschichte der europäischen Staaten; 2te Aufl. mit einer Fortsetzung von Sartorius. Berlin 1807, 2 Bde. in-8° ... 15 —

Sprichwörter (dramatische). Leipzig 1785, 2 Bde. in-8° ... 3 50

Stein's geographisch-statistisches Zeitungs-Post-und Comtoir-Lexicon. Leipzig 1818—21, 4 Th. in 8 Bden. gr. in-8° ... 63 —

Stolberg's (*Ch. von*) vaterländische Gedichte. Hamburg 1815, in-8° ... 2 25

Taschen-Encyclopedie (deutsche), oder Handbibliothek des Wissenswürdigsten in Hinsicht auf Natur und Kunst, Staat und Kirche, Wissenschaft und Sitte. Leipzig 1816—20, 4 Bde. in-12, mit 50 Kupf. ... 34 —

Thieme's Mährchen und Sagen für die Jugend. Berlin 1820, in-8°, mit illum. Kupf. geb. ... 6 50

Tiedges (*C. A.*) Urania. Reutlingen 1818, in-16 ... 2 —

Ej. Sämmtl. Werke Karlsruhe 1819, 2 Bde. in-8° ... 4 75

Venturini's (*C.*) Geschichte der spanisch-portugiesischen Thron-Umkehr. Altona 1819—21, 3 Bde. gr. in-8° ... 30 —

	fr.	c.
Russlands und Deutschlands Befreyungs-Kriege in den Jahren 1812–1815. Leipzig 1816, 2 Bde. in-8°	24	—
[illegible] Werke, übersetzt von [illegible]. Braunschweig 1799, 3 Bde. gr. in-8°, mit Kupf.	25	25
Voss (J. H.) Sämmtliche Gedichte. Königsberg 1802, 7 Bde. in-8°	25	—
Idyllen. Königsberg 1801, in-8°	8	—
Luise. Stuttgart 1807, in-12	3	15
Weisse's Kinderfreund. Leipzig, 12 Bde. in-8°, mit Kupf.	19	25
Werner's (F. L. Z.) Theater. Wien 1818, 4 Bde. in-8°, mit Kupf.	27	—
Martin Luther, oder die Weihe der Kraft, in-8°	4	25
Das Kreuz an der Ostsee, in-8°	4	25
Cunegunde die Heilige. Leipzig 1815, in-8°	[illegible]	
Der vier und zwanzigste Februar, Trauerspiel. Leipzig 1815, in-8°	1	25
Wieland's (C. M.) Oberon. Leipzig 1819, in-8°	1	75
Sämmtliche Werke. Karlsruhe 1814–18, 45 Bde. in-8°	80	—
Einzeln werden verkauft:		
Geschichte des Agathon, 3 Bde.	6	25
Der neue Amadis. — Der verklagte Amor, 2 Bde.	4	50
Goldne Spiegel, 2 Bde.	4	50
Geschichte des weisen Danischmend, 1 Bd.	2	[illegible]
Kleine poetische Schriften, 2 Bde.	4	[illegible]
Abentheuer des Don Sylvio von Rosalva, 2 Bde.	4	50
Nachlass des Diogenes von Sinope. — Gedanken über eine alte Aufschrift, 1 Bd.	2	25
Beyträge zur geheimen Geschichte der Menschheit, 2 Bde.	2	25
Vermischte prosaische Schriften, 2 Bde.	4	25
Crates. — Araspes und Panthea, 1 Bd.	2	75
Idris und Zenide, 1 Bd.	2	25
Erzählungen und Mährchen, 2 Bde.	4	25
Geschichte der Abderiten, 2 Bde.	4	50
Gandalin. — Klelia und Sinebald, 1 Bd.	2	25
Oberon, 1 Bd.	2	50
Vermischte Aufsätze, 1 Bd.	2	25
Götter-Gespräche. — Gespräche im Elysium, 1 Bd.	2	25
Singspiele und Abhandlungen, 1 Bd.	2	25
Peregrinus Proteus, 2 Bde.	4	50
Vermischte Aufsätze, 2 Bd.	4	50
Gespräche unter vier Augen, 1 Bd.	2	50
Agathodämon, 1 Bd.	2	50
Aristipp, 4 Bde.	9	—
Drei Gespräche über das Leben nach dem Tode, 1 Bd.	2	—
Hexameron von Rosenhain, 1 Bd.	2	25
Menander und Glycerion. — Krates und Hipparchia, 1 Bd.	2	25
Natur der Dinge. — Moralische Briefe, 2 Bde.	4	25
Supplemente, 5 Bde.	12	—
Zerrenner's neuestes A B C und Lesebuch. Leipzig, in-8° geb.	55	
Zimmermann (J. G.) Ueber die Einsamkeit. Leipzig 1784, 4 Bde. in-8°	19	
[illegible]'s allerneueste Bilderfibel, mit ausgemahlten Abbildungen. Berlin 1819, in-8° geb.	3	25
Livres de piété.		
Gott ist die reinste Liebe. Strasburg 1820, in-12, mit Kupf. geb.	2	—
Bibel (die) oder die ganze heilige Schrift des alten und neuen Testaments. London 1814, in-8° geb.	15	—
Das neue Testament unsers Herrn und Heilandes Jesu Christi. London 1813, in-8° geb.	[illegible]	—
Katechismus zum Gebrauche aller Kirchen des französischen Reichs. Strasburg 1810, in-12	1	50
Gesangbuch zur Beförderung der öffentlichen und häuslichen Andacht. Strasburg 1809, in-8° geb.	3	—
Kempen. Von der Nachfolge Christi. Strasburg 1810, in-18 geb.	3	50
Messbüchlein (neues) in 36 Bildern vorgestellt. Strasburg 1820, in-24 geb.	3	—
Tag des Christen (der durch das Gebet und die Betrachtung geheiligte). Strasburg 1820, in-12	2	50
Witschel's (J. H. W.) Morgen- und Abendopfer in Gesängen. Wien 1819, in-8°	4	—

La Maison que nous avons fondée à Leipsig nous met à même de procurer aux amateurs de la Littérature allemande, dans un très-court délai, tous les Ouvrages qui existent ou qui paraîtront par la suite. Nous n'augmenterons les prix des Éditeurs que de dix pour cent, pour frais de transport, droits d'entrée et brochure.

LIVRES ITALIENS.

Grammaires et Dictionnaires.

	f.	c.
CONVERSATIONS d'une mère avec sa fille, en français et en italien. Paris 1804, 1 vol. in-8°	3	50
Cours de langue italienne, par *Loucan de Bois-Germain*. Paris 1798, 3 vol. in-4°	28	»
Cours de thèmes, en italien et en français, par *Peretti*. Paris 1822, 1 vol. in-12	2	75
Cours de thèmes italiens, par *Sarchi*. Paris 1813, 1 vol. in-8°	2	»
Dialogues français et italiens à l'usage de ceux qui s'exercent dans ces deux langues. Paris 1819, 1 vol. in-18	4	»
Dictionnaire français-italien et italien-français, composé sur les dictionnaires de l'Académie française, et de celle de la Crusca. Gênes 1813, 2 vol. in-4°	36	»
Dictionnaire français-italien et italien-français, par *Cormon* et *Manni*, 3° édit. Lyon 1813, 2 vol. in-8°	13	»
Dictionnaire portatif et de prononciation, italien-français et français-italien, composé sur le dictionnaire de la Crusca, par *Cormon* et *Manni*, 4° édition, revue par *Chapelion*, 2 vol. in-8°	18	»
Dictionnaire portatif français-italien et italien-français, par *Barberi*. Paris 1822, 2 vol. in-18	10	»
Dictionnaire de poche français-italien et italien-français, par *Martinelli*, 4° édition. Paris 1819, 2 vol. in-16	6	»
Dizionario universale critico-enciclopedico della lingua italiana, d'*Alberti*. Lucca 1797, 6 vol. in-4°	99	»
Élémens de la langue italienne, par *Magnocavallo*. Paris 1783, 1 vol. in-12	2	50
Élémens de la langue italienne, par *Sirec*. Paris 1797, in-8°	2	»
Grammaire des grammaires italiennes, élémentaire, raisonnée, méthodique et analytique, ou cours complet de langue italienne, par *Barberi*. Paris 1819, 2 vol. in-8°	13	»
Grammaire italienne pratique et raisonnée, par *Antonini*, revue par *Conti*. Paris 1758, 1 vol. in-12	2	50
Grammaire italienne élémentaire et raisonnée, avec un nouveau traité de poésie italienne, par *Biagioli*. 4° édit. Paris 1819, 1 vol. in-8°	7	»
Grammaire italienne à l'usage de la jeunesse, par *Biagioli*, 2° édition. Paris 1819, 1 vol. in-12	2	»
Grammaire italienne de *Peretti*, nouvelle édition, revue, corrigée, et considérablement augmentée par *Ballin*. Paris 1815, 1 vol. in-8°	6	»
Grammaire italienne à l'usage des commençans, par *Vergani*, nouvelle édition, corrigée et augmentée par *Piranesi*. Paris 1819, 1 vol. in-12	1	80
Grammatica ragionata della lingua francese, scritta da *Biagioli*. Parigi 1814, in-8°	5	»
Guide (nouveau) de la conversation en italien et en français, par *Bayoncourt*. Paris 1818, 1 vol. in-16	3	»
Guide (le nouveau) de la conversation italienne, à l'usage des Français, par *Malherbe*. Paris 1823, 1 vol. in-16	2	50
Le même, à l'usage des italiens	2	50
Italiano (l') in Parigi, ovvero grammatica francese, ad uso degl' Italiani, di *Fr. Duc*, edizione seconda. Torino 1802, 1 vol. in-8°	5	»
Maître italien, ou nouvelle grammaire pratique, française et italienne, de *Veneroni*, 2° édition revue par *Lanzi*. Lyon 1820, in-8°	6	»
Lessico della lingua toscana, da *Biagioli*, seconda edizione. Parigi 1822, 1 vol. in-8°	14	»
Thèmes sur la langue italienne, par *Zotti*, 3° édition. Paris 1823, 1 vol. in-12	3	»
Traité de la prosodie italienne, par *P. Chéreau*, 3° édition. Paris 1816, 1 vol. in-12	1	50
Trésor (petit) de la langue italienne, ou des tropes de ces deux langues, par *Barberi*. Paris 1821, 1 vol. in-8°	5	»
Veneroni (le nouveau), ou grammaire italienne, par *Giovanni Zotti*, 8° édition. Paris 1822, 1 vol. in-12	1	50
Vocabolario degli Accademici della Crusca, 5 vol. in-4°	50	»

---

	f.	c.
Alamanni. La Coltivazione, pubblicata da *Buttura*. Parigi 1821. 1 vol. in-32, carta velina, con ritr.	3	»
La Coltivazione, *Rucellai*, Le Api, *Redi*, Bacco in Toscana. Venezia, *Vitarelli*, 1812, 1 vol. in-16, con ritr.	3	»
Alamanni. Opere toscane. Roma 1806, 2 vol. in-8°	10	»
Albergati Capacelli. Commedie. Bologna 1801, 6 vol. in-8°	36	»
Alberti (*L. B.*) Trattato della pittura e della scultura. Milano, 1 vol. in-8°, con fig.	6	»
Alfieri. Commedie. Londra 1804, 2 vol. in-8°, cart. pic.	9	»
Opere. Italia 1820, 13 vol. in-12	40	»
Opere, 18 vol. in-18, con ritr., carta velina	50	»
Opere varie filosofico-politiche, in prosa ed in versi. Nantes 1807, 3 vol. in-8°	22	»
Opere varie filosofico-politiche, in prosa ed in versi. Parigi 1800, 4 vol. in-12, cart. pic.	10	»
Le Rime. Londra 1804, 1 vol. in-8°, carta pic.	2	»
La Tirannide, 1 vol. in-18	4	»
Tragedie e opere scelte. Milano 1820, 4 vol. in-8°	30	»
Tragedie. Pisa, 6 vol. in-8°, con. ritr.	36	»
Tragedie. Italia 1820, 4 vol. in-12	10	»
Tragedie coll'accento di prosodia. Avignone 1818, 6 vol. in-18	15	»
Tragedie scelte, pubblicate da *Buttura*. Parigi 1821, 3 vol. in-32, carta velina, con ritratto	8	»
La sua vita scritta da esso. Londra 1807, 2 vol. in-18, con ritratto	4	50
Algarotti. Il Congresso di Citera. Londra in-18	1	50
Opere. Cremona 1778, 10 vol. in-8°	30	»
Amoretti. Viaggio da Milano ai tre laghi, Maggiore, di Lugano, e di Como. Milano 1814, 1 vol. in-12, con tre carte	5	50
Viaggio da Milano a Nizza, ed altro da Bertino a Nizza, e ritorno. Milano 1819, 1 vol. in-12, carta fina	3	»
Anguillesi. Poesie. Pisa, 2 vol. in-8°, cart. pic., con ritr.	[illegible]	

Apuleju. L'Asino d'oro, tradotto dal *Firenzuola*. Parigi, 1 vol. in-4°

Aretino (*Pietro*) *ed altri autori* [illegible]. Raccolta di poesie [illegible]. Milano, 1 vol. in-8°, con ritr.

Ariosto. Orlando furioso. Milano 1812, 5 vol. in-8°, con ritr.
Orlando furioso. Prato 1820, 6 vol. in-18, carta mag., con fig.
Orlando furioso. Livorno 1816, 4 vol. in-12, con ritratto
Orlando furioso. Milano 1810, 5 vol. in-12
Orlando furioso. Venezia, *Pitteri*, 1805, 6 vol. in-16, con ritr.
Orlando furioso, coll'accento di prosodia. Avignone 1816, 8 vol. in-18
Orlando furioso, pubblicato da *Petronj*. Parigi 1821, 8 vol. in-32, cart. vel., con ritr.
Orlando furioso, nuova edizione. Parigi, 8 vol. in-18

Arnaud. Il Cadmo, poema. Pisa 1821, 2 vol. in-8°, con fig.
Poesie varie. Pisa 1821, 1 vol. in-12, con ritr., elegantissima edizione
Detto, carta vel.

Baldelli. Vita di Boccaccio. Firenze 1806, 1 vol. in-8°

Baldovinetti. Assiriorum [illegible] 1801, 3 vol. in-4°

Baldinucci. L'arte del disegno e l'arte d'intagliare in rame. Milano 1808, 14 vol. in-8°, con ritr.

Bandello. Le Rime. Torino 1816, 1 vol. in-8°, con ritr.

Baretti. Lettere famigliari. Milano 1814, 1 vol. in-8°
Opere. Milano 1813-18, 6 vol. in-8°

Bartoli (*D.*) Discorsi, terza edizione. Milano 1821, 1 vol. in-12

Beccaria. Dei delitti e delle pene, nuova edizione. Parigi, Molini, 1780, 1 vol. in-8°, dos de maroquin rouge
Dei delitti e delle pene, nuova edizione, corretta e accresciuta. Milano 1821, 1 vol. in-8°

Bembo. Lettere, con note grammaticali e analitiche di [illegible]. Edizione seconda. Parigi 1820, 1 vol. in-12
Opere storiche. Milano, 2 vol. in-8°, con ritr.

Berni. Orlando innamorato. Pisa 1819, 6 vol. in-18, elegantissima edizione

Bertola (*Aurelio*). Poesie. Firenze 1817, 1 vol. in-12

Bettinelli. *Bettinelli e Cesarotti*. Venezia 1801, 1 vol. in-4°, carta gran., con fig.

Bettinelli. Opere edite ed inedite. Venezia 1780, 24 vol. in-8°, cart. pic.

Biblioteca poetica italiana, scelta e pubblicata da *Buttura*. Parigi, 1820-1822, 30 vol. in-32, carta velina, con ritratti, elegantissima edizione
On vend séparément :
Alamanni. La Coltivazione, 1 vol.
Alfieri. Tragedie scelte, 4 vol.
Ariosto. Orlando furioso, 8 vol.
Dante. La Divina Commedia, 3 vol.
Guarini. Il Pastor fido, 1 vol.
Metastasio. Opere scelte, 4 vol.
Petrarca. Le Rime, 2 vol.
Scelta di poesie, 3 vol.
Tasso. Aminta, 1 vol.
La Gerusalemme liberata, 3 vol.

Boccaccio. Il Decamerone. Venezia, *Pitteri*, 1813, 4 vol. in-12
Il Decamerone, nuova edizione, coll'aggiunta di [illegible]. Firenze, 5 vol. in-18
Il Decamerone, col commento di *Bonaccorsi*, 5 vol. in-8°, avec un portrait de Boccace dessiné par Gérard.
Le prix du volume, pour les souscripteurs, est de
[illegible] par les deux derniers volumes en souscription. Après la souscription l'ouvrage sera augmenté de [illegible].
Il y aura [illegible] exemplaires sur très beau papier vélin, le prix en sera double et pour ceux-ci [illegible] ci-dessus.
[illegible] exemplaires sont tirés sur [illegible] in-4°, en papier vélin supérieur à grandes marges. Prix pour les souscripteurs, [illegible] le volume.

Boiardo (*Conte*). Discorsi, con le annotazioni del *Mureti*. Milano 1808, 4 vol. in-8°

Borghini (*Raffaello*). Il Riposo. Milano 1807, 3 vol. in-8°

Bracciolini. Lo scherno degli Dei, poema giocoso. Firenze 1822, 2 vol. in-18

Buffon. Epoche della natura. Milano 1778, 2 vol. in-12

Canovai. Viaggio d'Amerigo Vespucci. Firenze 1817, 1 vol. in-8°

Caritone Afrodiseo. Racconti amorosi di Cherea e Calliroe, tradotti in italiano dal *Giacomelli*. Crisopoli 1801, 2 vol. in-8°, cart. pic.

Caro (*Annibale*). L'Eneide di Virgilio. Milano 1812, 1 vol. in-8°
— L'Eneide di Virgilio. Firenze 1822, 2 vol. in-18
— Eneida di Virgilio. Firenze, vol. in-32
— Opere. Milano, 8 vol. in-8°

Casti. Gli Animali parlanti, poema epico. Lugano 1802, 3 vol. in-12, con fig.
— Gli animali parlanti, poema epico. Parigi 1822, 3 vol. in-12
Novelle. Parigi 1821, 4 vol. in-12
Novelle galanti. Parigi 1804, 3 vol. in-8°, con ritr.

Cavalcanti. Trattato sopra gli ottimi reggimenti delle repubbliche. Milano 1805, 1 vol. in-8°

Cellini (*Benv.*) Opere scelte, con note del *Carpani*. Milano 1806, 3 vol. in-8°, con ritr. e fig.

Cerretti (*Luigi*). Poesie. Firenze 1822, 2 vol. in-18, bell'edizione

Cesarotti. Iliade di Omero. Pisa 1803, 4 vol. in-8°
Iliade di Omero. Piacenza 1800, 4 vol. in-12
L'Iliade o la morte di Ettore, poema omerico. Venezia, 1795, 2 vol. in-8°

Cervantes. Vita ed avventure dell'ingegnoso cittadino D. Chisciotte della Mancia. Venezia 1818, 8 vol. in-18, con fig.

Chiabrera. Rime. Milano 1807, 3 vol. in-8°, con ritr.

Chiari. Commedie in versi. Bologna 1759, 6 vol. in-8°, rel.
La Ballerina onorata. Venezia 1794, 2 vol. in-12
La Francese in Italia. Venezia 1806, 2 vol. in-12

Cinonio. Osservazioni della lingua italiana illustrate ed accresciute dal Cav. Luigi Lamberti, in-8°

Clasio (*Luigi*). Favole, coll'aggiunta de' sonetti. Firenze 1 vol. in-18

Collezione de' classici italiani. Venezia, *Pitteri*, 1811-1822, 48 vol. in-16, con ritratti
On vend séparément :
Alamanni, la Coltivazione; *Rucellai*, le Api; *Redi*, Bacco in Toscana, 1 vol.
Ariosto, Orlando furioso, 6 vol.
Boccaccio, Il Decamerone, 4 vol.
Dante, la Divina Commedia, 3 vol.
Filicaja, Poesie toscane, 2 vol.
Petrarca, le Rime, 2 vol.
Poliziano, Opere volgari, 2 tom. in 1 vol.
Tasso, la Gerusalemme liberata, 2 vol.
Aminta, e *Guarini*, il Pastor fido, 1 vol.
Tassoni, la Secchia rapita, 1 vol.
Vagi, Indice della divina Commedia, 1 vol.

Collezione degli Autori classici italiani, in ogni genere. Milano 1802 — 1809, 250 vol. in-8°
Alamanni, la Coltivazione, e *Rucellai*, le Api, 1 vol.
Alberti, Trattato della Pittura, 1 vol.
Anguillara, Le Metamorfosi, 3 vol.
Ariosto, l'Orlando furioso, 5 vol.
Bandello, Opere, 14 vol.
Bartolommeo da S. Concordio, Volgarizzamento degli ammaestramenti degli antichi, 1 vol.
Bembo, Opere complete, 12 vol.
Bentivoglio, Opere storiche, 5 vol.
Berni, L'Orlando innamorato, 5 vol.

fr. c.

Bibliographia degli autori componenti la collezione de' classici italiani, 1 vol. 5 »
Boccaccio. Il Decamerone, 4 vol. 30 »
Borghini. Il Riposo, 3 vol. 12 »
— I Discorsi, 4 vol. 20 »
Bracciolini. Lo Scherno degli Dei, 1 vol. 3 50
Buonmattei, due libri della lingua toscana, 2 vol. 15 »
Caro. Le Lettere, 8 vol. 48 »
Casa (della). Opere, 4 vol. 20 »
Castiglione. Il Cortigiano, 2 vol. 8 »
Cavalcanti. Degli ottimi reggimenti delle repubbliche, 1 v. 3 50
Cellini. Opere, 3 vol. 24 »
Chiabrera. Le Rime, 3 vol. 18 »
Cinonio. Osservazioni, 4 vol. 24 »
Costanzo. Storia di Napoli, 3 vol. 16 50
Crescenzi. Dell' Agricoltura, 3 vol. 16 50
Dante. La Divina Commedia, 3 vol. 24 »
Dati. Vite de' Pittori antichi, 1 vol. 4 50
Davanzati. Scisma d'Inghilterra, 1 vol. 5 »
Davila. Storia delle Guerre civili di Francia, 6 vol. 36 »
Erizzo. Le Sei Giornate, 1 vol. 6 »
Fiorentino. Il Pecorone, 2 vol. 10 »
Firenzuola. Opere complete, 5 vol. 30 »
Fortiguerri. Il Ricciardetto, 3 vol. 18 »
Galileo Galilei. Opere, 13 vol. 78 »
Gelli. Opere, 3 vol. 15 »
Guarini. Il Pastor fido, 1 vol. 7 50
Guicciardini. Storia d'Italia, 10 vol. 60 »
Lippi. Il Malmantile, 1 vol. 8 25
Lorenzo Gozo, 1 vol. 7 50
Machiavelli. Opere, 10 vol. 60 »
Maffei. Storia dell' Indie, 3 vol. 24 »
Magalotti. Opere, 2 vol. 12 »
Menzini. Satire, 1 vol. 6 75
Molza. Opere, 1 vol. — —
Pandolfini. Trattato del governo della famiglia, 1 vol. 3 50
Passavanti. Lo Specchio di vera penitenza, 2 vol. 10 »
Petrarca. Le Rime, 2 vol. 12 »
Poliziano. Le Stanze e l'Orfeo, 1 vol. 4 »
Pulci. Il Morgante maggiore, 3 vol. 15 »
Raccolta de' migliori Lirici, 1 vol. 6 »
—— de' migliori Satirici, 1 vol. 7 »
—— di Pastorali e Rusticali, 1 vol. 7 50
—— di Prose, 3 vol. 18 »
—— di Novelle, 3 vol. 18 »
—— di Didascalici, 1 vol. 7 50
Redi. Opere, 9 vol. 54 »
Sacchetti. Novelle, 3 vol. 15 »
Sannazzaro. L'Arcadia, 1 vol. 5 »
Salviati. Opere, 5 vol. 30 »
Segni. Storie Fiorentine, 3 vol. 18 »
Tasso. Le sue Opere, 4 vol. 24 »
Tassoni. La Secchia rapita, 1 vol. 6 »
Teatro scelto d'ogni secolo, 10 vol. 60 »
Valeriano, la Gazza, 1 vol. 3 50
Varchi. La Storia e l'Ercolano, 7 vol. 35 »
Vasari. Vite de' Pittori, 16 vol. 112 »
Vettori. Coltivazione degli ulivi, 1 vol. 6 75
Villani. Storie Fiorentine, 8 vol. 40 »
Vinci (da). Trattato della Pittura, 1 vol. 17 »
Cesidius de Carbognano. Principi della Grammatica turca all' uso dei Missionari di Constantinopoli. Roma 1794, in-4°. 18 »
Costantini. Morale poetica italiana, scelta di massime e sentenze tratte da' più classici poeti italiani. Londra 1801, in-12. 4 20
Costantini. Nuova scelta di prose. Parigi 1825, 2 vol. in-12. 6 »
Costantini. Nuova scelta di poesie italiane, tratte da' più celebri autori antichi e moderni. Parigi 1823, 2 vol. in-12. 6 »
Costanzo. Istoria del Regno di Napoli. Milano 1805, 3 vol. in-8° 24 »
Dante. La Divina Commedia, col comento di Biagioli. Parigi 1819, 3 vol. in-8° 48 »
— La Divina Commedia. Milano 1804, 3 vol. in-8° 24 »
— La Divina Commedia. Livorno 1807, 4 vol. in-8°, carta magna, con ritratto 30 »
— La Divina Commedia, 3 vol. in-18, edizione *Cazin* 9 »
— La Divina Commedia, coll'accento di prosodia, Avignone, 3 vol. in-18 9 »
— La Divina Commedia. Venezia, *Vitarelli*, 1811, 3 vol. in-16, con rit. 6 »
— La Divina Commedia, pubblicata da *Bottura*. Parigi 1804, 3 vol. in-32, carta velina, con fig. 7 50
Dati (Carlo). Vite de' Pittori antichi. Milano 1806, in-8°, con rit. 4 »
Davanzati. Scisma d'Inghilterra, con altre operette. Milano, 1807, 1 vol. in-8° 4 50
Davila. Istoria delle guerre civili di Francia. Milano 1807, 6 vol. in-8° 42 »
Delizie degli eruditi Toscani. Firenze 1770, 6 vol. in-12, leg. in-16 80 »
Denina. Delle Rivoluzioni d'Italia. Milano, 3 vol. in-8°, con rit. 30 »
— Delle Rivoluzioni d'Italia. Firenze 1820, 3 vol. in-8° 30 »
Erizzo. Le Sei Giornate. Milano 1805, 1 vol. in-8°, con rit. 6 »
Esercizio devoto, e brevi preghiere a nostro signor Gesù Cristo. Roma 1788, in-18 1 25
Eustazio. Amori d'Ismenio e d'Ismenia, ridotti in italiano dal Cirami, Crisopoli, 1802, in-8°, cart. pice. 3 »
Fenelon. Le avventure di Telemaco. Firenze, 1788, 2 vol. in-12 6 »
Le avventure di Telemaco, nuova edizione. Parigi 1807, 1 vol. in-12 3 »
Le avventure di Telemaco. Londra 1801, 2 vol. in-18, carta vel. adorna di 25 rami 9 »
Le avventure di Telemaco, ital.-francese. Parigi 1807, 2 vol. in-12 6 »
Le avventure di Telemaco. Avignone 1804, 2 vol. in-12. 4 »
Ferrario. Raccolta di poesie pastorali e rusticali. Milano, 1 vol. in-8° 7 50
Filangieri. La Scienza della Legislazione. Filadelfia 1819, 5 vol. in-8° 25 »
Filicaja. Poesie toscane. Venezia. *Vitarelli*, 1812, 2 vol. in-16, con rit. 6 »
Fiorentino. Il Pecorone, e novelle antiche. Londra 1793, 2 vol. in-8°, con fig. 10 »
Firenzuola. Consigli degli Animali. 1802, 1 vol. in-8°, carta pice. 3 50
Opere complete. Milano 1802, 5 vol. in-8° 25 »
Florian. Estella, tradotta in prosa e poesia italiana, da *Baselli*. Lione 1790, 1 vol. in-12 3 50
Galatea, ital.-francese. Basilea 1793, in-8° 3 »
Forestiere illuminato, intorno le cose più rare e curiose, antiche e moderne, della città di Venezia e dell' isole circonvicine. Venezia 1740, in-8°, carta pice. con fig. *rile* 3 »
Fortiguerri (Carteromaco). Ricciardetto, poema. Orleans 1785, 2 vol. in-8°, carta pice. 8 »
— Ricciardetto, poema. Italia 1819, 3 vol. in-12, con molti rami. 12 »
Il Ricciardetto, 4 vol. in-8° 10 »
Fortini. La Terza Giornata, delle novelle di Novizi, ora per la prima volta data alla luce. Siena 1811, in-12. 3 »
Foscolo. I Sepolcri, poesie. Milano, 1 vol. in-12 1 50
Frizzo. Le Giornate. Milano 1803, in-8°, avec portrait 7 50
Fucrone. Novelle galanti. Parigi, 1 vol. in-12 2 50
Galileo. Opere. Milano 1811, 13 vol. in-8°, con ritratti 100 »
Genlis. Novelle morali, trad. in italiano da *Costantini*. Berlino 1814, 2 vol. in-8°, cart. pice. 7 »
Gessner. Il primo Navigatore, ital.-francese. Ginevra 1803 1 50
Gherardini. Componimenti drammatici. Milano 1812, 1 vol. in-12. 3 »

fr. c.

Raccolta de' migliori lirici italiani. Milano 1808, in-8° .... 6 »
Raccolta di orazioni e lettere de' migliori prosatori, 3 vol. in-8° .... 24 »
Raccolta di pastorali rusticali, 1 vol. in-8° .... 8 »
Regolamento pratico di vita cristiana. Roma 1816, in-12 .... 3 50
Sacchetti (*Fr.*) Novelle. Milano 1804, 3 vol. in 8°, con ritr. 18 »
Saffo. La Fauniade, Inni ed Odi. Pisa 1801, in-8°, carta picc. 1 50
Saint-Pierre (*B. de*). La Capanna indiana, ital-francese. Parigi 1807, in-18 .... 1 75
Saint-Pierre (*B. de*). Paolo e Virginia. Firenze 1798, 1 vol. in-18 .... 2 25
Salvini. Prose sacre, con aggiunta di prose inedite. Firenze, 1 vol. in-8° .... 5 »
Sannazaro. L'Arcadia. Pisa, 1 vol. in-18, carta vel. 3 50
Scelta di lettere famigliari degli autori più celebri, con note ed accenti che indicano la pronunzia. Torino, 1 vol. in-12 .... 2 »
Scelta di novelle dei migliori autori italiani. 3 vol. in-12 .... 12 »
Scelta di novelle de' più eleganti scrittori italiani, ad uso de' giovinetti. Milano 1819, 3 vol. in-18, elegante edizione .... 12 »
Scelta di poesie italiane, d'autori antichi (prima età) pubblicate da *Buttura*. Parigi 1820, in-32, carta vel. .... 3 »
Scelta di poesie italiane d'autori dell' età media, pubblicate da *Buttura*. Parigi 1821, in-32, carta vel. .... 3 »
Scelta di poesie italiane d'autori moderni (terza età), pubblicate da *Buttura*. Parigi 1822, in-32 .... 3 »
Senofonte (*Efesio*). Gli amori di Abrocome ed Anzia, ridotti in italiano da *Salvini*. Crisopoli 1801, in-8°, car. picc. 2 50
Sestini. Descrizione degli Stateri antichi illustrati colle medaglie. Firenze 1818, in-4°, fig. .... 12 »
Soave. Mitologia, ossia esposizione delle favole. Parigi 1812, 1 vol. in-12 .... 4 »
Novelle morali. Avignone 1822, 2 vol. in-18 .... 4 »
Novelle morali. Milano, 1 vol. in-12 .... 2 50
Storia di Genova negli anni 1745, 1746, 1747 e 1748, in-4°, carta picc., celin .... 10 »
Sistema di la naturaleza, 4 vol. in-18 ....
Tacito. Opere, volgarizzate da *C. Petrucci*, col testo a fronte. Roma 1815, 7 vol. in-8°, con ritr. .... 32 »
Tamburini. Lezioni di Filosofia e di Diritto della natura. Pavia 1808, 7 vol. in-8° .... 24 »
Tasso. Aminta. Orléans 1785, in-18 edizione *Cazin* .... 2 »
Aminta. Avignone, 1 vol. in-18 .... 1 »
Aminta, 1 vol. in-32, carta vel. 1 25
Aminta, in-18. Firenze, carta vel. .... 2 »
Aminta, 1 vol. in-8° .... 2 »
Aminta, pubblicata da *Buttura*. Parigi 1819, 1 vol. in-32, carta vel., con fig. 1 80
Aminta, con altre poesie. Livorno 1802, in-12 .... 2 80
Aminta. Parigi 1800, 1 vol. in-18, edizione stereotipa .... » 75
Aminta, e s'aggiunge *Guarini*, il Pastor fido. Venezia, *Vitarelli*, 1812, 1 vol. in-16, con ritr. .... 3 »
La Gerusalemme liberata. Venezia, *Molinari*, 1819, 2 vol. in-16, con ritr. .... 8 »
La Gerusalemme liberata, coll' accento di prosodia. Avignone 1816, 4 vol. in-18 .... 5 »
La Gerusalemme liberata. Londra 1820, 2 vol. in-48, con ritr., elegantissima edizione .... 12 »
La Gerusalemme liberata, pubblicata da *Buttura*. Parigi 1820, 4 vol. in-32, cart. vel. con ritr. .... 8 »
La Gerusalemme liberata. Parigi 1819, 2 vol. in-18, edizione stereotipa .... 2 »
La Gerusalemme liberata, ossia il Goffredo, poema eroico, con gli argomenti di *Orazio Ariosti*, con la vita dell' autore, e con l' aggiunta di cinque canti di *Camillo Camilli*. Lucca 1758, rel. en parchem. .... 6 »
Gerusalemme liberata. Milano 1821, 2 vol. in-8°, elegantissima edizione .... 12 »
Veglie. Firenze, in-18 .... 2 »
Veglie, in-12 .... 2 50
Veglie. Sesta edizione. Firenze 1822, in-8°, con ritr. 1 80
Tassoni. La Secchia rapita, nuova edizione, 1 vol. in-18, con ritr. .... 3 »
La Secchia rapita, con annotazioni; nuova edizione, coll' accento di prosodia. Avignone 1813, 2 vol. in-18 .... 3 »
La Secchia rapita. Venezia, *Vitarelli*, 1813, 1 vol. in-16, con ritr. .... 3 »
La Secchia rapita. Milano .... 6 »
Teatro (il) alla moda, o, sia metodo sicuro e facile per ben comporre, ed eseguire l'opere italiane in musica, all' uso moderno, ec., ec. Milano, rel. .... 2 »
Teatro scelto di ogni secolo, 10 vol. in-8° .... 65 »
Teatro scelto italiano. Milano 1822, vol. 1 e 2, in-18, elegantissima edizione (Aminta e il Pastor fido) .... 8 »
Tiraboschi (*G.*). Storia della letteratura italiana. Firenze 1805, 20 vol. in-8° .... 72 »
Trissino. L'Italia liberata da' Goti, 3 vol. in-8°, cart. mag. .... 8 »
Varchi (*B.*) Opere. Milano 1803, 7 vol. in-8°, con ritratto .... 35 »
Valvasone. La Caccia, poema. Milano, 1 vol. in-8° .... 4 »
Vasari. Vite de' Pittori, in-8°, Milano 1807, 16 vol. in-8°, con gran numero di ritratti .... 125 »
Venini. Poesia lirica, antica e moderna. Milano, 2 vol. in-12. 4 »
Verri (*Alessandro*). Discorsi varj, 1818, 1 vol. in-12, con fig. 3 »
Le Notti romane. Parigi 1820, 2 vol. in-12 .... 6 »
Le Notti romane. Livorno 1818, 2 vol. in-12, con fig. .... 6 »
Verri (*Pietro*). Opere filosofiche e d' economia politica. Milano 1818, 4 vol. in-12 .... 15 »
Vinci (*Leonardo da*) Trattato della Pittura. Milano 1804, in-4° .... 30 »
Visconti. Museo Pio Clementino. Milano, vol. 1 a 5, in-8°, carta mag., con molti rami, elegantissima edizione .... 180 »
Detto, in-4°, carta magna .... 360 »
Iconografia romana. Milano, 1 vol. in-8° .... 25 »
Detto, in-4° .... 50 »
Museo Chiaramonti. Milano, 1 vol. in-8°, con fig. .... 15 »
Detto, in-4° .... 30 »
Volpi. Indici ricchissimi che spiegano tutte le cose più difficili e tutte l'erudizioni della divina Commedia di Dante Alighieri. Venezia, *Molinari*, 1819, 1 vol. in-16 .... 1 »
Young. Le Notti, tradotte dall' inglese e dal francese. Marsiglio 1770, 2 vol. in-12, rel. .... 7 »

LIVRES LATINS.

A. Persii Flacci satiræ, ad codices parisinos recensitæ, lectionum varietate et commentario perpetuo illustratæ a N. L. Achaintre. Accedunt L. Lucilii Suessani Auruncani operum satiricorum fragmenta, necnon Sulpiciæ [illegible] 1811, 1 vol. in-8° broché ... 8 »
Achaintre. Dec. Jun. Juvenalis satiræ, ad codices parisinos recensitæ, lectionum varietate et commentario perpetuo illustratæ a N. L. Achaintre. Accedunt [illegible] notæ [illegible], 2 vol. in-8°, avec une fig. ... 18 »
Æsopi fabulæ græcum cum notis. Lipsiæ, in-8° ... [illegible]
[illegible] ad [illegible]. Lyon, in-8 ... 6 »
Agop. Grammatica latina armenice explicata; Grammatica armenica latine explicata [illegible]. Romæ 1675, 4 vol. in-12 ... [illegible]
Agrostologia helvetica, definitionem descriptionemque graminum et plantarum eis affinium in Helvetia sponte nascentium complectens, auctore J. Gaudin, 2 vol. in-8° ... [illegible]
Anti-Lucretius, sive de Deo et natura. Paris, 2 vol. in-12 ... [illegible]
Antiquitatum Romanarum Epitome [illegible], in-12 ... [illegible]
— Lugduni, 4 vol. in-8° ... [illegible]
— Lugduni, in-fol. ... [illegible]
Antonii [illegible] transformationes [illegible]. Lipsiæ, in-8°, pap. fin ... [illegible]
Apparatus criticus ad Demosthenem cum notis Reiskii [illegible], grec et latin, 1774 et 1775, 5 vol. in-8° ... [illegible]
Apulei Metamorphoseon libri XI. Parisiis 1790, 3 vol. in-18, pap. vel., fig. ... [illegible]
Aristotelis ars poetica cum [illegible]. Lipsiæ, in-8° ... 6 »
Assemani. Bibliotheca orientalis. Romæ 1718, 4 vol. in-folio, pap. fin ... [illegible]
Athanasius. Interpretatio Psalmorum, græce et latine, studio Antonelli. Romæ 1746, in-fol. ... 36 »
Auberi prælectiones juris civilis. Lausann. 1776, 3 vol. in-4° ... 30 »
Augustini (S.) confessiones et meditationes. Flandri, [illegible], in-8° ... [illegible]
Aurelii et Calpurnii eclogæ, [illegible]. Mitaviæ, in-8° ... 3 50
[illegible] edit. Say et Van Spaan. Rotterdam, [illegible] ... 27 »
Bailly (Lud.) theologia dogmatica. Lugduni 1818, in-8°, fig. ... 20 »
Balli opera poetica, [illegible]. Vindob., 2 vol. in-8° ... [illegible]
Baluzii capitularia regum, 1780, 2 vol. in-fol., gr. pap. ... [illegible]
[illegible], Satiricon, cum notis. Vindob., 1 vol. in-8° ... [illegible]
Bellarminus. Doctrina christiana illirice. Romæ 1768, in-8° ... 5 »
[illegible] Dictionarium latino-[illegible]. Romæ [illegible], in-8° ... [illegible]
Biblia Hebraica, cum punctis, secundum ultimam editionem Josephi Athiæ, recensita, cum notis illustrata, studio Vander Hooght. Londini 1811, 2 vol. in-8°, papier velin, belle édition, dans laquelle on a corrigé un grand nombre de fautes typographiques qui se trouvent dans l'édition d'Amsterdam de 1705 ... [illegible]
Biblia sacra. Parisiis, Didot, 8 vol. in-8° ... [illegible]
Bibliotheca Rabbinica cum [illegible]. [illegible]. Romæ [illegible], 5 vol. in-fol. ... [illegible]

Bosch (H. de) Poemata. Ultrajecti, in-4°, gr. pap. ... 21 »
— Poematum appendix. Ultrajecti, in-4°, gr. pap. ... 5 »
Breviarium Romanum, 4 vol. in-8° ... 30 »
Breviarium Romanum. Gratianopoli 1752, 4 vol. in-12 ... [illegible]
— Ad usum Cisterciensis, 1771, 2 vol. ... 18 »
Breviarium romanum slavonico idiomate. Romæ 1791, 2 tres-forts vol. in-8° ... [illegible]
Breviarium romanum totum [illegible]. Lugduni 1780, in-12 ... [illegible]
— Ad usum Cisterciensis, 1752, 2 vol. ... [illegible]
— Sacri ordinis Cartusiensis. Gratianopoli 1750, in-8° ... [illegible]
Cæsaris commentarii de bello gallico. Leodii 1775, in-12, gr. pap. ... [illegible]
Cæsaris commentaria, notis Oudendorpio. Lugd. Bat. 1773, in-8° ... [illegible]
Canonicale Episcoporum. Antverpiæ 1713, 1 vol. in-folio ... [illegible]
Capitularia regum francorum, 2 vol. in-folio ... [illegible]
Castelli. Lexicon, medico græco-latin. Patav., in-4° ... [illegible]
Catullus, Tibullus, Propertius. Vindob. 1803, in-8° ... [illegible]
Ciceronis epistolæ ad Atticum. Basiliæ 1780, 2 vol. in-8° ... [illegible]
Ciceronis epistolæ ad familiares, in-12 ... [illegible]
Ciceronis epistolæ cum notis Manutii. Antverpiæ, in-12 ... [illegible]
Ciceronis de officiis. Wirceburgi 1780, gr. pap. ... [illegible]
Ciceronis opera d'Olivet. Venetiis, 9 vol. in-4° ... 72 »
Ciceronis opera omnia, ex recensione Jo. Aug. Ernesti, cum ejusdem notis et clave ciceroniana. Londini 1820, 8 vol. in-8°, grand papier velin, cartonné, superbe édition ... [illegible]
Ciceronis (Tullii) opera. Venetiis 1772, 4 vol. in-4° ... [illegible]
Ciceronis orationes selectæ. Basiliæ 1783, in-8° ... [illegible]
Ciceronis de oratore dialogi. Basiliæ [illegible], in-8° ... 6 »
Collectio poetarum elegiacorum. Vindob. 1763, 2 vol. in-8° ... [illegible]
** Collection des auteurs latins, publiés et collationnés sur les manuscrits de la bibliothèque du roi, par [illegible], professeur d'humanités et imprimés par Firmin Didot, format grand in-8°, sur papier raisin vélin superfin satiné.
Q. Horatius Flaccus. 1 vol.
C. Sallustius Crispus. 1 vol.
P. Virgilius Maro. 2 vol.
Ouvrages déjà publiés
Le prix de chaque volume sur petit raisin vélin superfin satiné ... [illegible]
Collet. Institutiones theologicæ. Parisiis 1788, 2 vol. in-12 ... [illegible]
Concilium tridentinum. Antverpiæ [illegible], 1 vol. in-12 ... [illegible]
Concordantia bibliorum. Avenione 1786, 2 vol. in-4° ... [illegible]
Cope. Demonstratio [illegible]. Amst. 1785, in-8° ... 5 »
Cornelius Nepos. Paris, 2 vol. in-18, pap. vel. ... [illegible]
— Le même. Bruxelles, 2 vol. in-12 ... [illegible]
Cronitz. Institutiones [illegible]. Viennæ, 2 vol. in-8° ... [illegible]
Curtius (Q.), edit. [illegible]. Bima, in-12, pap. fin ... [illegible]
— Cum notis Cellarii Comitum, 2 vol. in-8° ... 6 »
Dubbard. Fimes parisiensis [illegible] vol. Paris [illegible], in-12 ... [illegible]
Dionis Chrysost. Orationes. Lipsiæ 1798, in-8° ... 16 »
[illegible], etc. par Valckenaer, in-8° ... 8 »

	fr.	c.
Diurnæ (horæ) breviarii romani. Paris 1791, in-24, noir et rouge	2	50
Leodii 1791, in-24	3	»
Doctrina christiana etiopica, arabica, italiana. Romæ 1786, in-4°	6	»
— Arabice. Edit. Tukii. Romæ 1770, in-8°	7	»
— Hiberniæ. Romæ 1707, in-8°	6	»
— Madagascarensis. Romæ 1785, in-8°	7	»
Dombay (F. de). Grammatica linguæ persicæ. Vindb. 1804, in-4°	7	50
— Linguæ arabicæ. Vindb. 1800, in-4°	5	50
Duretí. Interpretationes in Hippocratem. Lugd. 1784, in-fol.	15	»
Euclidis elementorum 15 libri. Leipsiæ 1769, in-8°	4	»
Euleri introductio in analysin. Lugd. 1797, 2 vol. in-4°	30	»
Euripidis tragediæ, cum notis, 4 parties en 1 vol.	4	50
Eucomopegnion, sive prispea. Paris 1798, in-8°, pap. fin	5	»
Eucologia parisiensis, par Jouvency, 1784, 2 vol. in-12	4	»
Exempla Græcorum selecta ad usum. Bruxellis 1781, in-8°	3	50
Febronius abreviatus cum notis. Francofort 1785, 5 vol. in-8°	25	»
Fleury. Catechismus historicus. Rotomagi 1803, in-18	1	»
Flora Veneta, seu enumeratio plantarum circa Venetiam nascentium, secundùm methodum Linnæanam disposita, auctore Stephano Moricand. Genevensi, 1 vol. in-8°	6	»
Freisleben (Ch. L.), Corpus juris civilis academicum. Coloniæ Monastanæ 1789, 2 vol. in-4°	20	»
Galanus. Conciliatio Ecclesiæ Armenicæ cum Romanâ, armenice et latine. Romæ 1690, 3 vol. in-fol.	72	»
Le même. Pars historialis. Romæ 1690, in-8°	6	»
Gallia Christiana. Parisiis 1785, in-fol., tom. 13	20	»
Gentu, Gentilis Angelus fidei Mysteriis instructus, idiomate Angolense. Romæ 1661, in-4°	5	»
Golzii. Icones imperatorum romanorum. Antverpiæ 1708, in-fol., fig. dess.	30	»
Gorter (D. de). Flora belgica. Harlemi 1781, in-8°	9	»
— Plantarum Belgii indig. Harderwici 1783, in-8°	3	50
Gothofredi. Manuale juris. Parisiis 1806, in-8°	5	»
Graduale juxta missale romanum. Lugd. 1815, in-fol.	15	»
— Parisiis, 3 vol. in-12	3	»
— Antverpiæ 1758, in-fol.	30	»
Guarin (Jacobi), lexicon linguæ Hebreæ. Leipsiæ 1743, in-4°	36	»
Hachenberg. Grammat. græca ad Rhenum, 1792, in-8°	4	»
Halleri bibliotheca chirurgica. Bernæ 1774, 2 vol. in-4°	20	»
— Botanica. Figur., 1771, 2 vol. in-4°	25	»
— Disputationes ad morb. hist. Lausannæ 1757, 7 vol. in-4°	85	»
Harles. Antologia græca poetica. Norimberg 1781, in-8°	3	50
Haudereck. Formulæ medicament. Paris 1772, in-4°	6	»
Heinsii adversaria curante Burman. Harlingæ 1742, in-4°	11	»
Hermanni observationes criticæ. Leipsiæ 1796, in-8°	2	50
Hippocratis Aphorismi græce latine. Leipsiæ 1756, in-12	2	50
Hyon, opuscula inedita. Vindob. 1795, 2 vol. in-8°	9	»
Home. Principia medicinæ. Lugduni 1792, in-8°	3	»
Horatii (Q.) Flacci Carmina. Bruxellis 1779, in-12	4	»
— Curante J. Oberlinus. Argentorati 1788	6	»
— Carmina. Vindob. 1802, in-8°, p. p.	5	»
— Curante Vallart, 1770, in-8°	6	»
Horatii Flacci opera, curante Jos. Valart. Paris 1770, 2 vol. in-8°	12	»
Huberi prælectiones juris civilis, cum Leyser animadversionibus. Lovanii 1766, 3 vol. in-4°	36	»
Imitatio Christi. Paris 1789, in-24	2	»
Imitatio Christi ad usum ordinis cisterciensis. Paris 1775, in-18	5	»
Inlitis Homerica, cum locorum omnium græca Metaphrasi ex codicibus bodleianis et novi collegii MSS. exipressa in partem nunc primum edita, cum Herveii adnotatione. Studio Thomæ epis. S. Davidis. Londini, in-8°, papier velin, cartonné	15	»
Institutiones philosophicæ ad usum collegiorum, in-8°, br., par Paracelin Thaiejan	6	»
Institutiones Just. cum observationibus. Paris 1809, 2 vol. in-8°	7	»
Institutiones Institutionum. Paris 1808, 2 vol. in-12	2	50
Institutionum juris civilis (par Justinien) expositio methodica aut. Lucry. Parisiis 1809, 2 vol. in-12	5	»
— Institutionum libri IV. Lugduni 1754, in-24	1	50
— Idem, observationibus perpetuis illustrati auctore Berthelot. Lutetiæ 1809, 2 vol. in-8°	12	»
Institutionum philosoph. cursus. Parisiis 1813, 3 vol. in-12	9	»
J. Audoeni Epigrammata. Parisiis 1795, 2 vol. in-12, grand papier velin	20	»
Jani Pannonii opera ad Rhenum, 1784, 2 vol. in-8°	12	»
Justiniani institutiones. Paris 1803, rouge et noir, in-12	6	»
Idem. Parisiis 1803, in-18	2	50
Juvenci appendix de Diis. Paris 1761, in-18	»	75
Kleinsii interpres clinicus. 1 vol. in-32, cart.		
Klenil (Theod. Jacob.), disp. Lehmuderner. Rathonæ 1791, in-8°, fig.	30	»
Kocheri rudimenta grammat. hebræa. Turici 1766, in-8°	2	50
Lacroix (de). Connubia florum. Bathoniæ 1791, in-8°, fig.	5	50
Lennep. Etymologicum linguæ græcæ, edit. Scheidi, in-4°. Londini, pap. vel., cartonné, belle édit.	18	»
Lexicon medicum, græco-latinum, p. Castelli. Genevæ 1746, in-4°	10	»
Lhomond. Epitome historiæ sacræ. Paris 1813, in-12	1	50
Linnæi Systema naturæ. C. Lugd. 1797, 10 vol. in-8°	72	»
Linnæi Entomologia, cur. Villers. Lugd. 1789, 4 vol. in-8°	34	»
— Fundamenta botanica. Alilulugram 1786, 1 vol. in-8°, fig.	21	
Longini opera omnia, græce et latine denuo recensuit et animadversionibus virorum doctorum aliisque subsidiis instruxit B. Weiske. Londini, pap. velin, cartonné à l'anglaise	21	»
Lucani Pharsalia. Parisiis, Didot 1795, in-fol., pap. vel.	80	»
Luciani opera, græce et latine e notis. Mitaviæ 1777, 8 v. in-8°	55	»
Lucanus, cum notis variorum et Schrevelii. Londini, in-8°, belle edit. pap. vél., cartonné	21	»
Le même, grand pap. vél., cartonné	35	»
Ludwig. Institutiones pathologiæ. Bruxellis 1788, in-8°	3	50
Institutiones therapiæ. Bruxellis 1789, in-8°	3	50
Opera medica. Coloniæ 1783, 4 vol. in-8°	16	»
M. T. Ciceronis quæ supersunt de Republicâ, ex principis editione romana Angeli Maii. Parisiis 1823, in-8°, sat. et br.	7	»
Le même, sur pap. vél.	12	»
Réimpression aussi correcte qu'élégante de l'édition que vient de publier à Rome le savant abbé Maïo, auquel est due la découverte de cet important ouvrage. Elle est ornée d'un portrait de Cicéron et d'un fac-similé du manuscrit palimpseste.		
Mashride. Introductio in prax. med. Trajecti ad Rhen. 1778, in-8°	6	»
Martialis (Valerii) Epigramata. Vindb. 1805, 2 vol. in-8°, papier vel.	16	
papier ordinaire	8	»
Londini 1716, in-12	6	»
Martini (C. A. de) ordo historiæ juris civilis. Bruxellis 1788, in-8°	3	50
Martini ordo juris civilis. Bruxellis 1788, in-8°	5	50
Martini propempticon ad Pomp. inscript. Leipsiæ, in-8°	1	25
Martis. Fundamenta et termini botan. Brux. 1789, in-8°	4	»
Martyrologium romanum, par Lemercier. Parisiis 1750, chartamagna, in-8°	9	»
Mead. Monita et præcepta medica. Lugduni. Batav. 1778 in-8°	4	50
Menestrier. Epitome juris romani, cum versione gallica. Parisiis 1812, in-8°	»	50
Mesgnien (F. A.) Meninski Lexicon arabico-persico-turcicum Viennæ 1780, 4 vol. in-fol.	335	»
Le même, en grand papier	350	»
Molden Fulci analysis. Parisiis, Berbau 1789, in-12	»	»
Moll Eschara Zoophytorum. Vindob. 1803, in-4°, fig.	6	60
Montvallon, Epitome juris romani. Tolosæ 1786, in-12	2	50
Marchionis de sonherum passionibus. Viennæ 1795, in-8°	4	»
Museum Cufìcum Borgianum Velitris. Romæ 1782, in-4°, fig. Adler	12	»
Muschembrock. Introductio ad ph. nat. Lugd. Batav. 1762, 2 vol. in-4°	30	»

	fr.	c.
Natalis Annotationes. Antverpiæ 1707, in fol., fig.	30	»
Nizolii lexicon ciceronianum cur. Facciolati. Londini 1820, 3 vol. in-8°, grand pap. velin, cartonné, superbe édit.	96	»
Noodt. Opera omnia juridica. Lugduni Batav. 1760, 2 v. in f°.	[illegible]	»
Novum juris compendium, ou nouvel abrégé du droit, latin-français. Paris 1806, in-8°, par Delaporte (J. B.).	15	»
Novum testamentum, 2 vol. in-12.	[illegible]	»
Observationes grammaticales in ling. epiroticam. Romæ 1716, in-4°. Maltese.	[illegible]	50
Officium Mariæ Virginis. Parisiis 1757, in-18.	[illegible]	50
Opera juridica. Francisci Salgado. Lugduni 1757, 8 vol. in-fol.	45	»
Opera Virgilii, 2 vol. in-8°, grand pap.	[illegible]	[illegible]
Ophthalmologia pathologica. Lipsiæ 1800, in-8°.	3	»
Ovidii Nasonis Metamorphoseon. Bruxellis 1770, in-12.	1	50
Opera Vindob. 1803, 3 vol.	13	»
Papier velin.	30	»
Ovidii Nasonis opera. Amsterd. 1676, 3 vol. in-18.	1	50
Ovidii opera. 1803, in-8°, pt. p.	6	»
Pacati. Drepanii panegyricus. Amsterd. 1753, 1 vol. in-8°.	15	»
Pandectæ justinianeæ in novum ordinem digestæ, cum legibus, codicis et novellis, par Pothier. Parisiis 1819, 5 vol. in-4°.	[illegible]	»
Panegyrici veteres, cum notis Arntz. Traject. ad Rh. 1790, 2 vol. in-4°.	25	»
Panegyrici veteres. Traj. ad Rh. [illegible]	[illegible]	[illegible]
Paris (sic). De dosibus medicamentorum. Lugduni Bat. [illegible], in-18.	3	»
Persii Flacci satiræ cum fragmentis. Vindob. 1803, in-8°.	1	»
Petronii Satyricon, cum Petronianis fragmentis, et glossario. Parisiis 1797, 3 vol. in-18, pap. vel.	6	»
Phædri fabulæ, cum notis. Mitaviæ 1783, in-8°.	1	50
Phædri fabulæ novæ duo et triginta. Parisiis 1812, in-12, papier velin fin.	1	50
Pisonis observationes et consilia medica. Amsterd. 1759, in-4°.	[illegible]	»
Pitisci (S.) Lexicon antiquit. Rom. Hagæ 1737, 3 vol. in-fol.	60	»
Plauti, curante Ernestio. Lipsiæ 1803, in-8°.	[illegible]	»
Plinii Secundi epistolæ et panegyricus. Parisiis 1789, in-12.	[illegible]	»
Panegyricus. Parisiis 1796, in-12, pap. vel.	[illegible]	75
Plinii Secundi historiæ naturalis, cum commentariis et adnotationibus Dalechampii, Scaligeri, Gronovii, aliorumque. Lipsiæ 1794, 10 vol. in-8°.	100	»
Plenck. Elementa botanica. Viennæ 1796, in-8°.	3	»
Plutarchi de puerorum educatione lib. Lipsiæ 1793, in-8°.	1	»
Poetik (?) [illegible], in-8°.	[illegible]	[illegible]
Pyrethologiæ medicæ, par Petit-Radel. Paris 1808, 1 vol. in-8°, pap. fin.	5	»
Regni Lusitaniæ [illegible] Nambanada, à comite de Castro [illegible], in-fol., 40 planches y compris le portrait du comte de Castro.	12	»
Le même, de format petit in-fol.	[illegible]	»
Rudimenta linguæ arabicæ, Auctore A. Romæ 1752, in-4°.	3	50
Salgado (Francisci) Opera juridica. Lugduni 1757, 8 vol. in-f°.	45	»
Sallustii de Mellement, lat. et franç., 1 vol. in-12.	[illegible]	»
Sallustii opera. Bruxell. 1778, in-12.	1	25
Didot, 2 vol. in-18, vél.	3	»
Barbou 1774, in-12.	1	»
Sallustius, Cicero et P. Latro in Catilinam. Parisiis 1799, 1 v. in-18, pap. velin, avec 3 portraits de Salluste, César et Cicéron, par Saint-Aubin, et une vignette grav. d'après Peyron.	15	»
Sancti Minerva, seu causis ling. Lugd. 1754, 2 vol. in-8°.	[illegible]	»
Scheidii (J.) Glossarium arab. latin. Lugd. Bat. 1769, in-4°.	[illegible]	»
Schiewald opuscula quædam. Acad. Nonnuh (?). 1791, in-4°.	[illegible]	»
Scopoli (J. A.) Fundamenta chim. Pragæ, in-8°.	4	»
Flora carniolica. Vindob. 1772, 2 vol. in-8°, fig.	15	»
Selectæ Græcorum exempla, græco-lat. ad usum schol. Bruxellis 1780, in-8°.	3	50
Selectæ e novo Testamento, 1771, in-12.	[illegible]	»
E veteri Testamento 1780, in-12.	1	25
Senecæ opera selecta, 1760, in-12.	2	»
Scholia de Æschyli persis. Sep. 1794, in-8°.	3	»
Silii Italici punicorum. 1775, in-8°.	3	50
Idem cum Gallis ver. 1781, 3 vol. in-12.	[illegible]	50
Sophoclis Electra. Lipsiæ 1802, in-8°.	2	50
Trachiniæ. 1802, in-8°.	1	50
Stephani (Thesaurus). Basileæ, 4 vol. in-fol.	60	»
Stoll. De febris. Parisiis 1795, in-8°.	[illegible]	[illegible]
Dissertationes de morbis. Lugd. Bat. 1788, in-8°.	3	»
Storck. Annus medicus. Amst. 1759, 3 vol.	[illegible]	50
Præcepta medico-pract. 1791, in-8°.	6	»
Suaresii, notitia basilicorum. Lipsiæ 1803, in-8°.	1	80
Terentii P. comœdiæ. Basileæ 1797, in-4°.	20	»
Theophrasti characteres, cum notis. Lipsiæ 1798, in-8°.	2	50
Testamentum novum, J. C. Avenione 1775, 2 vol. in-12.	[illegible]	»
Titi Livii historiarum ab urbe. Parisiis 1798, 2 vol. in-12, vél.	2	»
Narrationes selectæ. Lugduni 1807, 2 vol. in-12.	3	25
Tournefort Institutiones. Parisiis 1719, 3 vol. in-4°.	45	»
Tournely (H.) Theologia. Parisiis 1762, 17 vol. in-8°.	85	»
Vassen (J. Van) Administrationes. Traj. ad Rh. 1788, in-4°.	15	»
Van Swieten commentaria. Taurini 1773, 5 vol. in-4°.	90	»
Constitutiones, ed. Stoll. Lugd. Allob. 1785, in-4°.	8	»
Velleii (Caii) Paterculi hist. roman. Paris 1777, in-12.	1	25
Vespasii communes, avec rubriques. Lyon 1806, in-12, note.	3	»
Vignault. Tribunal confessarium. Traj. ad Mosam 1769.	10	»
Wildenow (C. L.) Historia amarantis. Turici 1798, in-fol.	15	»
Virgilii opera, varietate lectionis et perpetua ad notatione illustrat. a Chr. Gott. Heyne, 4 vol. in-8°. Londini, cartonné à l'anglaise, grand pap. impérial velin.	150	»
Virgilii P. Maronis, opera. Londini 1800, 2 vol. in-8°.	[illegible]	»
Cum notis Caroli Ruæi. Lond. 1812, 1 vol. in-8°.	[illegible]	[illegible]
Venetiis 1822, 1 vol. in-12.	3	»
Cum notis Min. Ellis. Amsterd. 1676, in-12, belle édit.	2	[illegible]
Virgilii (P. Maronis), opera cura et studio Bandinii. Aug. Taurin. 1765, 2 vol. in-4°.	16	»
Idem... idem... pap. velin.	[illegible]	[illegible]
Vitæ Hemsterhusii et D. Ruhnkenii. Lipsiæ 1801, in-8°.	3	50
Xenophontis Ephesii de amore. Vindob. 1796, in-8°.	15	»
De Cyri expeditione. Lipsiæ 1803, in-8°.	3	»
Zonaræ (J.) Annales, gr.-lat. Parisiis 1686, 2 vol. in-fol., grand papier.	30	»

ÉDITIONS STÉRÉOTYPES D'APRÈS LE PROCÉDÉ DE FIRMIN DIDOT.

FORMAT in-18.

Titre	Vol.	P. ORD. fr. c.	FIN. fr. c.	P. VÉL. fr. c.	G. P. V. fr. c.
Œuvres choisies de Philippe Desportes, Bertaut et Régnier	1 vol.	1 0	1 25	2 50	3 50
— de Clément Marot	1 vol.	1 0	1 25	2 50	3 50
Malherbe	1 vol.	1 0	1 25	2 50	3 50
Les Provinciales, par Pascal	2 vol.	2 0	2 50	5 0	7 0
Pensées de Nicole	1 vol.	0 85	1 0	2 0	3 0
P. et Th. Corneille	4 vol.	4 0	5 0	10 0	14 0
— Avec les Comment. de Voltaire	8 vol.	8 0	10 0	20 0	28 0
La Fontaine. Fables	2 vol.	1 70	2 50	5 0	7 0
Les mêmes	1 vol.	1 0	0 0	0 0	0 0
— Contes	2 vol.	1 70	2 50	5 0	7 0
— Les amours de Psyché	1 vol.	0 85	1 25	2 50	3 50
— Théâtre	1 vol.	1 0	1 25	2 50	3 50
— Œuvres diverses	2 vol.	2 0	2 50	5 0	7 0
J. Racine	5 vol.	5 0	6 25	12 50	17 50
Idem, avec figures. Prix des fig.		2 0	2 0	4 0	4 0
Boileau	2 vol.	2 0	2 50	5 0	7 0
J.-B. Rousseau	2 vol.	2 0	2 50	5 0	7 0
Télémaque	2 vol.	1 70	2 50	5 0	7 0
Caractères de la Bruyère et de Théophraste	2 vol.	2 0	2 50	5 0	7 0
Molière	8 vol.	8 0	10 0	20 0	28 0
Œuvres de Clément Marot	1 vol.	1 0	1 25	2 50	3 50
Regnard	6 vol.	5 0	6 25	12 50	17 50
Bossuet. Oraisons funèbres	1 vol.	1 0	1 25	2 50	3 50
— Histoire Universelle	2 vol.	2 0	2 50	5 0	7 0
Fléchier. Oraisons funèbres, etc.	2 vol.	2 0	2 50	5 0	7 0
Massillon. Petit Carême	1 vol.	1 0	1 25	2 50	3 50
Maximes de la Rochefoucauld	1 vol.	0 85	1 0	2 0	3 0
Buffon. Matières générales	24 vol.	0 0	33 0	0 0	0 0
— Quadrupèdes	14 vol.	0 0	31 50	0 0	0 0
— Oiseaux	18 vol.	0 0	40 50	0 0	0 0
— Ovipares et Serpents	4 vol.	0 0	9 0	0 0	0 0
— Poissons	14 vol.	0 0	31 50	0 0	0 0
— Cétacées	2 vol.	0 0	5 0	0 0	0 0
— *Idem*. Les six parties réunies	76 vol.	0 0	144 0	337 0	0 0
— *Idem*, avec les figures coloriées		0 0	300 0	516 0	0 0
Lesage. Gil Blas	3 vol.	4 0	5 0	8 0	[illegible] 0
Voltaire. Henriade	1 vol.	1 0	1 25	2 50	3 50
— Poëmes	1 vol.	1 0	1 25	2 50	3 50
— Épîtres	1 vol.	1 0	1 25	2 50	3 50
— Contes en vers	1 vol.	1 0	1 25	2 50	3 50
— Théâtre	12 vol.	12 0	15 0	30 0	42 0
Idem, avec fig. Prix des fig.		8 0	8 0	16 0	16 0
— Pucelle	1 vol.	1 0	1 25	2 50	3 50
— Romans	3 vol.	3 0	3 75	7 50	10 50
— Siècles de Louis XIV et de Louis XV	5 vol.	5 0	6 25	12 50	17 50
— Charles XII	1 vol.	1 0	1 25	2 50	3 50
— Hist. de Russ. sous Pierre le Gr.	2 vol.	2 0	2 50	5 0	7 0
— Essai sur les mœurs et l'esprit des nations	8 vol.	8 0	10 0	20 0	28 0
— Commentaires sur Corneille	4 vol.	4 0	5 0	10 0	14 0
— Diction. philosophique	14 vol.	14 0	17 50	35 0	49 0
— Histoire du parlement de Paris	1 vol.	1 0	1 25	2 50	3 50
— Dialogues et entretiens philos.	2 vol.	2 0	2 50	5 0	7 0
— Mélanges historiques	4 vol.	4 0	5 0	10 0	14 0
Crébillon	3 vol.	3 0	3 75	7 50	10 50
Gresset	2 vol.	2 0	2 50	5 0	7 0
Montesquieu. De l'Esp. des lois	5 vol.	5 0	6 25	12 50	17 50
— Grandeur des Romains	1 vol.	1 0	1 25	2 50	3 50
— Lettres persanes	2 vol.	2 0	2 50	5 0	7 0
— Œuvres mêlées, etc.	2 vol.	2 0	2 50	5 0	7 0
J.-J. Rousseau. La nouv. Héloïse	4 vol.	4 0	5 0	10 0	14 0
— Émile	3 vol.	3 0	3 75	7 50	10 50
— Les Confessions	4 vol.	4 0	5 0	10 0	14 0
Vertot. Révolutions romaines	4 vol.	4 0	5 0	10 0	14 0
— Révolutions de Suède	2 vol.	2 0	2 50	5 0	7 0
— Révolutions de Portugal	1 vol.	1 0	1 25	2 50	3 50
Conjuration des Espagnols contre Venise, et des Gracques; par S.-Réal	1 vol.	1 0	1 25	2 50	3 50
Théâtre du second ordre.					
Œuvres chois. de Lafosse et Duché	1 vol.	1 0	1 25	2 50	3 50
— de Quinault	2 vol.	2 0	2 50	5 0	7 0
— de Lemierre	2 vol.	2 0	2 50	5 0	7 0
— de Colardeau	1 vol.	1 0	1 25	2 50	3 50
— de Debelloy	2 vol.	2 0	2 50	5 0	7 0
— de Saurin	1 vol.	1 0	1 25	2 50	3 50
— de Brueys et Palaprat	2 vol.	2 0	2 50	5 0	7 0
— de R. et Ph. Poisson	1 vol.	1 0	1 25	2 50	3 50
— de Boissy	2 vol.	2 0	2 50	5 0	7 0
— de Favart	3 vol.	3 0	3 75	7 50	10 50
— de Champfort	1 vol.	1 0	1 25	2 50	3 50
— de Le Sage	1 vol.	1 0	1 25	2 50	3 50
— de Desmahis	1 vol.	1 0	1 25	2 50	3 50
— de Sédaine	3 vol.	3 0	3 75	7 50	10 50
— de Lefranc de Pompignan	2 vol.	2 0	2 50	5 0	7 0
— de Guimond de la Touche et de Châteaubrun	1 vol.	1 0	1 25	2 50	3 50
— de Beaumarchais	3 vol.	3 0	3 75	7 50	10 50
— de La Harpe	2 vol.	2 0	2 50	5 0	7 0
— de Collé	1 vol.	1 0	1 25	2 50	3 50
— de Piron	2 vol.	2 0	2 50	5 0	7 0
— de Destouches	2 vol.	2 0	2 50	5 0	7 0
— de La Chaussée	2 vol.	2 0	2 50	5 0	7 0
— de Dufresny	2 vol.	2 0	2 50	5 0	7 0
— de Lagrange-Chancel	1 vol.	1 0	1 25	2 50	3 50
— de Campistron	1 vol.	1 0	1 25	2 50	3 50
— de Dancourt	5 vol.	5 0	6 25	12 50	17 50
— de Bernard	1 vol.	1 0	1 25	2 50	3 50
— de Houdart de Lamotte	2 vol.	2 0	2 50	5 0	7 0
— de Barthe	1 vol.	1 0	1 25	2 50	3 50
— de [illegible]	2 vol.	2 0	2 50	5 0	7 0
Littérature étrangère.					
Virgilius	1 vol.	1 0	1 25	2 50	3 50
Phædrus	1 vol.	0 60	0 75	1 50	2 50
Cornelius Nepos	1 vol.	0 60	1 0	2 0	3 0
Horatius	1 vol.	1 0	1 25	2 50	3 50
Sallustius	1 vol.	0 75	1 0	2 0	3 0
The Vicar of Wakefield	1 vol.	1 0	1 25	2 50	3 50
Letters of Montague	1 vol.	1 0	1 25	2 50	3 50
The Sentimental Journey	1 vol.	1 0	1 25	2 50	3 50
Idem, traduction de Paulin Crassous, (*non stéréotype*)	3 vol.	3 60	6 0	12 0	0 0
Fables by Gay and Moore	1 vol.	1 0	1 25	2 50	3 50
Aminta di Tasso	1 vol.	0 75	1 0	2 0	3 0
Gerusalemme liberata	2 vol.	2 0	2 50	5 0	7 0
Montaigne, in-12 et in-8°	4 vol.	10 0	18 0	0 0	36 0
Œuv. d'Helvétius, (*non stéréotype*)	14 vol.	0 0	0 0	30 0	0 0
Code civil, in-18	1 vol.	0 0	1 80	0 0	0 0
Code de procédure civile, in-18	1 vol.	0 0	1 50	0 0	0 0
Code de commerce, in-18	1 vol.	0 0	1 20	0 0	0 0
Code d'instruction crimin., in-18	1 vol.	0 0	1 0	0 0	0 0
Code Pénal, in-18	1 vol.	0 0	1 30	0 0	0 0

Tables de logarithmes de Callet (*stér.*) in-8° gr. pap. Prix, br. ... 15 fr.

Tables de logarithmes de Plauzoles (*stér.*), 1 vol. in-12. Prix, br. ... 6 fr.

Tables de logarithmes de Lalande (*stér.*), 1 vol. in-18. Prix, br. ... 2 fr.

ÉDITIONS STÉRÉOTYPES D'APRÈS LE PROCÉDÉ D'HERHAN.

Aventures de Robinson Crusoé, 4 vol. in-18, fig. [illegible]

Barthélemy. Voyage du jeune Anacharsis, avec les notes et les tables, 7 vol. in-18. [illegible]

Le même, 7 vol. in-18 [illegible]

Le même, pap. vélin [illegible]

Atlas pour ce voyage [illegible]

Beaumarchais (œuvres choisies de), 2 vol. in-18 [illegible]

Berquin. La morale en action, 1 vol. in-12 [illegible]

Bernis (œuvres de), 1 vol. in-18 [illegible]

Les mêmes, 1 vol. in-12 [illegible]

Boileau (œuvres choisies de), 1 vol. in-18 [illegible]

Œuvres complètes, 3 vol. in-12 [illegible]

Les mêmes, 3 vol. in-8°, pap. très-beau [illegible]

Boissy (œuvres choisies de), 1 vol. in-18 [illegible]

Bossuet. Discours sur l'histoire universelle, 2 vol. in-18 [illegible]

On vend séparément la continuation, 2 vol. in-18 [illegible]

Oraisons funèbres, 1 vol. in-18 [illegible]

Brueys et Palaprat (œuvres choisies de), 1 vol. in-18 [illegible]

Chaulieu et la Fare (œuvres de), 1 vol. in-18 [illegible]

Chompré. Dictionnaire de la fable, 1 vol. in-18 [illegible]

Collin d'Harleville (œuvres choisies de), 1 vol. in-18 [illegible]

Corneille (chefs-d'œuvre de P. et de Th.), avec le commentaire de Voltaire, 5 vol. in-18 [illegible]

Les mêmes, sans les commentaires, 5 vol. in-18 [illegible]

Crébillon (œuvres de), 1 vol. in-18 [illegible]

Destouches (œuvres choisies de), 1 vol. in-18 [illegible]

Deshoulières (œuvres de madame et mademoiselle), 2 vol. in-18 [illegible]

Destouches (œuvres choisies de), 2 vol. in-18 [illegible]

Dictionnaire des synonymes, 1 vol. in-18 [illegible]

Delille (œuvres choisies de), 1 vol. in-18 [illegible]

Dufresny (œuvres choisies de), 1 vol. in-18 [illegible]

Fabre d'Églantine (œuvres choisies de), 1 vol. in-18 [illegible]

Fénelon. Dialogue sur l'éloquence, 1 vol. in-12 [illegible]

— Dialogues des morts, 1 vol. in-18 [illegible]

— Télémaque, 2 vol. in-12 [illegible]

Le même, 2 vol. in-12 [illegible]

Le même, grande justification, 2 vol. in-12 [illegible]

Gessner. La mort d'Abel, 1 vol. in-18, avec 6 fig. [illegible]

Gresset. Œuvres choisies, 1 vol. in-18 [illegible]

Lhomond. Élémens de la grammaire française, 1 vol. in-12 [illegible]

— Élémens de la grammaire latine, 1 vol. in-12 [illegible]

La Bruyère et Théophraste (caractères de), 3 vol. in-18 [illegible]

Les mêmes, 3 vol. in-12 [illegible]

La Fontaine. Ses œuvres, 5 vol. in-18 [illegible]

On vend séparément.

Fables, 1 vol. in-18 [illegible]

Contes, 1 vol. in-18 [illegible]

Théâtre, 1 vol. in-18 [illegible]

Œuvres diverses, 1 vol. in-18 [illegible]

Psyché, 1 vol. in-18 [illegible]

La Fontaine. Ses œuvres, 5 vol. in-12, pap. fin [illegible]

On vend séparément.

Fables, 1 vol. in-12 [illegible]

Contes, 1 vol. in-12 [illegible]

Théâtre, 1 vol. in-12 [illegible]

Œuvres diverses, 1 vol. in-12 [illegible]

Psyché, 1 vol. in-12 [illegible]

La Chaussée (œuvres choisies de), 1 vol. in-18 [illegible]

La Harpe (œuvres choisies de), 1 vol. in-18 [illegible]

Leprince de Beaumont (madame). Magasin des enfants, avec fig., 4 vol. in-18 [illegible]

— Magasin des adolescentes, 4 vol. in-18 [illegible]

— Magasin des jeunes dames, 4 vol. in-18 [illegible]

Lesage. Œuvres choisies, 16 vol. in-18 [illegible]

On vend séparément.

— Gil Blas de Santillane, 4 vol. in-18 [illegible]

— Le Diable boiteux, 2 vol. in-18 [illegible]

— Guzman d'Alfarache, 2 vol. in-18 [illegible]

— Le Bachelier de Salamanque, 2 vol. in-18 [illegible]

Lesage. Œuvres choisies, 16 vol. in-12, papier fin [illegible]

On vend séparément.

— Gil Blas de Santillane, 4 vol. in-12 [illegible]

— Le Diable boiteux, 2 vol. in-12 [illegible]

— Guzman d'Alfarache, 2 vol. in-12 [illegible]

— Le Bachelier de Salamanque, 2 vol. in-12 [illegible]

Lhomond. Élémens de la grammaire française, 1 vol. in-12 [illegible]

— Élémens de la grammaire latine, 1 vol. in-12 [illegible]

Louvet. Vie et amours de Faublas, 8 vol. in-18 [illegible]

Marmontel. Bélisaire, 1 vol. in-18, fig. [illegible]

Massillon. Petit Carême, 1 vol. in-18 [illegible]

— Choix des meilleurs morceaux, 1 vol. in-18 [illegible]

Millevoye. Choix de vieux poètes français et de divers extraits dont les pièces sont en trop petit nombre pour obtenir une classification particulière, 4 vol. in-18 [illegible]

Molière. Ses œuvres, 6 vol. in-18 [illegible]

Montesquieu (Œuvres complètes de), 8 vol. in-18 [illegible]

Grandeur des Romains, in-18 [illegible]

Perrault. Contes des fées, 1 vol. in-18, avec gravures [illegible]

Poëtes français, 42 vol. in-18 [illegible]

Poëtes français du premier ordre, 9 vol. in-18 [illegible]

— Du second ordre, 33 vol. in-18 [illegible]

Prévost (l'abbé). Histoire du chevalier des Grieux et de Manon Lescaut, 1 vol. in-18 [illegible]

— Mémoires d'un homme de qualité, 4 vol. in-18 [illegible]

Racine (J.). Œuvres complètes, 5 vol. in-18 [illegible]

Les mêmes, in-8°, avec les variantes et les imitations des auteurs grecs et latins, publiées par M. Petitot, 5 vol. [illegible]

Regnard. Œuvres complètes, 4 vol. in-18 [illegible]

Répertoire du théâtre français, 60 vol. in-18 [illegible]

— Du premier ordre, 20 vol. in-18 [illegible]

— Du deuxième ordre, 40 vol. in-18 [illegible]

Rollin. Traité des Études, avec le portrait de l'auteur, 4 vol. in-18 [illegible]

Rousseau (J.-B.). Œuvres choisies, 1 vol. in-18 [illegible]

	fr.	c.
Saint-Réal. Conjuration des Espagnols contre Venise, 1 vol. in-18	1	50
Sévigné (Madame de). Lettres à sa fille et à ses amis, d'après l'édition in-8°, publiée par M. Grouvelle, 12 vol. in-18, avec 2 portraits	25	»
Les mêmes, 13 vol. in-12	36	»
Le 13ᵉ vol. est inédit, et se vend séparément	3	»
Venette (N.) Tableau de l'Amour conjugal, 1 vol. in-18	4	»
Vertot. Révolutions romaines, 2 vol. in-12	6	»
— Révolutions de Suède, 1 vol. in-12	2	50
— Révolutions du Portugal, 1 vol. in-12	1	50
Voltaire. Chefs-d'œuvres dramatiques, 4 vol. in-18	6	»
— Contes, 1 vol. in-18	1	50
— Épitres, 1 vol. in-18	1	50
— Henriade, 1 vol. in-18	1	75
— Poëmes, 1 vol. in-18	1	50
— Pucelle, 1 vol. in-18	1	50
— Chefs-d'œuvre dramatiques, 4 vol. in-12	12	»
— Contes, 1 vol. in-12	3	»
— Épitres, 1 vol. in-12	2	»
— Poëmes, 1 vol. in-12	3	»
— Pucelle, 1 vol. in-12	3	»
— Histoire de Charles XII, 1 vol. in-12	3	»
— Henriade, 1 vol. in-12	3	»
— Histoire de Russie sous Pierre-le-Grand, 1 vol. in-12	3	»
— Romans, 2 vol. in-12	5	»
— Siècles de Louis XIV et Louis XV, 3 vol. in-12	9	»

ÉDITIONS CAZIN

COLLECTION de petits formats CAZIN, connue depuis long-temps pour la commodité de son format (petit in-18), la pureté de son exécution, et le grand nombre de figures dont elle est ornée.
Chaque ouvrage se vend séparément.

PRIX DES RELIURES

En veau doré sur tranche, avec filet .... 1 fr.
En basane, *idem* .... » 85 c.

Première classe à 1 fr. le volume.

Amours d'Ismène et d'Isménias, trad. du grec par Amyot, 1 vol.
Le même, en anglais, trad. par Lemoine, 1 vol.
Autant en emporte le vent, ou recueil de pièces fugitives, 2 vol.
Bonheur (le), par Helvétius, 1 vol.
Chefs-d'œuvre dramatiques, etc., par Dorat, 3 vol.
Chansonnier françois, ou Recueil des meilleures chansons connues avec les airs notés, 9 vol.
(Le nouveau) 3 vol. dont un de musique.
Entretiens de Phocion sur la morale et la politique, par Mably, 1 vol.
Étrennes d'Apollon, ou nouveau recueil d'épigrammes tirées des poëtes anciens et modernes, 1 vol.
Geneviève de Cornouailles, ou le Damoisel sans nom, par Mayer, 1 vol. figures.
Œuvres de Duval (Valentin-Jamerey), contenant ses mémoires et ses lettres, 3 vol., avec portrait.
Œuvres choisies de Lafontaine, 1 vol. fig.
Œuvres de Vergier, contenant ses odes, fables et contes, 3 vol. portrait.
Olinde, roman, par l'auteur du Vicomte de Barjac (le marquis de Luchet), 1 vol.
Poésies de Bérenger, contenant ses fables et autres œuvres, 2 vol. figures.
Œuvres du marquis de La Fare, 1 vol. fig.
Œuvres de Mero, contenant Cosme de Médicis, poëme épique, odes, contes, etc., 2 vol., portrait.
Œuvres légères et contes de Pons, 1 vol.
Œuvres de Vernes fils, 1 vol.
Satires de Regnier, 1 vol., portr.
Théâtre de Piis et Barré, 2 vol.
Vie de Marianne, roman de Marivaux, 4 vol., fig.

Seconde classe à 1 fr. 25 c. le volume.

Aminte du Tasse, traduit en françois, 1 vol.
Amours de Daphnis et Chloé, trad. du grec de Longus, par Amyot, 1 vol.
Arsace et Isménie, Temple de Gnide et autres œuvres de Montesquieu, 1 vol.
Cécilia, roman de miss Burney, trad. de l'anglais, 7 vol.
Choix de petits romans, par le marquis de Paulmy, 2 forts vol.
Choix de poésies érotiques, contenant les Baisers de *Jean Second*, et autres pièces légères et galantes, 2 vol., fig.
Confessions de J. J. Rousseau, 4 vol.
Coran de Mahomet, 2 vol., fig.
Création (la), poëme, par Vernes de Genève, 1 vol.
Dunciade (la), poëme de Palissot, auquel on a joint la Dunciade de Pope, en françois, 1 vol., portr.
Évelina, roman de miss Burney, trad. de l'anglais, 3 vol., fig.
Fables de La Fontaine, 2 vol., portrait.
Hymne au soleil, et autres poëmes, par l'abbé Reyrac, 1 vol. portr.
Jonathan Wild le Grand, par Fielding, 1 vol.
Laure, ou lettres de quelques personnes de Suisse, 5 vol. fig.
Lettres d'Héloïse et Abeilard, par Colardeau et autres, 1 vol. portrait.
Lettres d'une Péruvienne, par madame de Graffigny, 2 vol.
Mémoires de madame de Staal, 3 vol., portrait.
Morale de Confucius, 1 vol., portr.
Œuvres poétiques de Bertin, 1 vol. portrait.
Œuvres complètes de Colardeau, 3 vol. portrait.
Œuvres complètes de Gilbert, 2 vol., portr.
Œuvres choisies de Saint-Réal, 2 vol.
Œuvres complètes de Boileau, 2 vol. portrait.
Œuvres choisies de madame Deshoulières, 2 vol., portr.
Saisons de Saint-Lambert, 1 vol., figures.
Voyage de Chapelle et Bachaumont, etc., 1 vol., fig.

Troisième classe à 1 fr. 50 c. le volume.

Amours de Psyché et de Cupidon, par La Fontaine, 1 vol.
Analyse de la Sagesse de Charron, 1 vol.
Arsace et Isménie, Temple de Gnide, etc., 1 vol.
Aventures de Guzman d'Alfarache, par Le Sage, 2 vol., fig.
Aventures de Robinson Crusoé, 4 vol., fig.
Aventures de Télémaque, 2 vol.
Bélisaire, par Marmontel, 1 vol., fig.
Chefs-d'œuvre de Pope, contenant l'Essai sur l'homme, la Boucle de cheveux enlevée, etc., 1 vol., portrait.
Considérations sur les mœurs, par Duclos, 1 vol. portr.
Contes moraux de Marmontel, 8 vol., fig.
Contes de La Fontaine, 2 vol., fig.
Fond du sac, contenant Roger Bontemps, et autres contes, 1 vol. figures.
Henriade de Voltaire, 1 vol., portr.
Henriade travestie, 1 vol.
Histoire de Clarisse Harlowe, trad. de Richardson, 14 vol., fig.
Histoire de Gil Blas, 4 vol.
Histoire du chevalier Grandisson, trad. de Richardson, 7 vol., fig.
Œuvres de Bernard, contenant l'Art d'aimer et autres œuvres, 1 vol. figures.
Œuvres de J. B. Rousseau, contenant ses odes, 2 vol., etc., portr.
Œuvres de J.-J. Rousseau, 37 vol., avec 36 fig.

On vend séparément les ouvrages suivants.

Contrat social, 1 vol.
Discours sur l'inégalité parmi les hommes, 1 vol.
Du gouvernement de Pologne, 1 vol.
Émile, 5 vol.
Nouvelle Héloïse, 7 vol., fig.
Confessions, 10 vol.
Mélanges et Dialogues, 8 vol.
Pièces diverses, 1 vol.
Les 36 figures séparément, 8 fr.

Œuvres de Fontenelle, 7 vol. fig.

On vend séparément les ouvrages suivants du même.

Éloges, 4 vol.
Pluralité des mondes et Dialogues des morts, 2 vol., fig.
Histoire des oracles, et poésies diverses, 1 vol.

Œuvres de Montesquieu, 8 vol.

On vend séparément les ouvrages suivants du même.

Esprit des Lois, 4 vol.
Lettres persanes, 2 vol.
Grandeur des Romains, 1 vol.

Œuvres galantes d'Ovide, 2 vol., portr.
Œuvres choisies de Vadé, 2 vol., portr.
Œuvres de Racine, 4 vol.
Pensées de Pascal, avec les notes de Voltaire, 2 vol., portr.
Poésies de Sapho, suivies de poésies érotiques, 1 vol., portrait.
Poésies fugitives de Voltaire, 1 vol.
Pucelle d'Orléans, de Voltaire, 2 vol., portr.
Religion (la) et la Grâce, poëmes de Racine fils, 2 vol. portr.
Roman comique de Scarron, 3 vol., fig.
Théâtre de Brueys et Palaprat (choix du), 2 tomes en 1 vol. portr.
Théâtre de P. et T. Corneille (Chefs-d'œuvre du), 5 vol. portr.
Théâtre de Crébillon, 3 vol., portr.
Théâtre de la Noue, 1 vol., portr.
Théâtre de Voltaire (chefs-d'œuvre du), 5 vol. portrait.
Théâtre de Destouches (Chefs-d'œuvre du), 4 vol. portr.
Théâtre de Regnard, 4 vol. portr.
Vie de Voltaire, par Condorcet, 1 vol.

Quatrième classe à 2 fr. le volume.

Richardet, poëme de Carteromaco, trad. en vers français par Lebrun de Pouguignon, 2 vol., fig.
Œuvres de Racine, 4 vol., avec fig.
Manutius, Elegantiæ latini sermonis, 2 vol., fig.
Pucelle d'Orléans, par Voltaire, 2 vol., avec une figure à chaque chant.

ITALIENS.

Ariosto, Orlando furioso, 8 vol., portr.
— Bonarelli, Filli di Sciro, 1 vol.
— Capanna indiana, ou la Chaumière indienne, par Bernardin de Saint-Pierre, en italien et en français, 1 vol.
Dante, la Divina Commedia, 3 vol.
Guarini, Pastor Fido, 1 vol.
Petrarca, Rime, 2 vol.
Pignotti, Favole e Novelle, 1 vol.
Tasso, Gerusalemme liberata, 2 vol., portrait.
— Aminta, 1 vol.

FIN DU CATALOGUE GÉNÉRAL.

MM. les Armateurs et Commissionnaires, qui font des Expéditions dans les Colonies, trouveront à la Librairie de Bossange Frères, *tous les avantages et toutes les facilités qu'ils pourront désirer.*

PRIX DES RELIURES.

	In-folio.		In-4°.		In-8° gr. pap.		In-8°.		In-12.		In-18.	
	f.	c.	f.	c.	f.	c.	f.	c.	f.	c.	f.	c.
Cartonnages à la *Bradel*	3	»	2	»	1	25	1	»	»	75	»	60
Cartonnages de *Purgold et Hering*	8	»	2	50	2	»	1	30	1	»	»	80
Basane simple, tranche marbrée	6	»	3	»	2	»	1	25	»	90	»	70
Basane racine ou porphyre, filet d'or, tranche marbrée	8	»	3	50	2	25	1	60	1	10	»	80
Veau racine ou porphyre, filet d'or, tranche marbrée	12	»	6	»	3	»	2	50	1	75	1	25
Veau racine ou porphyre, filet d'or, tranche dorée	18	»	8	»	5	50	4	»	2	25	1	50
Demi-reliure, dos de veau, façon anglaise, par *Purgold et Hering*	12	»	6	»	3	50	2	»	1	75	1	25
Demi-reliure, dos de maroquin, par *Thouvenin* ou *Purgold et Hering*	25	»	12	»	7	50	6	»	4	»	2	25
Veau façon anglaise, tranche marbrée, par *Purgold et Hering* ou *Vogel*	24	»	12	»	7	»	5	»	3	50	2	50
Veau façon anglaise, tranche dorée, par *Purgold et Hering* ou *Vogel*	30	»	16	»	8	50	6	»	4	50	3	25
Veau façon anglaise, reliure soignée, fers à froid, tranche marbrée, par *Thouvenin*, *Purgold et Hering* ou *Vogel*	30	»	15	»	8	»	6	»	4	»	3	25
Veau façon anglaise, reliure soignée, fers à froid, tranche dorée, par *Thouvenin*, *Purgold et Hering* ou *Vogel*	40	»	24	»	11	»	8	»	6	»	4	»
Veau maroquiné, façon anglaise, fers à froid, tranche marbrée, par *Thouvenin* ou *Purgold et Hering*	40	»	20	»	11	»	8	»	6	50	5	»
Veau maroquiné, façon anglaise, fers à froid, tranche dorée, par *Thouvenin* ou *Purgold et Hering*	48	»	25	»	14	»	11	»	8	»	6	»
Maroquin, belle dorure, tranche dorée, par *Purgold et Hering* ou *Vogel*	50	»	30	»	20	»	14	»	9	»	6	»
Maroquin, riche dorure, fers à froid, tranche dorée, par *Thouvenin* ou *Purgold et Hering*	100	»	60	»	25	»	20	»	12	»	9	»

www.ingramcontent.com/pod-product-compliance
Ingram Content Group UK Ltd.
Pitfield, Milton Keynes, MK11 3LW, UK
UKHW021551260726
13993UKWH00002B/779

9 782329 225678